2019长三角商业创新样本

上海长三角商业创新研究院 著

中国商业出版社

图书在版编目（CIP）数据

2019长三角商业创新样本/上海长三角商业创新研究院著. -- 北京：中国商业出版社，2020.4
ISBN 978-7-5208-1111-8

Ⅰ.①2… Ⅱ.①上… Ⅲ.①长江三角洲—商业模式—研究 Ⅳ.①F727.5

中国版本图书馆CIP数据核字(2020)第036240号

责任编辑：朱丽丽

中国商业出版社出版发行
010-63180647　www.c-cbook.com
（100053　北京广安门内报国寺1号）
新华书店经销
杭州高腾印务有限公司印刷

*

787毫米×1092毫米　16开　16.75印张　325千字
2020年3月第1版　2020年3月第1次印刷
定价：188.00元

* * * *

（如有印刷质量问题可更换）

序 言

岁月如梭，春光正好。

经过一年的努力，《2019长三角商业创新样本》于2020年4月正式出版。从2017年的浙江现代商业创新到2018年扩容到长三角区域，我们从传统商业迈向了泛商业、大商业的范畴，正是呼应和接轨国际市场对商业的定义，也是反映中国市场经济的真实面貌与发展模式；而2019年度创新样本大胆跨越，从新零售到数字经济，又入选了中国著名的人工智能公司再到医疗国产化、科技与商业化的创新模范，更是说明中国创新产业、创新经济业态和模式的自我进化，并彰显了中国企业自主创新的精神和智慧。

近五年来，在全球大数据、物联网、人工智能、数字化的浪潮中，在与全球信息业巨头如谷歌、脸书、苹果、微软的竞赛和协同发展中，华为、阿里、腾讯、科大讯飞等中国巨头们，不断突围和进化，并带领着一大群新兴科技公司破浪前进。

2018年，中国官宣：我们迎来百年未有之变局，中国迈进新时代。2019年5月，《长三角区域一体化战略纲要》正式发布。至2019年年底，中国市场已经诞生超过10万家"四新"经济公司，近一半分布在长三角和珠三角。而大批量出现的优秀新兴企业，正是反映了国家着力实施创新驱动发展战略的重大成效。今年初选的46家公司中超过30家都属于"四新"经济领域。无论是传统产业的创新变革，还是科技公司的全面崛起，都说明了国家主席习近平在中国科技创新大会上的发言一语中的：抓住了创新，就抓住了牵动经济社会发展全局的"牛鼻子"。

从出口到进口，从珠三角到长三角，华夏文明古国已然迈入近代以来独立自主的3.0时代。正如习近平主席所说的"中国方案""中国声音"，并形成"中国样本"。面临新时代下新的问题，中国商业创新更需要采用中国视角、聚焦自我实践、形成中国模式和中国思想，尤其是形成立足自身市场环境、社会变革、产业经济格局和生态重塑的发展路径与模式。

基于选样模式和九大范畴21个细指标的评审要求，我们顺应历史潮流，围绕长三角一体化发展的国家战略，增加新经济领域尤其是数字科技的比重，并由此适当放宽企业经营年限。从2019年4月至10月，我们不断考察走访。样本数从50家增加到80余家，初选考察的企业从34家增加到46家。入选的11家样本企业中，科创公司7家，零售企业3家，快递企业1家。网易严选、达人店与安恒信息、数梦工场分别代表着全球互联网重镇杭州经济的两张名片——新零售和数字经济，传统商业龙头企业衢州东方集团作为2017年的浙江样本再度入选；中通快递、微创医疗、优刻得分别代表着上海近年来在物流、数字经济以及健康领域深耕的建设者与领先者；华云数据和诺源医疗代表着江苏作为近现代民族工业发祥地的新兴力量；科大讯飞则代表着安徽近年来在人工智能建设上的一大步。其中，安恒信息和优刻得分别在2019年11月和12月登陆中国科创板。

这一批样本，是中国国产化浪潮、新国货浪潮的弄潮儿，是科创时代与数字化浪潮的先锋，在全新的商业领域体现中国能力、中国价值与中国智慧。作为经济的未来力量，他们更能够反映中国新经济浪潮的典型特征：基于知识经济和信息技术的大规模应用，带来文明、生态和生活方式的变革，带来市场、商业和消费的创新，带来产业链和价值链的重构，推动现代商业和社会呈现全新的面貌与价值体系，以及经济特征与本质的深刻变化。

三年多来，入选的每一个样本，都是历史的选择：契合时代脉搏，洞察市场需求，顺应趋势创新发展。他们不仅是改革开放的产物，更是新时代的产物。中国崛起有他们的一份力量，也是他们成功的重大红利。2019年的样本，在时代与市场洞察、经营思想和社会责任担当等方面，除和历届样本企业具有共性之外，自身特质也非常明显，尤其是科创公司和数字经济公司，基于产业特性和知识经济的双重要求，其战略思维、市场和业务模式等与传统企业呈现较大差异，而在人才培养模式和文化价值观方面也具有极大区别。主要体现在以下几个方面。

一、使命驱动，坚持自主创新和产业报国，重塑价值观，引领新时代

任何国家和民族的崛起，都因为拥有一批批有理想有志向的精英儿女。中国的崛起和复兴，离不开那些具有家国情怀和奉献精神的仁人志士，也离不开一批批从海外归来渴望产业报国的理想主义者。技术投入引领产业发展，也为产业实现规模化效益提供坚实的基础。这一波创新和社会发展的浪潮，以科技为硬核；这一波科技浪潮，又完全以自主研发的实力为重要支撑。

科大讯飞以"让机器能听会说，能理解会思考，用人工智能建设美好世界"为使命，将"顶天立地、自主创新"作为始终贯彻的产业发展战略，推动企业一直引领中国人工智能的潮流。

微创集团确立"以人为本"的企业发展价值观，以"普惠每一个生命"为使命，坚持自主创新，坚持高强度研发投入及有效的成果转移转化，填补了中国高端医疗器械的众多

空白，成长为一家拥有丰富产品矩阵的、全球布局的高端医疗器械集团，引领中国医疗事业的发展。

华云数据以"推动中国企业全面上云"为使命，以"做中国企业背后的力量"为发展愿景，为中国企业的创新与发展赋能，让中国企业成就世界梦想。

数梦工场秉承"客户至上、道德诚信、开放合作、思变创新"的核心价值观，以"实现政务、城市、产业等领域数字化转型"为使命，用卓越的数据技术，携手客户及合作伙伴，助力数字中国建设，实现数据强国梦。

优刻得秉持"用云计算帮助梦想者推动人类进步"的使命，以"成为一家受人尊敬的云计算公司"为愿景。企业将价值观和企业文化的指标占员工绩效考标的30%，以此驱动员工在潜移默化中主动学习与成长。坚持自主研发并提供计算、网络、存储等基础资源，以及大数据、人工智能等产品和多元服务模式，成为全球第一家上市的IaaS云计算公司。

中通快递坚守"用我们的产品造就更多人的幸福"为使命，秉承"同建共享、信任责任、创新与企业家精神"的核心价值观，运用新科技，拓展产业链，构建生态圈，从"大"向"大而强"转变。在稳固主业的同时，充分发挥企业在产业间、区域间、城乡间的纽带作用，通过不断强化建设更加"利社会"的赋能平台，聚集更多资源，链接和赋能更多人，从而尽可能降低全社会物流成本，创造更大的社会价值。

安恒信息秉承"助力安全中国、助推数字经济"的使命，和"成就客户，责任至上，开放创新，以人为本，共同成长"的价值观。为应对科技革命和产业变革、板凳坐得十年冷的精神持续研发创新，掌握了应用安全与数据安全等领域的重要核心技术，并形成了一系列具有自主知识产权的技术成果，成为中国网络安全的推动者和领导者。

衢州东方集团秉承"建设城乡消费服务生态，为顾客创造价值，实现各利益相关方共生共赢"的使命，秉承"与所有伙伴共建共享、共生共荣，以及协同创新发展"的宗旨，以及"经世济用、义利兼修"的文化精神，而成为传统区域商业服务商的典范。

达人店倡导"帮每一种才华赢得赞赏"的精神，在帮助店长增加财富的同时，将品牌的人文关怀，向上、共享的理念传递给更多人，成为一家有温度的企业，达成店长、消费者和企业的共同增值。截至2019年年底，企业以超过251万的店长数，巩固社交零售赛道的领军地位。

网易严选立志要为中国消费者甄选天下优品，提供价优物美的消费体验，坚守"工匠精神"，秉承为客户供应高质量中国好货的巨大理想，快速成长为国民消费品牌。

诺源医疗将"生命工程是等不起的建设工程"理念深植于心。潜心研发，疏通应用基础研究和产业化连接的快车道，促进创新链和产业链精准对接，努力成为"世界精准医疗技术领航者""产、学、研、医、检、金六位一体融合的实践者""国际、国内专家引领平台交流协同的执行者"。

样本企业把握时代脉搏、贴合市场需求，成为行业的领军者。尤其是中国高端医疗器械、人工智能和数字科技公司，更是自身领域的拓荒者和搏击者。他们使命加身，志向坚定，在国内外市场的开拓建设中，进行了一系列创新产品研发、管理体制建设以及行业标准制定等。正如数梦工场所说的，必须啃硬骨头、涉险滩，闯难关，创建中国标准，推动中国富强；正如微创和诺源坚决奉行的，必须让中国的老百姓用得起好的医疗设备；正如优刻得和安恒信息所坚持的，价值观考核必须占比30%；正如华云和所有企业所追求的爱国心。由此，他们在快速实现企业成长的同时，与各类合作伙伴融合发展、协同共赢，推动了行业的成长与建设，更助推了中国产业的价值升级之路。

二、创新驱动，以自我变革为内动力，重塑产业价值、重塑中国品牌

2017年5月10日，国务院批准设立"中国品牌日"。这是党的十九大提出高质量发展的先行布局，是对人民日益增长的美好生活需求与不平衡不充分的发展之间矛盾解决的战略推动。2018年，党的十九大报告中提出：实施创新驱动发展战略，完善国家创新体系，加快关键核心技术自主创新，为经济社会发展打造新引擎。与此同时，国人自信心的提升与民族自豪感的增加，为国货品牌的复苏与进化，提供了肥沃的土壤。可以说，在中国大地上创造的重要思想和事件，随着中国创新驱动战略的深入推进，已经掀起新的一波国产化浪潮，推动产业的升级与变革。

微创集团以创新作为发展的核心驱动力，以患者和医生为导向，融合科技创新和高端制造，立体构建，源源不断地研发出一代又一代高品质的高端医疗器械产品，赋能人类的持续健康。同时，又创新机制和项目制度，驱动项目和团队融合发展，为所有员工提供"1+12+1"的创新与产业化平台，通过授权制及联合舰队的运行模式，形成"航空母舰战斗群"，并在全球范围内形成一体化的研发、生产、营销和服务网络，面向世界打响了"中国品牌"，呈现了"中国质量"，品牌享誉全球。

中通快递进行全维度创新探索建设大平台，提出在"产业、科技"上协同发展的策略，从科技投入、制度管理上，不断强化对整个加盟体系的底盘能力建设，又整合、优化与加强要素资源的平台基础建设，推动体制及产业终端模式探索善始善成；在市场和政策的双重作用下，对内维稳和提质增效，对外建设生态体系，以强化自身平台价值的重塑，重构产业生态价值。

科大讯飞始终坚持应用是硬道理的理念，推动技术成果实现大规模产业化应用。针对

性地打造新型智慧城市整体解决方案,致力于"AI+"传统产业升级改造,为中国城镇智能化发展、为"中国制造"向"中国创造"和"中国智造"转变提供全球领先的人工智能技术,成为民族人工智能产业生态的引领者和构建者。

网易严选采用工厂直供模式,严格筛选每一款产品,去除中间环节,供应具有工匠精神的特色国货精品,引导品质消费需求升级,以专业主义打造国产好货,扛起"中国质造"的大旗。

诺源医疗致力于精准医疗影像设备研发及生产,承担国家、省级多个重点研发攻关项目。其研发的"荧光影像手术导航系统",中美欧同步注册,实施了全节点中国专利和国际专利保护,是中国大型高端医疗器械的突破性发展转折点,扛起了高端医疗设备的中国品牌大旗。

达人店以原创设计和工匠精神,为时尚与传统并行的新生国货品牌提供广阔平台,在创新中国品牌的同时,以传承创新时尚文化为核心,实现文化审美自信,打造"快时尚"网络品牌,赋予新国货时代意义和鲜活生命力。

衢州东方集团依托生态资源和产业链优势,运用中央厨房现代化、专业化、集约化的经营创新,纵深供应链建设,驱动产业机能新生。并通过数字化赋能,打造终端零售网络生态,深入推进农产品全链质量追溯体系建设,实现从源头到终端的全链路质量和供应链系统的裂变效应,重塑产业链价值。

基于这波创新浪潮诞生的科创公司,应该说赋能是他们的天性、创新是他们的基因。安恒信息始终专注于网络安全,构建产品和服务的赋能力量;优刻得创新性地从"中立"定位,构建数字一体化服务生态;华云数据独辟蹊径,深耕私有云市场,打通用户场景应用"全价值链",助推"智能制造";数梦工场则全面打造数据产业链,市场洞察、技术洞察、扁平管理"三驾马车"同时驱动,赋能城市,提升产业竞争力。

样本企业顺应中国创新大趋势,对创造中国自己的产品发自内心的执着和热爱,保有精益求精的价值取向,同时又立足本土市场,倾心服务市场,与客户协同融合发展,引领企业不断向前,也推动着中国制造业的进步和革新,并凭借技术优势、人才优势和资本力量,在供给侧结构性改革和科技浪潮中崛起,在助力制造商向智造品牌转变的那一刻,真正推动中国产业价值的重构。

这些企业家深深地明白,在全球化的过程中,在国际市场的竞争中,中国声音、中国样本和中国力量,必然体现在中国品牌的打造上。从中国制造到中国智造,以重塑中国品牌、重塑中国精神,是推动他们坚持自我变革,保持艰苦奋斗精神的核动力。他们深信,中国品牌正在经历着前所未有的变革和机遇。国货自强,未来可期。

三、数字化驱动，创造科技硬核，赋能产业生态，赋能中国城市，再造经济发展新动能

云计算、大数据、人工智能、物联网等技术，催动着新兴产业的蓬勃发展和传统产业的深刻重塑。2019年11月1日，中共十九届四中全会新闻发布会上指出，"要鼓励勤劳致富，健全劳动、资本、土地、知识、技术、管理和数据等生产要素按贡献参与分配的机制……"这是中央首次在公开场合提出数据可作为生产要素按贡献参与分配。这个宣告，可以看作技术参与分配在逻辑与发展趋势上的一个延续，具有深远的意义，数据将成为这个时代最重要的生产力和生产资料之一。样本企业依托先进的技术优势，加速产品创新和模式创新，助力城市管理、政务服务、民生服务等多众多惠民领域落地应用智慧化，为智慧城市建设、产业价值提升提供创新驱动力，也为自身成长寻找新的核动能。

优刻得始终聚焦科技创新的尖端和前沿领域，不断加强关键核心技术的攻关突破，真正让云计算成为传统企业的基础资源。企业深耕服务价值链，为城市、汽车、媒体、新零售、教育、金融、制造等新兴产业的发展和传统产业的优化升级与智慧化赋能，为国家重点发展领域提供更加灵活、定制化的云计算服务，为产业升级创造价值，并实现了全球一张网，在中国企业的出海战略里"借力打力"，服务全球公司。

安恒信息依托全面独特的研发创新模式，凭借深厚的核心技术积累和对政企市场的深刻理解，积累20多项核心技术，形成了以"新场景"及"新服务"为方向的一批专业安全战略级平台产品和服务体系。企业广泛开展外部合作，参与多个国家级、省市级重大科技计划项目。积极参与国家级、省市级重大科研计划和标准制定，并布局发力智慧城市安全市场，推动"安全中国"全面升级。

科大讯飞基于极为强大的AI核心技术，整合内外部资源，同时整合上、下游产业链，形成端到端解决方案和实现路径，打造开放共生的生态平台，推动AI技术在物联网、金融、城市、汽车、政务和智能家居等领域的应用落地，获得各行业和政企领域的高度认可，并延伸价值链条，发力零售消费市场而快速拥有多个第一，逐步形成从源头技术创新到产业技术创新、从B端到G端再到C端的全生态创新格局。

数梦工场紧紧把握市场需求和政策导向，始终坚持研发创新导向，在新型互联网架构、大数据、数据安全等领域，拥有多项领先成果。较高含金量的专利，正在形成行业标准，成为企业市场拓展的利器，带动整个大数据行业的发展。从打造"雪亮工程"全国标杆到智慧交通，再到实现全国应急管理信息化一盘棋，企业携手生态伙伴，不断重构新产品、开发新场景。并在应用场景中让技术更"硬核"，成就城市管理与产业的竞争力。

华云数据以自主创新锻造产品竞争力,以专注深耕提升行业穿透力,以开放融合造就生态整合力,以私有云为主攻方向和发力重点前瞻布局,持续进行技术和研发沉淀,不断延伸和扩展产品线,获得了500多项知识产权,获得了集成CMMI五级证书,积极推动云计算领域技术创新和行业标准制定,始终致力于完善产业链生态,与合作伙伴共建云计算生态圈。

微创集团21年来出品的高端医疗器械产品不胜枚举。已上市产品300余个,专利(申请)4000余项,先后5次获得中国国家科学技术进步奖和多个省部级科技进步奖,已形成骨科医疗器械、心血管介入产品、心律管理医疗器械等三大主力业务。已完全实现全球布局的微创,保有持续精进的精神品质,不断解决医生和患者的问题,创建立体全面的生态解决方案,守护生命的全生态。

中通快递秉承"科技强企"的理念,共有85项软件著作权及3项专利,始终将科技创新与公司战略、业务紧密结合,建立完善的互联网产品研发体系,推动多项先进技术的落地,已建成八大数字化产品线,在快递所有业务环节实现了信息化、数字化、智能化工具的支持和覆盖。

达人店以互联网、大数据为技术支撑,通过去中心化的思维打造出系统、利益和人货场三共享的"社交+商务+利益共享"的新型零售商业模式。将零售、娱乐、创新科技的基因整合在一起,致力于通过平台影响力扶植新品牌成长,成为连接优质品牌与消费者之间的桥梁,形成共创分享的生态。

衢州东方集团变革服务体系,建设贯通产业链的农产品"五统一"绿色供应链体系,全面形成城乡一体化网络,完善连接政府机关、医院、学校、部队等全体系的数字零售网络生态,构建智慧零售"强支撑",打造东方生态链,成为少数传统商超数字化的成功典型。

网易严选依托自身对供应链各环节的强把控能力,以大数据为驱动,提升商品品质和消费者体验为目标,整合资源,灵活调度,实现开发—生产—销售全链路的整体效率升级。

样本企业以创新科技为立身之本。尤其是高端医疗器械和数字科创公司,企业研发投入占比超过营收的10%、20%,研发人才的占比更是超过30%,乃至接近50%。企业所拥有的专利技术,特别是关乎自身成败的核心技术,已经是企业投入的重心。这种硬实力已经成为企业基因,和企业的理想使命融为一体,成为征服市场、服务市场、创造价值的超级利器,并基于优质价值准则的推动,让企业立于产业的浪潮之巅。

四、文化驱动，实施思想与制度创新，重塑企业家精神，重塑商业文明

习近平主席在中央政治局第十三次集体学习活动上曾明确提出，重新建构价值维度，激活积极正面的来自传统的精神基因，找回道德约束和慎终追远的定力。无论是科创公司、医疗设备企业，还是零售、快递企业，似乎都在呼应国家的文化复兴战略。不仅追寻中国传统文化的思想魅力，更是大力进行文化创新，并以此推动企业的制度创新和人才结构变革，激活企业奋斗精神，从而激发员工创造力，提高团队凝聚力，赋能组织生态。

安恒信息追求天行健而自强不息、地厚德而承载万物的《易经》精神，弘扬中国传统"龙化无形"的品德与哲学，以无我服务客户大我，以无为体现安全有为，从而以无所不在实现无所不在，致力于成为一家具有优秀企业文化和社会责任感的新时代网络信息安全产品和服务提供商。

科大讯飞始终坚持为经济社会发展提高技术屏障、高附加值的社会价值，甚至代表区域、国家参与全球高科技竞争的独特社会价值，在事关民生福祉的各个行业不断摸索出适于中国国情的AI产业生态模式。让科技有情怀、有温度，是科大讯飞孜孜以求的目标。企业长期秉承人文精神为科技创新提供价值引领和精神支撑的理念，推动企业始终只被自己所超越。

微创集团"执念"与患者和医生结成命运共同体，努力追求创建一个属于患者和医生的品牌，建设一个以人为本的新兴医疗科技超级集群，持续创新、提供能延长和重塑生命的普惠化真善美方案，从而实现帮助亿万地球人健朗地越过115岁生命线的初心。其企业文化纲领《微创九篇》是20多年发展积累的智慧结晶，是文化理念的集大成和企业与时俱进的新成就。其倡导古为今用、西为中用的理念，有力地推动了企业成为优秀的文化典范。

衢州东方集团以文化价值为纲，长期发扬"义利兼修、亦儒亦商"的文化传统，打造美好商业生态体系。不仅赋能组织体系，探索企业管理政委制的新模式，并不断将文化外化于形，运用于商业空间及产品品牌的打造探索，借力城市"文化"品牌优势进行整体推广，深挖产业品牌价值。

达人店通过对舞台剧衍生服装产品的开发，致敬中国文化，复兴传统礼仪，引领国人对传统文化溯源。2019年，达人店创造社会兼职岗位50万个，也为中小企业品牌设计师提供了广阔的创作发挥空间，充分增强社群归属感。

数梦工场秉持"有边界，才有数据治理"的基本原则，创新方法论和驱动体系，通过数据资产管理的过程智能化和结果智能化，释放数据价值，支撑起业务迭代，并健全容错

机制，激活科技创新动能，助力政务、城市和产业更快、更有效地进行融合创新，创建"数据价值之路"，让"自律"的企业获了更多的市场认可与尊重。

中通快递树立诚信、分享、公平和共赢的文化，建立网络合作伙伴"联邦制"管理模式，加速拓宽业务生态体系，与所有员工和合作伙伴形成利益共同体。"双创4.0"运作模式将基层员工的创业创新与中通整体发展融为一体，让人人做老板，让人人有更多的成就感和获得感，激发了积极性和创造力。企业坚持"利己方可利他，利他自有利己"、做"美好生活的创造者、守护者"的经营理念，强化"利社会"赋能平台的建设，创造共生共荣的生态价值链。

华云数据推崇"客户至上、诚信为本；创新向上、学无止境；合作共赢、积极承担"的企业文化。把不忘初心、专心专注作为起点和初衷，以工匠精神、细心用心为经营基石，把社会责任、爱国心作为使命和未来，形成"以文化驱动发展，以发展促进产业振兴，以推动国家强盛"的良性互动，走上以"中国心"造"中国云"的大道。

通过理念创新和流程再造，网易严选重塑了电商的品质和服务标准，为广大消费者提供放心的购物体验和质优价廉的商品，从而更好地满足人民群众对美好生活的追求。

优刻得坚决秉持中立的核心原则，让企业经常让利于客户，从而成就了客户对企业的信任。企业以独有的文化主张和建设激发员工的自豪感与认同感，并赋予发展平台及员工更多能量；以柔性的文化和体制激发业务的硬性开发，驱动企业成长；以一种更美好的姿态在市场竞争中实现自我的蜕变与发展，推动着自身从追随者走向引领者。

诺源医疗坚持"既要把品质卓越、疗效确切、安全可靠的医疗器械提供给临床专家，也把传播绿色健康理念、提供满意服务作为社会责任的重要部分"的企业文化。在实践中，弘扬攻坚克难的钻研精神，坚持不懈推进对研发的投入与机制优化工作。在与众多高精尖企业合作中，实现自我跨越式成长，让精准医疗成就健康梦想。

正如网易严选样本的开篇中所写的：新的商业模式暗潮涌动，互联网改变着人们的生活方式，时代的车轮滚滚向前。在快与变之中，在速生与速朽之间，那旋转的万花筒，有一个坚定稳固的内核，它们经历时间的淬炼，依然散发出不变的灼灼光芒：那就是对商品经济更发达、国人生活更美好的向往，对诚信与仁义的信奉，对更符合人性与人类发展方向道德律的坚守。

今日的中国，以文化力量推动社会内生能力的聚集，推动大变革时代质量根基的深造，以文化推动政治、经济的大发展，正是天时、地利、人和。国家主席习近平多次指出，民族复兴和实现中国梦必须激活华夏民族深厚的文化内涵，以及激活和建设性传承中国五千年文明优质厚重的精神基因的要求及由此推动的文化复兴战略。而这，也是中国走向世界和自身变得富强的自信基础。

走向新时代的中国，其实是走向深化改革。"抓创新就是抓发展，谋创新就是谋未来"，这句在中国政府各种重要报告中讲了20多年的老话，始终焕发着新意，这不正是2000年前中国儒家先贤所追寻的"日新其德"的精神吗？中国这块古老大地上的人们，正以全新的姿态，前所未有地参与创新、享受创新；在长三角这个中国第三文明发祥区和古老文明复兴地，代表全球前沿的科创思想滔滔以自新，更深层的创新变革已经掀起第一波浪潮。

风物长宜放眼量，沧海天涛又一春。让我们追寻前辈圣贤的思想光芒，紧跟国家前行的脚步，共同奔涌在创新的潮流中，不忘初心，不离时代，见证与谱写未来。

上海长三角商业创新研究院

《2019长三角商业创新样本》执委会

2020年02月

目　录

第一章　构建高端创新医疗全生态——上海微创医疗器械（集团）有限公司
　　楔子：大爱无疆 ···002
　　企业概况：中国高端医疗器械引领者 ···003
　　创新解读：
　　第一节　医疗器械的国产化探索 ···007
　　第二节　构建现代医疗场景生态链 ··010
　　第三节　大德者大成 ··018
　　董事长专访：普惠世界每一个角落 ··023
　　专家点评：使命创新驱动，守护生命健康 ···026

第二章　人工智能中国领航者——科大讯飞股份有限公司
　　楔子：荣光与梦想 ··030
　　企业概况：技术巅峰，源于热爱 ···031
　　创新解读：
　　第一节　黄金时代 ··034
　　第二节　构建闭环迭代的AI生态体系 ··036
　　第三节　让AI有温度 ··044
　　董事长专访：让世界聆听中国声音 ··047
　　专家点评：信仰——创新的基石 ···049

第三章　价值平台，重构物流产业生态——中通快递股份有限公司
　　楔子：无为而为 ···052
　　企业概况：做全球一流的综合物流服务商 ···053
　　创新解读：
　　第一节　快递业的"二次腾飞" ···056

第二节　全维度创新的平台进化 ·· 059
　　第三节　共生共荣的生态价值链 ·· 067
　董事长专访：利他者成 ·· 071
　专家点评：后来居上者的成功探析 ······································· 073

第四章　中国网络疆土守卫者——杭州安恒信息技术股份有限公司
　楔子：越过长城，走向世界 ·· 076
　企业概况：硅谷归来，弄潮钱塘 ··· 077
　创新解读：
　　第一节　打赢网络安全攻坚战的时代命题 ······························ 079
　　第二节　引领中国信息安全新革命 ······································· 082
　　第三节　怀仁而立，潜行天下 ·· 089
　董事长专访："无我"成就"大我" ····································· 092
　专家点评：安于责任，恒于创新 ··· 095

第五章　创建数字一体化服务生态——优刻得科技股份有限公司
　楔子：为与不为的坚守 ·· 098
　企业概况：国内领先的中立第三方云计算服务商 ························ 099
　创新解读：
　　第一节　"云"上的世界 ·· 102
　　第二节　虚实进化 ·· 105
　　第三节　从追随者走向引领者 ·· 110
　董事长专访：帮助梦想者推动人类进步 ··································· 115
　专家点评：理想主义者 ·· 117

第六章　从IT到DT，数据赋能"新时代"——杭州数梦工场科技有限公司
　楔子：DT时代的"拓荒者" ·· 120
　企业概况：中国数据智能领军者 ··· 121
　创新解读：
　　第一节　新时代的历史机遇 ··· 123
　　第二节　重构者的战略领先 ··· 126

第三节　进阶中的"数据强国梦" ………………………………………………133

董事长专访：志高者行远 ……………………………………………………136

专家点评：数据经济的使命领先 ……………………………………………139

第七章　领跑中国私有云——华云数据有限公司

楔子：隐于幕后，立于潮头 …………………………………………………142

企业概况：中国私有云领导者 ………………………………………………143

创新解读：

第一节　"拨云见日"的抉择 …………………………………………………146

第二节　"直上青云"的路径 …………………………………………………149

第三节　"华云崛起"的密码 …………………………………………………156

董事长专访：以推动中国企业数字化转型为己任 …………………………159

专家点评："中国心"造"中国云" …………………………………………161

第八章　国货升级的先行者——杭州网易严选贸易有限公司

楔子：品质生活新篇章 ………………………………………………………164

企业概况：网易"严选"，回归专业主义 …………………………………165

创新解读：

第一节　助力新时代 …………………………………………………………168

第二节　打造"品质+服务"核心竞争力 …………………………………171

第三节　中国好货致敬商业未来 ……………………………………………176

董事长专访：礼续文脉，筑实品牌之基 ……………………………………178

专家点评："质"造，经济转型变革的起点 ………………………………181

第九章　价值为纲，打造美好商业新标杆——浙江衢州东方集团股份有限公司

楔子：大道至简，大行至朴 …………………………………………………184

企业概况：传统零售转型成长的品牌典范 …………………………………185

创新解读：

第一节　城市商业服务的中国式探索 ………………………………………187

第二节　重构城市服务价值链 ………………………………………………190

第三节　打开边界，拥抱共生 ………………………………………………198

董事长专访：做受人尊敬的百年东方 ……………………………………… 201

　　专家点评：商业就是人业 ………………………………………………… 203

第十章　打造新国货品牌生态圈样本——浙江达品网络科技有限公司

　　楔子：新国潮时代，让情怀落地 …………………………………………… 206

　　企业概况：社交零售赛道的领先者 ………………………………………… 207

　　创新解读：

　　　第一节　重塑生态格局 ………………………………………………… 209

　　　第二节　活化国民品牌 ………………………………………………… 213

　　　第三节　传承中再焕生机 ……………………………………………… 218

　　董事长专访：世界多变，初心未改 ………………………………………… 221

　　专家点评："去中心化"重构互联网时代的价值 ………………………… 223

第十一章　创建中国精准医疗价值链——南京诺源医疗器械有限公司

　　楔子：隐形卫士 ……………………………………………………………… 226

　　企业概况：世界精准手术技术领航者 ……………………………………… 227

　　创新解读：

　　　第一节　下好"先手棋" ……………………………………………… 229

　　　第二节　自主创新，激活全产业链 …………………………………… 232

　　　第三节　破混沌，从空白走向领先 …………………………………… 237

　　董事长专访：精准医疗，成就人类健康梦想 ……………………………… 241

　　专家点评：善建者成 ………………………………………………………… 243

后　记 ………………………………………………………………………… 245

项目组织单位 ………………………………………………………………… 247

特邀专顾委、编委会及主要团队成员 …………………………………… 247

调研及采编指标说明 ………………………………………………………… 248

主要参考材料及文献 ………………………………………………………… 249

第一章
构建高端创新医疗全生态
——上海微创医疗器械(集团)有限公司

- **楔子：** 大爱无疆
- **企业概况：** 中国高端医疗器械引领者
- **创新解读：**

    第一节　医疗器械的国产化探索

    第二节　构建现代医疗场景生态链

    第三节　大德者大成

- **董事长专访：** 普惠世界每一个角落
- **专家点评：** 使命创新驱动，守护生命健康

楔 子

大爱无疆

这里曾是封锁区，国外企业筑起了高高的技术壁垒，中国企业在这个领域的成果一度空白。这是一个需要大爱的领域，每一处细节都可能影响一个生命的存亡；这又是属于未来的领域，它融合科技创新和高端制造，赋能人类的持续健康。

机遇偏爱有准备、有情怀的人。1998年，一个叫常兆华的中国人决定投身于这个特殊的细分领域——微创伤介入高端医疗器械产业。那一年，他毅然放弃国外待遇优渥的工作和舒适惬意的生活，回到曾经求学的上海，创立了微创医疗。

创立伊始，企业管理层就充分认识到，一款新的医疗器械产品的研发和生产，无一不是从尊重生命、渴望拯救患者生命和降低患者痛苦的理念出发，以创新的科学技术去完成，每一款产品的诞生都应能够帮助患者改善生活质量，提高生活品质。

21年来，微创医疗扎根于有"中国硅谷"美誉的上海张江科学城，以自主研发为核心驱动力，以冠脉支架为起点，逐渐成长为一家拥有丰富产品矩阵、布局全球的高端医疗器械集团。2014年推出的药物靶向洗脱支架系统，更是令微创医疗在冠脉支架领域完成了从追随者和并跑者到全球引领者的跨越。

"唯有将自己和企业发展的力量与国家、民族和时代前进的力量相融合并汇聚于全球的洪流，才能最终在世界发展轨迹中找到自己的定位和方向，才能在创新的道路上走得更远、更坚实。"在微创医疗创始人、董事长兼首席执行官常兆华看来，在当今全球化和科技变革的时代，企业的创新没有疆域的限制，"一体化""普惠化""全生态"将是高端医疗行业发展的关键词。

企业概况

中国高端医疗器械引领者

上海微创医疗器械（集团）有限公司（以下简称：微创医疗）成立于1998年5月15日，至今已发展成为拥有十几家实体子公司的跨国医疗器械集团，子公司遍及上海、北京、深圳、苏州、嘉兴以及孟菲斯、巴黎、东京、米兰、阿姆斯特丹等全球各地。企业总部位于上海张江科技城，目前拥有来自30多个国家和地区的近7000名员工。2010年9月，微创医疗成功登陆港交所，股票代码为00853.HK。2019年7月，微创医疗子公司上海微创心脉医疗科技股份有限公司在上海证券交易所正式挂牌上市，成功登陆科创板（股票代码：688016），是首批登陆科创板企业中为数不多的医疗器械企业之一。如今，平均每6秒，就有一个微创医疗的产品被用于救治患者生命，或改善其生活品质，或用于帮助其催生新的生命。

平均每6秒，就有一个微创医疗的产品被用于救治患者生命，或改善其生活品质，或用于帮助其催生新的生命

纵观微创医疗的发展轨迹,其第一个10年的主题是"探索",第二个10年的主题是"多元",如今第三个10年的主题是"一体化"。微创医疗的"一体化"战略具体可用"五化"概括:方案一体化、运营数字化、行动本地化、品牌全球化、增长指数化。

一、以研为本,厚积薄发

"每年10%以上的高强度研发投入"几乎是优秀高科技企业的标配,微创医疗也不例外。以2016年到2018年三年间的数据为例,其在研发上的投入分别占销售额的19%、11%和13%。创立至今,企业研发投入累计已达数百亿元。

对自主创新的专注以及对高强度研发投入的坚持,让微创医疗收获了一张优异的成绩单——4000余项专利(申请),先后5次获得中国国家科学技术进步奖和多个省部级科技进步奖,包括国家重点新产品、国家自主创新产品、科学技术进步奖一等奖(教育部)、中国专利优秀奖、PMI(中国)项目管理大奖杰出项目奖、上海市科学技术奖一等奖、上海市高新技术成果转化项目、上海市重点新产品、上海市自主创新产品、上海市发明创造专利奖、发明专利一等奖等。

重金投入的钱没有白花,最终与企业发展和产品上市形成正向的关系。作为一家以研发驱动的医疗器械公司,微创医疗深知不断开发新产品是企业长期可持续发展的重要引擎。

 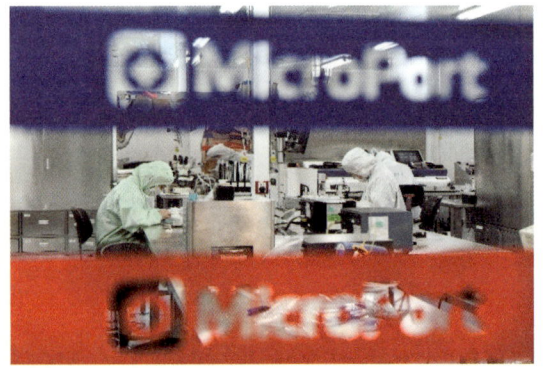

微创医疗创新研发

通过20多年持续不断地创新研发,微创医疗直接撬动了海外巨鳄同类产品市场占比,使其大幅降价并实现进口替代,让数以百万计中国患者受益。目前,企业在药物支架领域已经基本完成进口替代,其中,微创医疗的心脏支架自产品上市以来持续保持国内市场占有率第一。让"微创"这一品牌在国内外得到尊敬的不仅仅是冠脉药物支架,而是持续不断的产品研发能力,让企业打造了一个又一个"国内第一"乃至"全球第一"的创新产品，造福于人。

通过对创新科学的实践应用，微创医疗不断开发出领先的技术与产品服务于医生，从而为患者提供能延长和重塑生命的普惠化真善美方案，全力提升患者的生活质量。在此过程中，微创医疗逐渐从追随者、并跑者蜕变为高端创新医疗解决方案的引领者。

二、多元扩张，全球布局

大力推进全球化战略的实施步伐，用"走出去"的方式将技术水平"提起来"，最大限度地提升企业的核心竞争力；在推动中国医疗器械行业实现跨越式发展的征途中勇于担当、砥砺奋进，为我国发展高新产业、带动新兴学科贡献自己的力量，是微创医疗在实践中确立的发展模式。

2013年，国家正式提出"一带一路"倡议。顺着"一带一路"的脚步，微创医疗积极开拓沿线国家市场，从改善医疗环境、市场深度融合、资源高效配置等角度切入，寻求深度合作。六年间，微创医疗的产品陆续进入了印度、泰国、巴基斯坦、伊朗等约20个"一带一路"沿线国家。

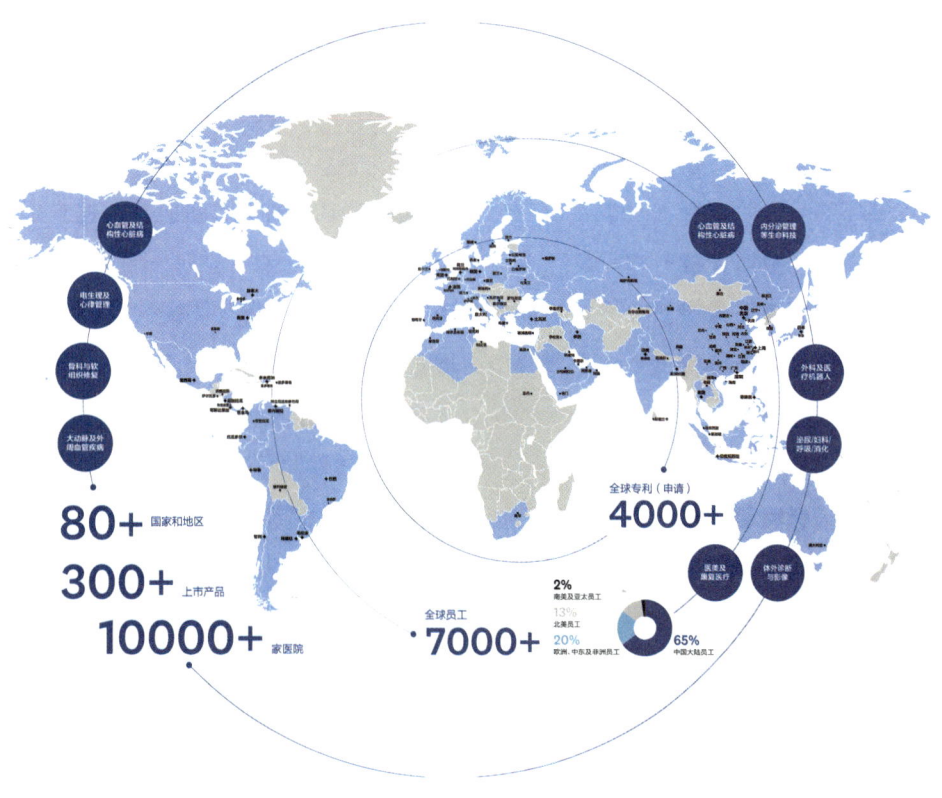

微创医疗全球布局

如今，微创医疗在中国上海、苏州、嘉兴、东莞等地拥有4个国内生产基地，在美国孟菲斯、法国巴黎近郊、意大利米兰近郊和多米尼加共和国等地设立了4个海外生产基地，在全球范围内形成了一体化的研发、生产、营销和服务网络，已上市的300余个产品覆盖心血管及结构性心脏病，电生理及心律管理，骨科与软组织修复，大动脉及外周血管疾病，脑血管与神经科学，内分泌管理等生命科技，外科及医疗机器人，泌尿、妇科、呼吸、消化，医美及康复医疗，体外诊断与影像等十大业务集群，面向世界展现了"中国智造"，打响了"中国品牌"。微创医疗旗下产品现已进入全球80多个国家和地区的逾10000家医院，覆盖亚太、欧洲和美洲等主要市场。

未来，微创医疗将继续以创新作为发展的核心驱动力，源源不断地研发出一代又一代高品质的高端医疗器械产品，为患者和医生提供更多优质普惠的高端医疗解决方案。随着集团国际业务日趋成熟，微创医疗的产品将逐步进入更多的国家，进一步拓展全球版图。

> **创新解读**

随着中国经济发展和政府对社会医疗保险投入的增加，以及人民健康意识的逐步提高，中国医疗器械市场增长迅速，一个超过万亿元规模的细分市场空间正在形成。在这个大市场中，唯有真正的科技创新企业才可以在激烈的竞争中取得或巩固市场的领先地位。

"医之道最微，微则不能不深究；医之方最广，广则不能不小心。"企业不仅要推进管理体制改革，整合资源、简化流程及优化管理架构，还要发展和完善现有产品的性能及制造工艺，扎实地开发新一代产品，积极推进新产品的临床及获证工作，以多元化产品组合向患者和医生提供全面的解决方案，担当生命的"守护者"。

第一节 医疗器械的国产化探索

比之发达国家，我国医疗器械产业发展的基础相对薄弱。滞后的医疗器械设备水平与社会日益增长的医疗需求形成的巨大落差，强烈地刺激了我国企业在医疗器械国产化道路上的精进和勇猛。

2016年作为"十三五"开局之年，国务院部署推动医药产业创新升级，并强调要加强高端医疗器械研发创新；对标国际先进水平，实施医疗器械标准提高行动；加快临床急需医疗器械产品的审评审批等。

2020年是"十三五"收官之年，中国医疗器械产业最终会交出怎样的成绩单？

一、从"中国空白"到"中国领先"

中国现代医疗器械企业最早可追溯到20世纪80年代，那是改革开放后孕育和激发的时代产物。中国医疗器械企业出生时，面临的是"一穷二白"的现状。

因此，实现高端医疗器械的国产化迫在眉睫。这是使命，也是出路。唯有如此，医疗器械行业才能帮助国内患者享受到与国际同步的高性价比的医疗服务，中国医疗器械企业也才能真正在国内外市场中占有一席之地，挺起腰板说话。

经过多年发展，我国医疗器械企业日渐增多。尤其是进入21世纪后，在"政策积极支持、医院观念和行为转变、企业研发实力提升"三重因素叠加作用下，行业在市场规模和尖端科技上双轮并行，迎来稳定的增长。数据显示，2016年我国医疗器械行业注册的各类医疗器械生产企业已经超过1.5万家。

因为以微创医疗为代表的本土企业的努力，我国医疗器械行业从跟随时代走向了科技自主创新时代。在不断创新、超越中，国产医疗器械产品种类逐渐齐全，质量标准稳步提高，越来越多地"飞入寻常百姓家"，于曾经略显混乱和暗淡的战场中，划出一道美丽的风景线。

2018年，中国医疗器械市场规模超过了5300亿元。国产医疗设备在多项技术上突破壁垒，实现了进口替代，比如植入类耗材中的心血管支架、人工脑膜、骨科植入物中的创伤类及脊柱类产品等；大中型医疗设备中的监护仪、DR等。

数量崛起和局部领先的背后，中国医疗器械企业总体上仍存在集中度较低、规模普遍较小的情况。翻开一页页医疗器械供货目录，高端医疗器械依然以进口品牌为主。全球医疗器械公司前十强企业基本被欧美公司包揽。

领先是动力，差距是潜力。数据显示，未来十年医疗器械行业将是一个富有加速度的行业。就国内市场而言，年复合增速仍将超15%，2024年规模将达到1.23万亿元。放眼全球，年复合增速也将达5.6%左右，2024年规模将达到4.2万亿元。其间，中国医疗器械市场对高端产品的需求将持续提升。加码高端创新医疗，在高端产品上创造新的领先，将成为中国医疗企业的未来之路。

2017年，国家发改委印发《〈增强制造业核心竞争力三年行动计划（2018-2020年）〉重点领域关键技术产业化实施方案的通知》（以下简称《通知》）。《通知》制定了9个重点领域关键技术产业化实施方案，其中一个就是《高端医疗器械和药品关键技术产业化实施方案》，明确要重点支持影像设备、治疗设备、体外诊断产品、植入介入产品、专业化技术服务平台5大类医疗器械发展。

二、新时代的新挑战和新机遇

新时代，万象更新。在医疗行业，一个"内科医疗外科化，外科医疗微创伤化，微创伤医疗精准化"的时代正在到来。消费需求和政策供给是高端创新医疗产业发展的两大外部推动力，其中，政策供给更是中国的独特优势。近年来，政府新政频出，在鼓励医疗器械创新、加速国产化进程、规范行业秩序等方面都有积极意义。随着城乡医保财政补助的提高、医联体和分级诊疗制度的推进，中国卫生资源持续下沉，市场不断扩大。

2016年，国家出台《医疗器械优先审批程序》，加快审评审批效率，缩短产品上市时间；同时行业监管不断趋严，各项法规与国际标准进一步接轨，《医疗器械临床试验质量管理规范》等涉及生产、临床及上市后监管的举措有利于提升市场准入门槛、加快行业整合。

2017年，《关于深化审评审批制度改革鼓励药品医疗器械创新的意见》《"十三五"医疗器械科技创新专项规划》以及《高端医疗器械关键技术产业化实施方案》的接连出台，旨在依托创新能力强、规模效应明显、质量管理水平高、具备国际化视野的行业骨干企业，提升我国医疗器械行业整体的科技创新能力。

2018年11月，国家药品监督管理局发布了新修订的《创新医疗器械特别审查程序》，完善了适用情形、细化了申请流程、提升了创新审查的实效性，为鼓励医疗器械产业创新发展发挥积极作用。2019年6月，司法部发布《医疗器械监督管理条例修正案（草案送审稿）》，该条例的修订，完善了上市许可持有人制度、改革临床试验管理制度、优化审批程序、完善上市后监管要求，意味着我国对于医疗器械监管要求步入了新的阶段。

2019年，中央全面深化改革委员会审议通过了《关于治理高值医用耗材的改革方案》，以此推动形成高值医用耗材质量可靠、流通快捷、价格合理、使用规范的治理格局。此外，国家卫生健康委员会与国家中医药管理局联合印发《医疗机构医用耗材管理办法（试行）》，首次将医用耗材的全流程管理进行了国家层面的规范。医疗器械注册人制度继续在全国范围内陆续落地，该制度对于优化资源配置、鼓励研发创新等具有重要意义。

新政策、新机遇对国产产品、创新产品的支持以及对安全有效品质的追求将对医疗器械行业长期、健康、有序发展起到积极的引导作用，有利于创新型、质优型、规模化和国际化企业的发展。日益规范的市场，将淘汰运营不规范、产品品质低的企业，整合行业资源，加速贡献创新品，加快中国医疗器械行业的集中化进程，使产品的价值回归其对医学的贡献和对患者的救助，满足人民群众日益增长的医疗需求以及对美好健康的追求。

在国际市场上，亚太国家的注册门槛日益提升，欧盟新版医疗器械法也对上市后监管提出更加细化和严格的要求，这些挑战需要企业进行全球化布局从而具备全球化资源配置及管理经验以应对国际市场上的经营环境及法规变革。中国产品将不再依靠成本和价格优势，而是凭借国产医疗器械龙头的技术优势、全球视野和国际运营经验，在国际市场上创立中国制造的品牌。

第二节　构建现代医疗场景生态链

20世纪90年代，国内各项手术需要的关键器械基本依赖进口。技术的垄断，引发的结果是中国患者必须承受比欧美国家患者高出两倍甚至三倍的价格，来换得手术的顺利进行以及健康的保障。

当时，常兆华从纽约州立大学生物科学系博士毕业后，已经在两家国际知名企业历练多年，担任研发副总裁。但是，他心中一直有个念想——希望中国的医生能用上中国自己的高端医疗器械，国内的患者能够用平实的价格享受到融入现代科技的治疗方案。

如今，当被问及"过去21年最自豪的事是什么"时，常兆华会果断地回答说："微创一体化的产品和服务给患者带去的帮助，让我倍感欣慰。"

患者是整个医疗行业的核心和根本驱动力所在。从某种角度上来说，所有人都是潜在的患者，因而所有人都处于疾病治疗、康复理疗、疾病预防等某一个或多个环节，由此衍生出庞大的医疗生态市场。而常兆华希望以医生、企业、患者"三位一体"的方式构建新型医疗行业生态。他认为，这三者密不可分，如同一个稳固的三角形，点与点之间两两交互、彼此互通——患者和医生作为两个点组成了最坚固的生命防线，在战场"前线"携手面对敌人，企业作为医疗解决方案提供者是患者和医生的后勤保障，持续向医生和患者提供先进且可以负担的"武器"、搭建必要的信息沟通渠道，令"前线"得以所向披靡地协同作战。三方相互配合、协同作战，面对疾病这个共同的敌人。

一、立体构建，强研发推动产品迭代

医疗器械是一个标准的知识密集型兼资金密集型高新技术产业，涉及生物、化学、电子、机械、材料等多个学科。高端医疗器械，更是在"刀锋"上行走，用智力、恒心与耐心方能冲破障碍，抵达目的地。业内人常说：世界上只有一个行业的质量和技术要求比医疗器械行业高，那就是航空航天业。

医疗器械的产品研发前期投入大，时间跨度长。有数据显示，一个三类医疗器械的平均研发周期为8～12年，上市后的产品生命周期一般为5年左右。因此，对于高端医疗器械企业来说，创新力就是生存力。

从创立第一天起，微创医疗就把研发视为企业发展的生命之本。微创人相信，唯有在技术上不断投入和精进，才可能在各个"卡脖子"的技术壁垒上划开一道裂缝、一个口子，在医疗器械行业核心竞争力圈层确立"硬"势力。

2004年，微创医疗的Firebird（火鸟）冠脉药物支架系统上市，作为第一个由中国企业自主研发的冠脉药物支架，它不仅填补了国内空白，还打破了进口产品在中国冠脉介入领域的垄断。冠脉药物支架是一种状如弹簧的小物件，直径不到1毫米，技术含量极高。经过体表上的一个小切口，沿血管将这个小物件送达心脏病变区，依靠"弹簧"的膨胀和所携带药物，可以缓释和治疗冠心病。当时在全国只有为数不多的几家医院和少数医生能实施类似手术，而且所用器材百分之百依赖进口。

在Firebird（火鸟）冠脉药物支架系统上市之前，欧美企业垄断了这类产品的全球供应。欧美企业进入中国后，将产品价格大幅提升，当时全国每年仅区区几千名患者有条件接受支架手术。火鸟的问世直接撬动了海外巨鳄同类产品市场占比，使其大幅降价并实现进口替代。"当时进口的支架要4万元，微创的产品问世后，支架直接降到2万元以下。我们希望通过创新的工作，让更多老百姓看得起病，让更多患者重获健康。"常兆华表示。

Firebird（火鸟）的出现，是微创医疗通过国产化惠及更多患者的重要开端。这样的成果来之不易，但更白热化的竞争来自新一代产品的研发。如果说Firebird（火鸟）是用本土智慧创造了匹敌国外同类产品的奇迹，那么新一代产品则是中国企业与国外企业在不同的起点，冲向同一个终点。

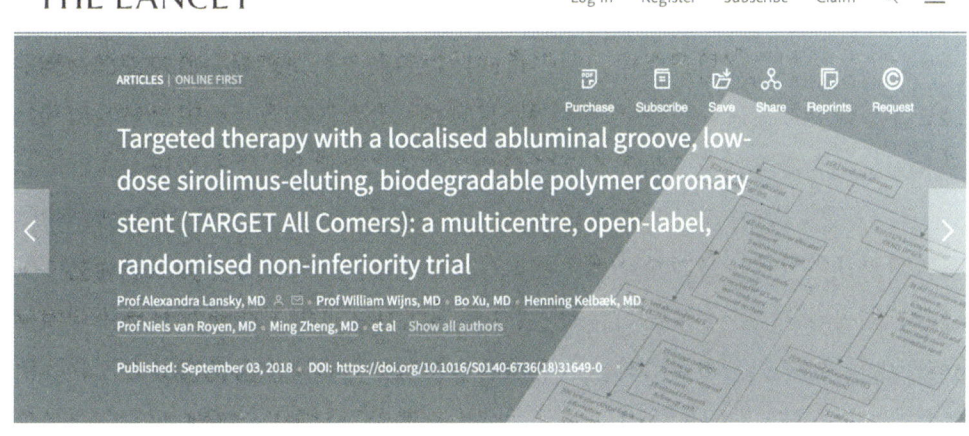

《柳叶刀》刊登Firehawk（火鹰）支架TARGET AC临床研究结果

2018年9月3日，注定是一个被载入中国高端医疗器械发展史册的日子。这一天，世界顶级权威医学杂志《柳叶刀》（*The Lancet*）全文刊登了微创医疗自主研发的Firehawk

（火鹰）冠脉雷帕霉素靶向洗脱支架系统在欧洲大规模临床试验（TARGET AC）的研究结果，该研究破解了困扰世界心血管介入领域10多年的重大难题。这是《柳叶刀》自创刊近200年来首次出现中国医疗器械的身影，标志着火鹰支架已成为全球新一代心脏支架行业新标准的引领者。

欧美是公认的全球医学最发达、学术标准最严格的区域。火鹰支架TARGET AC研究这项试验，临床方案实施采纳欧美最严标准和规范，全程在欧洲医院进行，全部由欧洲权威专家实施操作，患者全部来自欧洲各国，对照组产品也是目前国际公认的药物支架"金标准"的欧美产品。临床研究临床事件的裁决由独立的第三方国际权威机构的专家实施，数据的测量和统计等由独立核心实验室操作，确保了临床研究数据和临床结果的解读准确和公正。火鹰的成功不仅打破了欧美国家垄断了近百年的高端医疗器械行业的壁垒，更打破了长久以来对"中国制造"的傲慢与偏见，开辟出了全球心脏支架研发的"中国路径"。

火鹰支架在细如头发丝却极其坚硬的钴铬合金上均匀"挖"出近600个凹槽，并通过全自动三维打印微凹槽填充的方式将药物精准地注入微型凹槽中，在保证了药物有效性的同时，大大降低了药物载量和聚合物载体使用量，以全球所有药物支架中最少药剂量和最小副作用获得了金标准疗效。火鹰支架同时兼具了裸支架的更安全优点和药物支架更有效性优点这两个看似矛盾的特性，完美避开了裸支架"易产生血管术后再狭窄"和早期药物支架"易引发晚期和极晚期血栓"各自固有的特征性缺陷，既获得了普通药物支架的疗效，又保持了金属裸支架的长期安全性，做到了"鱼和熊掌"兼得。此外，火鹰支架系统的突破性创新可大幅缩短患者术后服用双抗药物的时间，可为国家医保节省数亿元费用。

这种颠覆性的创新注定会存在许多研制过程中的困难。火鹰支架在研发之初的难点在于：由于支架壁薄如头发丝且空间极其有限，制造工艺可谓精微至极，要在细头发丝却极其坚硬的钴铬合金上均匀"挖"出近600个凹槽，其难度比"发雕"还要高出不少。此外，为了将药物精准地注入这些微型凹槽，微创医疗还自主研发了独一无二的药物涂层喷涂设备，全自动三维打印微凹槽填充，可将误差控制在微米级别，药物涂层的面积仅占金属覆盖面积的20%。对于这项技术，火鹰研发团队的技术人员都笑称这是医疗器械领域的"宇航飞船船舱对接"，因为采用的正是最先进的航天级目标智能捕捉与定位技术。

类似的创新故事在微创研发工作中数不胜数。其自主研发的SoSuperior国产膝关节采用了独特的高仿生内稳定型球窝关节面设计，该设计理念拥有20余年临床成功经验并有长达17年的丰富临床随访数据论证，可以使患者术后的运动力学特征与正常人的一致，并使患者的步态更加自然灵活，几乎"忘记"换过膝关节，提高了患者的生活质量和产品

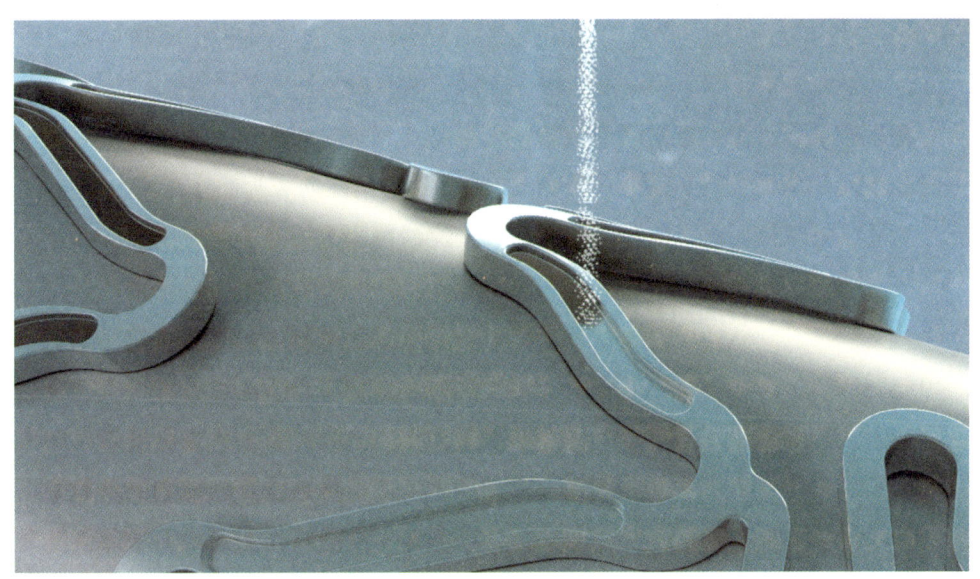

火鹰支架药物喷涂模拟示意图

满意度；SuperPATH（术拔）作为全球首创的快速康复的髋关节置换微创伤手术技术，正在被越来越多的国内外外科医生接触并掌握，其利用6～8厘米的小切口进行人工髋关节置换，以最大限度保留完整的软组织，极大地提高了患者术后早期的疗效和满意度，患者在术后最多半小时即可实现下地活动；自主研发的Rega心系列起搏器是中国首个具有国际品质的国产心脏起搏器，体积仅有8立方厘米，比进口品牌小30%左右，更适合中国患者偏瘦的体型，使用寿命可达10～12年；VitaFlow（活力流）经导管主动脉瓣膜系统是国内首个获准上市的自膨胀式牛心包生物瓣膜，其通过创新性的双层"裙边"设计能够更有效地降低术后瓣周漏。根据国外研究，瓣周漏是影响患者术后生存率的主要因素；Tubridge血管重建装置是国内首个获准上市的国产血流导向装置，通过利用"血流动力学"原理显著改变动脉瘤内血流流态，降低血流对动脉瘤的冲击，使内皮细胞沿支架骨架生长，逐渐修复动脉瘤瘤颈，治愈动脉瘤，从而排除"颅内不定时炸弹"；CRONUS术中支架系统代替了传统的"象鼻干"手术，从而避免了极具创伤性的二次开胸手术，极大地提高了手术成功率和患者存活率；La Fenice（火凤凰）垂体激素输液泵被誉为卡尔曼综

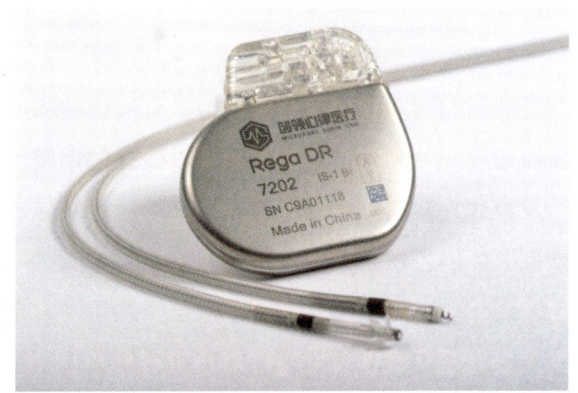

Rega心系列起搏器

合征患者的"送子观音",已有数百名"微创宝宝"在该产品的帮助下诞生,为众多患者带去了孕育新生命的希望。一个数据能够体现微创医疗的创新和研发实力:国家针对创新医疗器械产品研发设立了特别审批程序(绿色通道),能进入这个绿色通道不仅是一种荣誉、更是对产品创新力的极大肯定,截至2019年年底,微创医疗旗下或相关公司累计有18个产品先后进入绿色通道,数量在全国所有医疗器械企业中排名第一。

二、创新赋能,驱动项目和团队融合发展

2019年《政府工作报告》(以下简称《报告》)中的关于科技创新的内容可谓"浓墨重彩"。《报告》指出,加大基础研究和应用基础研究支持力度,强化原始创新,加强关键核心技术攻关。健全以企业为主体的产学研一体化创新机制。全面加强知识产权保护,健全知识产权侵权惩罚性赔偿制度,促进发明创造和转化运用。这无疑给包括微创医疗在内的创新企业点亮了一盏明灯,照亮了前行之路。

在常兆华看来,微创医疗作为一个创新型企业,共拥有三种创新"产品":一是研发生产的实体创新产品,用于治病救人;二是孵化出创新型公司,将公司交给市场去检验,发挥其效益;三是培养出创新人才,服务于国家及高端医疗器械行业。

为赋能产品创新,微创医疗深入实施项目制。这是微创医疗的企业多元化发展及拳头产品多领域开花的关键砝码。在资本的赋能下,微创医疗建立了企业工程研究院的创新组织架构以及"创新反应炉"的科技创新机制,通过"材料、配方与工艺、氧气、助燃剂、燃料、炉匠"的融合互动,持续为企业的技术创新提供不懈动力。

在项目立项之前,相关的所有技术性问题都要解决掉,包括医生和患者需求的收集、可行性调研、投资回报率预估、临床注册途径等。产品一旦立项,整个产品的开发都会按照全生命周期管理流程来控制。项目经理跟进项目,集团项目管理部门跟进项目经理,定期检查任务和目标是否出现偏差。若有偏差,会进行相应干预。有时,微创医疗同期推进的项目会达到130个以上。

项目制管理带来的活力,给微创医疗注入源源不断的创新元素,可以突破资源和基础薄弱的瓶颈,利用最好的资源,以最快的速度,最大限度地满足市场需求。模块化的产品开发模式在微创医疗上百项三类高端医疗器械产品开发中被实践反复证明行之有效,成为微创医疗创新发展的"定海神针"。

孵化创新型公司,微创医疗在实践中探索出授权制及联合舰队的运行模式。在保障企业不断长大的同时,尽可能保持小企业运作所特有的创业活力、灵活性和效率。子公司心脉医疗的成功上市,便证明微创医疗的创新机制和项目制度可以为企业孵化出行业中更加

细分的"黑马"。心脉医疗成立于2012年，主要从事主动脉及外周血管介入医疗器械的研发、生产和销售。在主动脉介入医疗器械领域，心脉医疗是国内产品种类齐全、规模领先、具有市场竞争力的企业之一，在该领域的主要产品为主动脉覆膜支架系统；在外周血管介入医疗器械领域，公司深耕多年，目前拥有外周血管支架系统、外周血管球囊扩张导管等产品，此外，心脉医疗还拥有国内唯一获批上市的可在胸主动脉夹层外科手术中使用的术中支架系统。

微创医疗的很多业务都经历了从项目组、事业部到子（分）公司的蝶变，通过在研发平台的创新培育，一个个项目组陆续独立出来。可以预见，今后微创医疗旗下将会有更多细分业务登陆资本市场，成为"航空母舰战斗集群"里的重要一员。

进一步挖掘微创医疗的创新实力，可以看到项目和产品背后的创新主体——人才。微创医疗为医疗从业者提供了"1+12+1"创新与产业化平台，以最少的资源、最低的代价、在最短时间内开发尽可能多的高科技产品。

前后两个"1"，一个是信息接收"前台"，作为与市场和学术界交流创新的对接窗口，包括微创生物医学论坛、百士论坛等；另一个是学术支撑"后台"，是基于大数据信息支撑下，为集团内外的实体业务提供多元化的服务保障，包括在线医疗与医疗大数据服务。"12"则是指12个高度细分与专业化的平台，贯穿从"医生创意"到"产品生成"再到"医生培训"各个关键环节，形成了"从医生到医生"的创新产业链闭环。

在外部，微创医疗创新平台还连接了创新链上游——高校和创新链下游——医院，以此打通整个产业链的创新端口。经过长时间对产学研合作模式的探索，在产业链的上游，微创与上海理工大学、上海交通大学等高校建立了产学研联盟，凭借在医疗器械领域的学术优势，上海理工大学向微创医疗培养并输送了大量的专业技术人才，提升企业技术创新能力；依靠上海交通大学在基础材料上的雄厚优势，帮助创新产品实现在原材料革新上的突破，改变高端医疗器械产业产品原材料完全依靠国外进口的局面。在产业链的下游，微创医疗先后与上海中山医院、上海长海医院、北京阜外心血管病医院及上海东方医院等建立战略合作关系。这些医院都是上海及北京在微创伤介入治疗水平最高的医疗机构，由它们承担临床试验可促进新产品上市后在中国市场上快速推广应用。

对于企业中长期发展战略的顶层设计，微创医疗设计了"1+10+5"微创联合舰队的集团化运营模式。这是一种典型的体系式作战，是一种散而不离，以内向同心性为特征，内聚力极强的运营模式。

三、从"直摆勾"到"组合拳"

2016年,微创医疗53.9%的收入来自骨科医疗器械,35.4%来自心血管介入产品,4.8%来自大动脉及外周血管介入产品。而在2018年,这一数据发生了重大的变化:微创医疗35.3%的收入来自骨科医疗器械业务,30.3%来自心血管介入产品业务,23.7%来自心律管理医疗器械。2019年,微创医疗继续保持多项业务齐头并进的趋势,心血管介入、骨科、心律管理业务的营收占比分别为33.4%、29.3%、26.4%。过去四年间微创医疗各个业务占比的变化,不仅反映了其营收的变迁,同时也对应其产品和品牌多元化、全球化的路径。

当自主研发成为企业内在的基因后,辅以恰当的对外合作,是企业再度晋级、增加动能以实现高质量发展并走向全球化的绝佳途径。借对外合作,企业能够从技术和市场两个层面获得有效的增益,从而征战更广袤的市场、服务更广泛的人群。

微创医疗上市后,提出了多元化、全球化、集团化的发展策略。"打个比方,就是原来走的是乡间小路,上市后则是开车上了高速公路。原来只能聚焦一个很窄的领域,现在能感觉到整个公司的发展可以更广泛、更多元、更国际了。"

2014年,微创医疗跨界进入骨科,传承了美国Wright的关节业务,成为全球第五大骨科产品供应商。除了继续开拓国际市场,亦快速推进美国骨科产品进入中国市场的步伐。同年,微创医疗宣布与美国强生签署协议,获得其旗下Cordis公司的生产与研发设备、制造工艺和知识产权,并获得Cordis公司在全球范围的冠脉支架领域的若干主要专利的无偿使用权。

2016年,微创医疗与美国医疗器械上市公司Lombard Medical, Inc.达成了战略合作及注资协议,联手打造中国市场最全面的腔内治疗腹主动脉瘤的产品线,进一步巩固其在快速发展的中国主动脉血管腔内介入市场中的领先地位,并进军市场潜力巨大的国际主动脉血管腔内介入市场。此外,还与主营制造新一代微创伤的肩袖修复器械OmniCuff的以色列公司MinInvasive达成战略合作,携手进军中国肩袖修复运动医学市场。

2018年,微创医疗宣布接手LivaNova的心律管理业务,成为中国心律管理领域的龙头企业,并进入估值约100亿美元的全球心律管理市场。

除了借力自主研发和对外合作之外,微创医疗还在全世界与国际知名医生及科学家紧密合作,研发符合最高质量及临床最高标准的一系列创新医疗器械产品。

如果说微创医疗将"心脏支架"当作一记"直摆勾",并且打得很精彩,那么骨科、心律管理等业务和相关产品的拓展,则打出了漂亮的"组合拳"。近两年的财报显示,目前骨科医疗器械、心血管介入产品、心律管理医疗器械构成企业三大主力业务。

凭借可靠的产品质量获得医生与患者的信赖，微创医疗品牌正逐渐在全球市场得到认可。除了登上《柳叶刀》的火鹰支架系统，微创医疗的经导管主动脉瓣膜系统、心系列国产起搏器也在高速增长中吸引了来自全球的注目。带有微创医疗特色的本土产品走出国门，逐渐在海外市场开花结果——在泰国，Firebird2支架系统于2019年2月中标该国全民医保项目，为泰国约60家公立医院提供药物支架；2019年，Firehawk支架系统进入法国和比利时的医保……

自2019年以来，微创医疗的全球化和多元化战略得以进一步落实，海外并购为企业贡献营收的同时，更为企业提升综合竞争实力、实现长期可持续发展提供了新动能，为旗下品牌走向全球提供了新渠道。

稳定的盈利模式和稳步增长的业绩为企业的持续发展注入不竭的动能。财报显示，过去几年微创医疗的营收呈现稳步增长的态势——2016年至2019年的营收分别为3.90亿美元、4.44亿美元、6.69亿美元和7.93亿美元。

微创人认为，应该让代表全球最高科技水平的医疗技术如同呼吸空气、沐浴阳光一样以最公平、最平等的方式将健康和长寿带给世界上的每一个角落、每一个社区、每一个家庭和每一位患者。微创医疗立志成为全球高端医疗器械创新的领导者，将前沿科技成果普惠全人类，未来有一天，秒针嘀嗒一声，全世界不分地域、无论哪个人种，就有一条生命因微创的产品重生或新生。

第三节　大德者大成

医者，仁心。从事医疗行业的企业，同样要有仁心，才能做出真正符合需求的产品，才能更加兢兢业业，做出高质量的产品，让企业产生经济效益的同时，留下一段佳话。

"Eyes for Greatness，Hands on Details"，微创医疗的管理理念深受全球员工和客户认同，并作为企业精神得到广泛传播和传承。

微创医疗对细节的虔诚信仰和极致追求，成功融入企业基因之中并坚持不懈、潜移默化地注入新老员工的血液中。微创人对自己的产品怀有源于内心的敬畏、尊重、珍视和自豪。在微创人心里，每件产品都是一件"活物"，有着自己固有的脾性、灵魂、荣辱使命和生命周期，每一件产品的背后都是一条鲜活的生命。

一、独特品牌观

创立伊始，微创医疗就确立了一个属于患者和医生的品牌观，希望建设一个以人为本的新兴医疗科技超级集群，持续创新，提供能延长和重塑生命的普惠化真善美方案，从而实现帮助亿万地球人健朗地越过115岁生命线的初心。

"日月不以毫末而不照，雨露不以草草而不滋。"微创医疗坚定地认为和相信人人都有生而平等的医疗权、健康权和追求活得更久的权利，并希望与各方通力合作，为人人享有这种权利而积极创造各种各样的变革性医疗手段。所以，微创医疗一切经营活动的理念和动机皆源自患者，为了患者和用之于患者；一切创新的想法皆取之于医生，为了医生，并归之于医生。

早在2002年，微创医疗就预见到医生是创新转化的重要力量。"通过医工合作，才能为医疗器械发展带来源源不断的创新项目。"自企业创立至今，已有48个医工合作项目，其中9个项目已获注册证，8个项目已完成样品评价。如今，微创医疗正在积极加强与全球医疗行业的合作，在各项业务中开发出更有适用价值的产品，实现医工合作双赢的局面。

在"为患者服务"和"为'为患者服务的医生'服务"的信仰召唤下，全球不同语言、背景、文化的微创人，走到了一起。他们坚守产品质量和品质，持续建立健全产品质量管理体系和机制,将安全可靠作为基本准绳,以此打造品牌形象,传递品牌使命。

由于医疗技术与生活水平的提高,"人生七十古来稀"成为往事,百岁老人越来越多。甚至有科学家预测,根据基因技术的发展速度,人类可能活到1000岁。但是,实际的案例和其他研究告诉我们,115岁或是人类寿命的自然极限——这是一堵人类的"死亡之墙"。爱因斯坦医学院的研究小组认为,医疗干预不能解决身体素质整体下降的问题,只能在减缓衰老这一过程中做更多的努力。

对此,微创人有自己的"执念"。他们希望与患者和医生结成命运共同体,缓解甚至消除各种慢性疾病对生命安全的严重威胁,帮助亿万地球人健朗地越过115岁生命线。他们希望微创医疗的产品和服务在把人类平均健康寿命提升至100岁、120岁甚至150岁的过程中,发挥越来越重要甚至不可或缺的作用,破解生命长青之密,为满足人类对"健康长寿"永无止境的美好追求做出重要贡献。为此,微创医疗为各种疾病构建了对应的一体化医疗解决方案。截至目前,微创医疗可为循环系统、神经系统、运动系统、内分泌系统、泌尿系统及生殖系统六大系统提供82种疾病的292种解决方案。

不仅如此,在术后服务方面,微创医疗也担当起了"护航使者",提供微创伤介入术前、术中、术后的患者教育,24小时为微创伤介入患者以及照顾者提供帮助,提供有关微创产品的常规教育信息并解答对产品与治疗方法的疑问。

二、凝聚力源于格局

电影《无问西东》中,无论是精神饱满的老师,还是眼里放光的莘莘学子,都始终坚守着善良和理想,"爱我所爱,行我所行,不忘初心,不问西东"。这是人文精神散发出的人性光芒。微创人也是如此,多年来专注于创新,谨守初心,不断给患者和医生带去福音。

微创医疗"蓝三角"

大德通大道。微创医疗始终处于不断发展、不断壮大的过程中,一路走来,微创医疗深刻认识到,以正确的理念统领经营管理全局是基业长青的唯一出路,企业的文化建设事关公司的命运与前途,以及与其休戚相关、荣辱与共的数千名员工和家庭及亿万名患者的身体健康和家庭幸福。

微创医疗企业运行的基本原则是符合操守的商业行为、满意的患者与医生、智慧型的员工队伍、有保护的创新技术、重审慎的扩张战略,实施以一体化为前提的多元化、以本土化为基础的国际化。依靠"才—财"汇聚推动企业战略目标的实现。坚持督促每位员工在日常工作中用"鹰之眼"顾全大局,用"鱼之眼"判断决策,用"虫之眼"着力工作细节和精确体察客户需求,尤其是珍惜有胆挑战权威、用脑思考问题、用心做好每件小事和为大目标而不惜付出时间和精力的员工。

在团队尤其是基层员工管理上,微创医疗"西为中用,古为今用",建立了重绩效的企业文化、授权制的运行体系,以此输出前瞻性的创新能力,实现全球化的品牌战略。

作为微创医疗文化理念的奠基者,企业高层通过自我修行,形成了一种言传身教的效果。将理念、思想逐渐渗透到企业的组织运行过程和所有员工心中,并在公司日常经营过程中不断提炼、升华,拧成一股强大的力量,并同企业的规章制度等有机结合起来。2018年,在公司成立20周年之际,全新的企业文化理念纲领《微创九篇》出炉,最终形成了

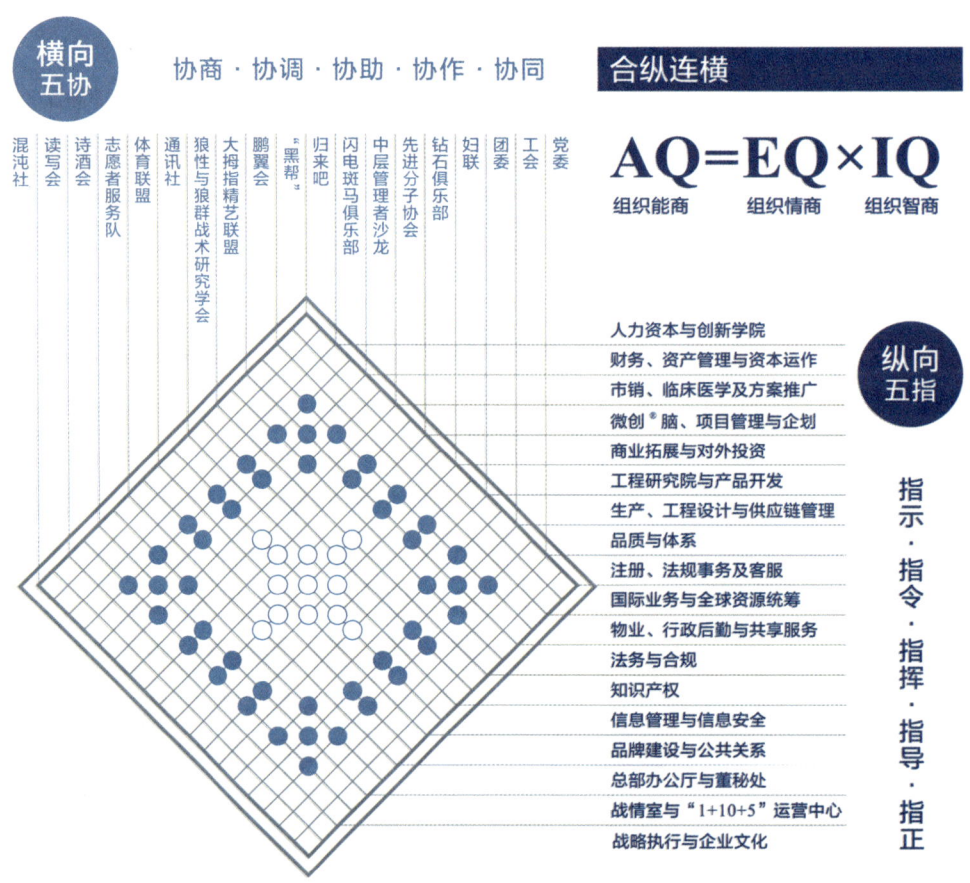

"合纵连横"管理模式

微创医疗目前较为完善的企业文化理念体系。

尽管高层和核心员工是企业不可或缺的部分，把握着企业发展的方向，基层员工则更是企业前行的基石。微创医疗一直致力于打造卓越人才培养及学习型组织建设，根据公司整体发展战略以及人力资源规划，力求将员工的知识积累、技能培养与公司对员工的岗位要求相结合，将员工的个人成长与职业发展相结合，将人才培养与人力资源战略紧密结合。

微创医疗还将组织能商分解为"组织情商×组织智商"，独创了"合纵连横"管理模式，这是企业在经营实践中提炼出来的一种"以人为本"的独特管理模式，即在侧重培养各纵向职能部门团队建设的同时，也特别强调不同部门之间的横向融合和交相维系。它是微创人对西方现代企业管理理念和中国传统文化即"西为中用，古为今用"的有益实践和管理模式创新，并由此细化形成了纵向五指及横向五协交错协同的实践路径。

实践证明，"合纵连横"管理模式在提升群体和个体"情绪智力"的同时，使企业的执行力得以大幅提升，大大增强了企业的向心力、凝聚力和执行力。微创医疗20多年的经营实践也证明了"合纵连横"管理模式是符合中国国情和适合现代高科技企业特点的一种行之有效的管理模式。

微创希望小学学生"走出大山，看世界"活动

在社会责任方面，微创医疗设立了多个慈善公益项目，如在上海交通大学和上海理工大学设立"励志奖学基金"和建立科技图书馆，在云南省捐资建立"建水致公科技馆"，

资助海外留学生校友会和哈佛大学龙舟队弘扬中华文化；2007年和2012年分别在山东省贫困地区五莲县和贵州省革命老区赤水市创办并持续资助改善微创希望小学，截至目前，已经有614名学生毕业（其中42人考入大学）；在黑龙江省边境偏僻地区建立医疗诊所并捐赠治疗设备、急救设备等基本医疗设施为边民提供医疗服务；为西藏和新疆地区当地民众提供免费医疗产品和服务；微创医疗还响应国家号召，践行精准扶贫，实质性参与藜麦种植扶贫等多个项目，把企业社会责任融入企业经营发展的各个环节。

微创医疗以管理模式、技术研发、创新平台和质量品质作为依托，对目标受众以多元化整合传播方式进行精准传播，绵绵用力，久久为功，坚持高品牌与高品位统一，既打造过硬品质，又传递企业价值主张，积累了丰厚的品牌资产，打造了"企业优秀公民"的良好品牌形象。2019年，世界品牌实验室（World Brand Lab）先后发布了《中国500最具价值品牌》和《亚洲品牌500强》榜单，微创医疗均榜上有名且是这两份权威榜单创办十余年来首个上榜的中国医疗器械类企业。

医疗器械是一个需要长期投入和沉淀的行业，也是一个高研发投入但不一定成功的行业，因此，从事此行业的每个企业和每个人，都需要一份沉静的心。面对未来，面对全球市场，每一个微创人都已经做好准备，不断创新，持续精进，不断解决医生和患者的问题，用立体全面的解决方案，守护生命的全生态。

董事长专访

普惠世界每一个角落

——上海微创医疗器械（集团）有限公司创始人、董事长兼首席执行官常兆华博士

《样本》：2019年，微创医疗获得的哪些成绩让您感到自豪？

常兆华：这一年，我们做了很多事情。微创医疗自主研发的图迈™腔镜手术机器人完成了机器人辅助腹腔镜下前列腺癌根治术、拥有自主知识产权的内稳定型全膝关节置换系统产品获批上市、自主研发的VitaFlow®经导管主动脉瓣膜系统上市、心脉医疗™成功首批登陆科创板等。

微创医疗的愿景和使命的核心，是希望能够让代表全球最高科技水平的医疗技术以最公平、最平等的方式，将健康和长寿带给世界上的每一个角落。正是这份对全人类"真善美长"追求的担当，让微创医疗在过去的21年中，不断创造奇迹。微创人的动力源于一个属于患者和医生的品牌观，一切经营活动的理念和动机，皆源自患者，用之于患者和为了患者；一切创新的想法，皆取之于医生，为了医生和归之于医生。我们秉承着"医生—企业—患者"三位一体的理念，利他、赋能、共赢，以"忘我""无我"的心态在生命赛道里竞跑。

《样本》：您认为医疗器械行业发展应该加强哪些方面的建设？

常兆华：这是一个快速发展的行业，也是《中国制造2025》里面一个很重要的板块。医疗器械尤其是高端医疗器械主要是要解决医学里的痛点，以临床需求为导向，围绕痛点提供解决方案，而硬件只是解决方案的一部分。人类的平均寿命在不断提高，但也带来慢性病的增多，慢性病正逐步成为人类健康的新"杀手"。所以，我们的解决方案和业务布局主要是围绕慢性病展开的。

《样本》：为什么您特别强调"三位一体"的理念？微创医疗又是如何平衡研发投入和利润产出的关系？

常兆华：患者本身不是问题，患者只是"宿主"，患者携带的疾病才是问题，是医生、企业、患者共同的敌人。企业提供武器和弹药，与医生、患者一起，不懈奋斗，共同打败疾病。在"三位一体"的语境下，医患双方在权利和义务上是对等的，双方是平等关系的

战友。作为"三位一体"中的第三极，微创医疗所代表的企业方不仅需要做好患者和医生的后勤保障、为他们提供优质医疗解决方案，更应该成为患者和医生之间的桥梁，打造更畅通的医患交流环境。

2019年微创医疗的研发投入约占年销售额的19%，这一比例在全球都是屈指可数的。对我们来说，不存在平衡的问题，而是企业短期利益与长期利益、局部利益和全局利益的问题。如果为了眼前的利益，那么不做研发就可以创造更多利润。但从长期来看，企业会很痛苦，新的技术出现后就可能会很快被淘汰掉。而且，企业如果不做研发，不开发新的产品，何谈对社会的贡献？如果一个企业已经比其他企业拥有更好的平台、更优秀的人员，却不去解决更多的问题，就是对员工和社会的不负责任。

《样本》：企业的发展离不开"创新"二字，创新也是微创医疗不断取得成绩的重要驱动力，您是如何理解创新的？

常兆华：我们认为，所有的创新都要围绕"痛点"进行。不管什么样的产品，什么样的方案，都只是解决了部分问题。同时，新的问题会不断出现。因此，要从不同的角度和需求出发，去提供新的方案，解决新的疾病。针对老的疾病，方案和产品也可以不断优化。

我们不会为了超越而超越，为了替代而替代，为了原创而原创，为了颠覆而颠覆。一切从临床需求出发，为了解决新的痛点做文章，研发出的产品一定是原创性的。如果忽略痛点，只是跟着别人的产品走，那只是模仿。医疗器械行业的创新，讲究安全性、有效性和可及性，这三者都做到了，自然而然就会有真正的颠覆。总之，不断地发现问题、解决问题，就会有创新。

《样本》：您如何解读长三角一体化，企业如何在一体化战略中实现更好的协同？

常兆华：物理空间的一体化相对比较容易实现，例如从嘉兴的发展就能见证长三角一体化的成果。但是，一体化最核心的是人的融合，实现身份的认同、情感的认同以及机制的认同后，才能实现各地之间良好的协同。

就医疗器械产业来说，我认为应突破部分区域在土地资源等方面的约束，推动产业链上、下游之间的分工合作。长三角地区的产业基础较好，可以实行监管联动，允许试点范围内的企业委托苏浙沪等地的医疗器械企业开展生产。

《样本》：无论是微创医疗的下一步发展，还是医疗器械行业的未来，您认为将面临怎样的机遇和挑战？

常兆华：所谓美好的生活，前提是健康。为了让人类更健康，我们需要有一定的预见性，去了解人在85岁、95岁、105岁甚至115岁会遇到哪些主要疾病。然后通过五年、十年甚至二十年的布局，去解决这些可预见到的疾病。在这个过程中，就会有不同的机遇和挑战，需要不断地去突破面临的新障碍。

未来，"疾病治疗"将会慢慢转变为"健康管理"。这意味着健康人群将成为我们的服务对象。要实现普惠性的医疗服务，一是要价格合理，大部分人能够接受；二是要在物理空间实现突破，上海、北京和偏远地区都可及。未来，我们将更加坚定植根中国的信念，着眼国际化布局，继续完善全球化的研发、生产、营销和服务网络，大力推进更高水平更高品质的创新，为患者和医生提供更优质普惠的一体化医疗解决方案。

> 专家点评

使命创新驱动，守护生命健康

　　看了微创医疗的创新样本稿，我强烈地为这家企业的使命感所震撼，为其在创新方面的努力所感动。可以说，这是一个典型的使命驱动和创新驱动的生命力顽强的企业。

　　21年前，比之发达国家，我国医疗器械产业的基础的确是太薄弱。但正是滞后的医疗器械设备水平与社会日益增长的医疗需求形成的反差，强烈刺激了微创医疗创始人的产业报国心，才有企业在医疗器械国产化道路上的勇猛精进，才有自上市以来至今在中国的领导者地位。

　　尤其是在"十三五"规划中，国务院部署推动医药产业创新升级，并强调要加强高端医疗器械研发创新；对标国际先进水平，实施医疗器械标准提高行动；加快临床急需医疗器械产品的审评审批等，更是推动中国医疗器械行业的奋力追赶和创新发展。

　　可以说，对自主创新的长期专注以及对高强度研发投入的坚持，微创医疗以持续精进的精神品质，创建立体全面的生态解决方案。在"心脏支架"产品龙头地位的基础上，又通过国际化并购道路和自主研发协同，实现骨科、心律管理等业务和相关产品的拓展，构成三大主力业务，并在全世界与国际知名医生及科学家紧密合作，开发符合最高质量及临床最高标准的一系列产品。所以，微创医疗以"普惠每一个生命"为使命，是建立在科技立企的战略目标之上，以真正过硬的产品夯实"以人为本"的企业发展价值观。企业由此拥有极为自豪的荣誉榜——已上市300余个产品，4000余项专利（包括正在申请的），自主研发的中国高端医疗器械产品不胜枚举，填补了我国行业的众多空白，先后5次获得中国国家科学技术进步奖和多个省部级科技进步奖。微创医疗以患者和医生为导向，融合科技创新和高端制造，赋能人类的持续健康，引领中国医疗事业的发展，的的确确以创新作为发展的核心驱动力，始终如一，无可挑剔。

　　而微创医疗创新机制和项目制度，驱动项目和团队融合发展，为所有员工提供"1+12+1"的创新与产业化平台又令人耳目一新。通过授权制及联合舰队的运行模式，形成"航空母舰战斗群"。以一个信息前台，一个学术支持后台，再加十二个高度细分与专业化平台，推动市场和学术交流创新的对接，在线医疗与医疗大数据服务等多元化服务保障，形成了"从医生到医生"的创新产业链闭环,全面立体打造现代医疗场景生态链。在"为患者服务"和"为'为患者服务的医生'服务"理念的召唤下,"执念"与患者和医生结成命运共同体,持续建立健全产品质量管理体系和机制,将安全可靠作为基本准绳,努力追求创建一个属于患者和医生的品牌。所以,微创医疗坚持以品牌立企,守护企业使命。才能面向世界打响"中国品牌",呈现了"中国质量",而享誉全球。

微创医疗又是一家以文化立企的企业。企业希望建设一个以人为本的新兴医疗科技超级集群,又浪漫地提出了能延长和重塑生命的普惠化真善美方案,要帮助亿万地球人健朗地越过115岁生命线的初心。我认为,正是这种理想主义者的思维加上家国情怀而形成的使命感,推动了产业和社会的进步。

而让我印象最深的,却是微创医疗企业文化纲领《微创九篇》,这显然是企业文化理念的集大成和企业与时俱进的新成就的体现,应是企业20多年发展积累的智慧结晶。其中,大力倡导中国传统文化精神(尤其是《易经》和孔孟的经典思想,深得人意),也融合了很多西方工业文明的思想和人文精神。可以说是古为今用,西为中用。应该说,这种理念创新,极好地推动了企业成为优秀的文化典范。

王向阳 北京大学博雅教育研究院院长

第二章
人工智能中国领航者
——科大讯飞股份有限公司

- **楔子：** 荣光与梦想
- **企业概况：** 技术巅峰，源于热爱
- **创新解读：**

  第一节　黄金时代

  第二节　构建闭环迭代的AI生态体系

  第三节　让AI有温度

- **董事长专访：** 让世界聆听中国声音
- **专家点评：** 信仰——创新的基石

楔 子

荣光与梦想

在和平年代,高新技术制高点是民族话语权的硬核实力。随着世界经济的发展与竞争日益加剧,品牌已经成为一个国家竞争力和国际地位的核心体现。当企业将自身的梦想和追寻与历史的嬗变、国际风云的巨变融汇到一起,这是公众的福祉。从"中国制造"到"中国智造",科大讯飞在中国品牌日益强大的过程中,始终坚持自主研发与创新,掌握核心关键技术,引领人工智能行业的高质量发展。或许前路多艰,但朝着阳光方向的生长,科大讯飞一直在努力地鼓与呼。

风起于青萍之末,浪成于微澜之间。扛起重任,致力于参与推动中国的前进,为大国征程的历史编织更加闪耀的印记。这是科大讯飞的荣光之路。

企业概况

技术巅峰，源于热爱

1999年，还在中科大求学的刘庆峰联合十几位有技术报国情怀的同学成立了科大讯飞。彼时大家对于市场的需求还是懵懂的。为什么选择人工智能？因为贴合创业者的专业，也出于对专业的热爱，对目标的追求也更为纯粹——做属于中国的世界级技术。

20年后，AI技术大热。潜心于技术的科大讯飞与它在人工智能助力教育、医疗、政法多领域变革的深耕实践随即跃入大众的视野。2014年，科大讯飞启动"讯飞超脑"计划，专注认知智能领域的研究；2018年，科大讯飞To B、To C双轮驱动战略扎实前行，C端强劲发力，围绕"A.I.+"推出一系列覆盖会议、翻译、智能硬件、开放平台、智慧家庭、智能汽车等多个领域和场景应用的科技产品；2019年，科大讯飞从人工智能1.0时代正式进入2.0时代。当一个个里程碑式的点连成一条线，也就全景勾勒了科大讯飞这家企业今日的行业地位。从语音信号处理技术到人工智能技术，科大讯飞始终坚持为经济社会发展提高技术屏障、高附加值的社会价值，甚至代表区域、国家参与全球高科技竞争的独特社会价值，并在事关社会民生福祉的各个行业不断摸索出适于中国国情的AI产业生态模式。

始于初心，源于热爱。

一、"顶天"的技术信仰

作为亚太地区知名智能语音和人工智能上市企业，科大讯飞专业从事于人工智能技术研究、软件及芯片产品开发、知识服务。企业以"让机器能听会说，能理解会思考，用人工智能建设美好世界"为使命，将"顶天立地、自主创新"作为始终贯彻的产业发展战略。科大讯飞拥有自主知识产权的世界领先人工智能技术，承建首批国家新一代人工智能开放创新平台（智能语音国家人工智能开放创新平台）、语音及语言信息处理国家工程实验室以及我国在人工智能高级阶段——认知智能领域的首个国家级重点实验室等国家级重要平台。

近年来，企业人工智能核心技术持续保持国际领先，各项业务健康发展，业务收入、毛利快速增长，用户规模高速增长，综合实力持续增强，源头技术驱动的战略布局成果不断显现。2018年，公司全年实现营业总收入79亿元，较上年增长45.41%，2019年上半年，实现营收42.28亿元，较上年同期增长31.72%。

在人工智能领域，科大讯飞有着众多开创性突破：语音合成技术连续13年蝉联全球英文语音合成大赛（Blizzard Challenge）第一，并于2012年成为全球唯一超过真人发音水平；2015年，语音识别听写准确率在全球首次超过专业速记员水平；2017年，在机器翻译领域发布全球首个超过大学英语六级水平的机器翻译系统；科大讯飞的"智医助理"成为全球首次通过国家临床执业医师资格考试的医学人工智能系统；2018年，在自然语言理解领域权威挑战赛SQuAD上，科大讯飞不仅刷新全球纪录，而且在部分关键指标上超越了人类平均水平。

2018年，公司持续在感知智能和认知智能核心技术领域的研究攻关上加大投入，在人工智能关键核心技术领域摘取了12项国际第一；2019年，又在语音、图像和认知智能等多方面摘取10项世界冠军。核心技术始终保持国际领先，进一步为公司各产品的市场竞争树立了较高的技术壁垒和领先优势。公司在人工智能领域的全球影响力进一步提升，与麻省理工学院、普林斯顿大学等世界顶级研究机构达成战略合作，为公司持续保持核心技术国际领先奠定了基础。

二、"立地"的产品理念

科大讯飞在"平台+赛道"的人工智能战略指引下，以技术创新为突破，持续优化企业核心竞争力，并取得卓有成效的发展，为人工智能行业的发展注入了新的活力。在"平台"上，构建国内首个以智能语音和人机交互为核心的人工智能开放平台，持续为移动互联网、智能硬件的开发者和用户提供人工智能开发与服务能力。在"赛道"上，科大讯飞持续构建垂直入口或行业的刚需+代差优势，使人工智能研究成果在教育、政法等领域实现了规模应用。2019年，公司开发的产品智学网已覆盖全国32个省级行政区超过35000所学校，服务超过一亿的师生；"AI+政法"产品与解决方案广泛应用于公安、检察院、法院等各级司法行政机关。2018年，科大讯飞To C业务实现营业收入25.17亿元，同比增长96.54%；To C业务在整体营收中占比达31.80%。2019年上半年，To C端业务持续发力，实现营业收入15.76亿元，同比增长45.45%；毛利8.49亿元，同比增长41.92%；在整体营收中占比进一步上升，达37.28%。

在教育、司法、医疗等重点领域的业务赛道上，公司已经形成了广大用户可实实在在有获得感的人工智能应用成果，并且随着实际应用场景的数据驱动+专家知识经验的不断学习，人工智能算法持续迭代进步，落地应用规模持续扩大。企业"领先一步到领先一路"的格局增强，业务增长势头强劲。教育产品领域，基于人工智能核心技术打造的纸笔课堂、个性化学习等产品，真正实现因材施教、减负增效，获得应用学校师生一致好评；政法业务较2018年同期增长85.96%，智能庭审系统、智能辅助办案系统等产品的行业势能进一步增强，布局成效初显。

2018年，科大讯飞开放平台相继发布了iFLYOS、人机交互界面AIUI3.0、AI服务市场，整合内外部资源，形成端到端解决方案和实现路径。2019年，又开放平台升级发布智能硬件解决方案，基于讯飞AI核心技术，同时整合上、下游产业链，打造开放共生的生态平台，推动AI技术在物联网和智能家居领域的应用落地，获得行业高度认可。多年来，科大讯飞连续荣获"服务机器人年度领军企业""中国智能终端大奖年度金奖""年度最佳人工智能应用""人民匠心产品奖"等多项行业大奖。

> 创新解读

第一节　黄金时代

　　1956年夏季，麦卡赛、明斯基、罗切斯特和申农等年轻科学家在一起聚会，共同研究和探讨用机器模拟智能的有关问题，并首次提出"人工智能"这一术语。经过60多年的演进，新一代人工智能相关学科发展正在引发链式突破，推动经济社会各领域从数字化、网络化向智能化加速跃升，人工智能改变人类生活的步伐不断加快。全球人工智能产业正在快速席卷应用浪潮，机遇与挑战并存；预计到2020年，人工智能核心产业规模将达到1800亿元。

　　人工智能是人类建设美好生活的不懈追求，不仅成为国际竞争的新焦点，也是国内经济发展的新引擎。它重构生产、分配、交换、消费等经济活动各环节，形成从宏观到微观各领域的智能化新需求，催生新技术、新产品、新产业、新业态、新模式，引发经济结构重大变革为新常态下的供给侧结构性改革注入新动能。在我国，人工智能正在与各行各业快速融合，助力传统行业转型升级、提质增效，在全球范围内引发全新的产业浪潮。

　　开启智慧新时代，未来已来。

一、人工智能引领产业新浪潮

　　麦肯锡在《中国人工智能的未来之路2017》报告中预测，到2025年，人工智能应用市场总值将达到1270亿美元。埃森哲预测到2035年，人工智能将使年度经济增长率提高一倍。2019年3月5日，"人工智能"连续三年被国家写入《政府工作报告》，并首次提出"智能+"，强调"促进新兴产业加快发展，深化大数据、人工智能等研发应用"。人工智能能够作为一项基础技术渗透到各行各业，并助力传统行业实现跨越式发展，这一点已经被国家认可。

　　行业应用是人工智能领域最大的细分市场，是整个人工智能的核心领域，也是其技术能否产生价值的关键。现阶段，由于基础设施、个性化程度、应用价值和潜在市场规模等因素，导致人工智能在各行业的应用成熟度存在较大差异：广告营销、金融、公共安全等领域已是相对成熟的行业；而教育、农业、工业和医疗健康等领域由于基础设施布局起步晚、数据获取难以及个性化程度较高，还需更长时间去体现应用的价值。

作为国内AI龙头，科大讯飞在人工智能领域深耕20年。随着人工智能正式被提上国家层面战略及相关政策措施的出台，企业通过各方资源整合，产业链日趋完善，产业集聚效应逐步凸显。

二、阔步前行的中国智造

新中国刚刚成立时，城市数量仅为136个建制市，1957年增加到176个。后因总体平衡所需控制增长速度，至1978年增加到193个。城镇化率从1949年的10.6%提高至1957年的15.4%，再提高到1978年的17.9%。2011年，我国城市人口首次超过农村人口，整个城镇化进入加速期与较快发展的中后期。

今天，已经有超过一半的中国人住在城镇，城镇建设面临更高层级的挑战。城镇化率的提升，是一项复杂困难的系统工程，且城市"成长培养"的成本高昂——城镇化的发展，需要农业现代化、工业化以及信息化水平的同步提升。而智能发展已经成为新型城镇化的重要引擎。对我国而言，人口老龄化、资源环境约束等挑战依然严峻，人工智能在教育、医疗、养老、环境保护、城市运行、司法服务等领域的广泛应用，将极大地提高公共服务精准化水平，全面提升人民生活品质。人工智能技术可准确感知、预测、预警基础设施和社会安全运行的重大态势，及时把握群体认知及心理变化，主动决策反应，将显著提高社会治理的能力和水平，对有效维护社会稳定具有不可替代的作用。

作为民族人工智能产业生态的引领者和构建者，科大讯飞始终坚持应用是硬道理，推动技术成果实现大规模产业化应用，针对性地打造了以"城市超脑"为内核，集基础信息接入、城市大数据和信息模型、行业超脑应用为一体的新型智慧城市整体解决方案，致力于"AI+"传统产业升级改造，为中国城镇智能化发展、为从"中国制造"向"中国创造"和"中国智造"转变提供全球领先的人工智能技术。

第二节 构建闭环迭代的AI生态体系

一、"平台+赛道"背后的商业精神

2019年6月,科大讯飞成立20周年之际,董事长刘庆峰在内部信中这样写道:"未来十年,人工智能将深刻改变世界的生产和生活方式,它将像水和电一样无处不在。"

技术投入引领产业发展,也为产业实现规模化效益提供坚实基础。过去三年甚至更长一段时间里,在尝试将技术势能转化为产品势能的过程中,科大讯飞没有盲目追求规模的扩大,而是以真正满足社会刚需应用为研发标准,让开发者可以更好地接入平台能力,更快地开发智能产品,获得更好的创业平台,帮助更多的创业者在良好的产业生态中成就自己。

如果说顶天立地的技术信仰让科大讯飞构建起行业赛道的核心制高点,那么"平台+赛道"的发展模式,则让同赛道上的伙伴形成协同互利的生态圈,从而构建垂直入口或行业的刚需+代差优势。科大讯飞的底气,来自多年的创新与积淀。

1. 做最擅长的事

2017—2018年科大讯飞研发投入情况

	2018年	2017年	变动比例(%)
研发人员数量(人)	6902	5739	21.33
研发人员数量占比(%)	62.93	66.28	-3.33
研发投入金额(元)	1772739448.27	1145328994.08	54.78
研发投入占营业收入比例(%)	22.39	21.04	1.35
研发投入资本化的金额(元)	833515226.98	549300540.48	51.74
资本化研发投入占研发投入的比例(%)	47.02	47.96	-0.94

过去五年中,从智能语音到人工智能,从让机器能听会说到能理解会思考,从感知智能到认知智能的发展,科大讯飞一直是颠覆式创新者。这其中,离不开企业在既有优势技术方向上继续深化和引领——持续加大核心技术投入,在人工智能开放平台、智能语音交互能力平台、基于大数据的精准教学与智能学习平台、智能化公共服务平台、人工智能辅

助诊断及大数据平台等项目上进行了深入高强度研发。通过组合式技术创新增加技术厚度、加宽技术护城河。2019年上半年，科大讯飞研发投入达12.44亿元，占营收比重为29.42%。截至目前，科大讯飞研发投入已连续6年超营收的20%。

科大讯飞坚持"人才是公司最大的资产，人才的升值是公司最重要的升值"理念，不断激发人才成长。公司以讯飞研究院为依托，强技术、重研发、重创新、高强度持续投入和突破，形成战略纵深，构筑竞争力。科大讯飞承建了首批国家新一代人工智能开放创新平台（智能语音国家人工智能开放创新平台）以及我国在人工智能高级阶段——认知智能领域的首个国家级重点实验室两大国家级重要平台，有着体系健全的产学研体系，与中国科学技术大学、清华大学、哈尔滨工业大学、西藏大学，美国麻省理工学院、普林斯顿大学、加拿大约克大学等国内外知名大学均建立了深度合作关系。近三年，企业主持和参与制定的已发布国家标准9项，国际标准1项，行业标准2项，公司及全资、控股子公司累计获得国内外有效专利1000余件，技术研发优势显著。通过讯飞研究院以及联合实验室等平台依托，聚集人才，实现从技术向商业的成果转移转化。

2. 十年磨一剑

"如果整个社会对基础研究的氛围不足，所有人都急功近利，只盯着一两年甚至马上就能用的产品和服务，且当我们把人工智能的应用红利吃掉之后，可能又会在国际上失去话语权。"在科大讯飞，从高层管理者到普通员工，都秉持同一种理念——那就是想要在人工智能的核心技术领域有所突破，绝不能抱着急功近利的想法。基础理论的创新，源头技术的创新，往往具有最大的不确定性。潜心做原创，科大讯飞都做好了坐十年冷板凳，甚至一辈子冷板凳的心理准备。

2018年，科大讯飞AI大学落地、AI产业人才培训、产业氛围营造活动、产学研合作……伴随"大众创业、万众创新"国家重大战略的推进，公司以讯飞开放平台为依托，以为创业者提供源头技术和资源支撑为己任，形成"大创客"带"小创客"的全新模式。截至2018年年底，讯飞开放平台开发团队达已达92万家，覆盖160万生态伙伴，提供267项AI能力及方案，涉及80多个领域。开发的总应用数近60万个，AI大学学员超26万人，公司已在合肥、长春、洛阳、重庆、天津、西安、苏州等地建设了双创基地和AI+产业加速中心，总面积超过10万平方米，落地孵化开发者团队和公司600余家，带动就业2.6万人。而到了2019年年底，生态伙伴已经超过165万个，接入设备超过26亿台，开发应用数、AI大学学员、落地孵化团队和就业带动等系列指标大幅增长。借力科大讯飞技术，各行业创业团队逐步发展成为国内具有影响力的明星企业，如滴滴出行、寒武纪、优必选、美团、顺丰、掌阅等。

在坚持源头技术创新、持续迭代核心技术产品的基础上，科大讯飞共享 A.I. 平台能力，赋能开发者，成就科学家。经过不断努力，过去的三五年，从 1.0 到 2.0 的转折孵化和转化的接力赛中，在能力提升和解决方案方面、合作伙伴的规模扩大以及为消费者提供开发环境等方面，实现了全领域的突破和进步。

二、强基赋能产业

人工智能的竞争不是单个企业的竞争，而是一个产业链对另一个产业链的竞争、一个体系对另一个体系的竞争，是生态的竞争。科大讯飞开放平台正逐步形成从源头技术创新到产业技术创新的全生态创新格局。搭建集技术研发、示范应用、产品检测认证、知识产权等功能为一体的产业公共服务平台，促进我国人工智能产业知识产权的共建共享、智能技术的互联互通、智能软硬件技术的深度融合，降低企业的研发投入成本，加速人工智能的商业化运营。

2016年，彼时还在布局人工智能 1.0 战略的科大讯飞积极将技术优势转化为行业市场优势和用户优势，持续构建垂直入口或行业的刚需+代差优势，公司认知智能不断取得技术突破，为教育、政法、医疗等重点赛道打开市场空间做了充足准备。2018年，是人工智能由 1.0 战略迈入 2.0 战略承前启后的一年。同 1.0 相比，2.0 时代的明显特征，就是赛道控盘、规模应用、效益起飞。持续在感知智能和认知智能核心技术领域的研究攻关上加大投入，并始终保持国际领先。科大讯飞国际领先的机器阅读理解技术进一步为公司教育领域的机器智能评分、政法领域的智能辅助办案、医疗领域的智能辅助诊疗等实际应用业务树立了较高的技术壁垒和领先优势。2019年，人工智能战略正式进入 2.0 时代，讯飞在教育、司法、医疗等重点行业各条赛道上形成了用户可实实在在有获得感的人工智能应用成果，企业向 To C 端发力。随着实际应用场景的数据驱动+专家知识经验的不断学习，人工智能算法持续迭代进步，落地应用规模持续扩大。

从战略布局期到规模深耕期，科大讯飞在人工智能技术落地应用的重点方向上进一步探索。企业人工智能研究成果已在教育、政法、智慧城市等领域实现了规模应用。

2019年，讯飞输入法总下载量达到了七个亿，相对 2018 年增加了整整一个亿；智慧教育项目服务已经超过一亿师生，增幅达 20%；从 2017 年开始，智医助理项目三年覆盖了安徽 50 个县区，服务超过 29000 个医生、超过 4000 万居民。2019 年，科大讯飞成为在 2020 年举办的冬奥会和冬残会上唯一一个机器转写和翻译的技术服务提供商，这成为企业成果转化进化重要的标志性事件。

而对产业的赋能在全领域里取得了可喜的成绩。在银行领域，从传统电话客服走向了整个信息流的自动处理，服务已经超过31个省，人工分流率达到16%；在智能电视领域，就2019年一年就服务超过了5000万个家庭，增幅达400%，并预装了一亿的家庭终端，年交互的语音次数超过了31亿次；广告营销板块增幅达到65%，全球合作伙伴超百家，对于阿里、京东、苏宁、唯品会四大电商全部接入，进入一个技术加资源的整合时代。在汽车已经成为人和互联网连接非常重要的部件的时代，科大讯飞实现了战略阶段的目标。2019年完成了2500万的装机量，并且整个系统市场的前装占据了67%。并继续推动核心技术的落地融合：语音和视觉。

而用人工智能因材施教，是科大讯飞在推进人工智能产业化道路中完成的比较出色的板块。通过独特人工智能技术在教育行业的深度应用，精准分析每个孩子的作业和考试训练情况，从而分析每个人的薄弱环节，最后到每个人手上的作业都不一样。构建覆盖教育主场景的数字化和智能化教与学环境，实现因材施教，促进教育进步。目前，科大讯飞智慧教育产品已经在上千所学校将近200万的孩子中使用。据不完全统计，200万孩子每天回家写作业的时间比原来节约了50分钟，较此前平均时间节约近30%。

在政法领域，公司致力于用人工智能助力"平安中国""法治中国""廉洁中国"建设，持续布局各级司法领域。在智能语音庭审系统全国大范围应用的基础上，研发了智能审讯系统及全球首个刑事案件智能辅助办案系统，将人工智能技术应用到从侦查、批捕、审查起诉到审判的各个办案环节，提升办案质效，为审判体系和审判能力的现代化提供技术支撑。"AI+政法"产品与解决方案已广泛应用于各级司法行政机关，高院、省检覆盖率均超90%。

山西省委政法委在太原召开全省政法智能化建设推进会

2019年11月5日,山西省委政法委在太原召开全省政法智能化建设推进会,专题研究部署政法系统智能化建设工作。山西省委常委、政法委书记商黎光出席会议并作出重要指示。会议期间,科大讯飞听见系统提供语音转写服务,将各单位领导的发言实时在屏幕上进行展示,对会议进行了全程保障,引起广大参会领导的兴趣。而在深圳市真正做到了单轨制的整个政法一体化推动,改变了原有信息化系统和人工传输系统同时进行的模式。

在智慧城市领域,科大讯飞顺应数字中国建设和数字经济发展的导向,立足源头核心技术和智慧城市领域的丰富实践,有针对性地打造了以"城市超脑"为内核,集基础信息接入、城市大数据和信息模型、行业超脑应用为一体的新型智慧城市整体解决方案。公司以建立数字孪生城市为路径,提供从底层的智能感知终端到设计运维一体化的智能建筑以及基于语音和图像识别的平安城市等基础服务;基于"人工智能"核心算法的海量数据处理、分析的大数据平台服务;以及通过构建"城市超脑",结合城市管理各领域专家经验,打造行业领先的"互联网+政务服务""智慧交通""智慧旅游""智慧园区""智慧管廊"等应用服务,实现真正的"城市发展智慧化"。

未来,科大讯飞将继续加快推进产品落地,不断降低创新门槛,提升用户体验,给消费者真正想要的;让每个领域、每个行业,以至每个企业都有自己的人工智能平台,解决各自不同的人工智能问题,开发不同的产品和服务。对于科大讯飞而言,大众生活便利只是起点,美好才是终极追求。

铜陵"城市超脑"试运行上线发布会

2019年11月5日,由铜陵市与科大讯飞共同合作的铜陵"城市超脑"试运行上线发布会在铜陵市政务中心举办。这也是科大讯飞用人工智能赋能城市精细化管理的又一力作。自运行以来，信息化办公超过了70%，平均办事效率、服务的窗口数量、群众到场次数，以及运营效果等方面，都得到大幅度提高。

2019年10月29日上午，广东南方新媒体股份有限公司与科大讯飞股份有限公司在广州签署战略合作协议，双方将基于"电视+客厅"这一场景下的智慧家庭业务生态开展深度合作。未来，广东IPTV电视用户将可通过语音遥控器，在家庭内容、智能家居等方面实现"所见即可说，所说即可得"的与电视交互、用语音控制、让机器互联的智慧家庭新体验。

广东南方新媒体与科大讯飞签约现场

三、让人工智能看得见

《圣经·旧约·创世记》第11章中记载，人类联合起来兴建希望能通往天堂的高塔。为了阻止人类的计划，上帝让人类说不同的语言，使人类相互之间不能沟通，计划因此失败，人类自此各散东西。此事件，为世上出现不同语言和种族提供解释。如果语言的作用在于传递讯息，那么翻译存在的意义，就是构建新的文明。

随着全球化的程度不断加深，打破语言沟通障碍、加强国际交流成为普遍需求。科大讯飞的理想就是让人与机器之间的沟通变得便捷，让机器能"听"会"说"。2008年，科大讯飞连续在国际语种识别评测大赛中名列前茅。2018年4月,讯飞翻译机2.0发布。2019年5月,讯飞翻译机3.0正式发布。秉持"好用才是硬道理"的技术理念,科大讯飞不断为消费者市场带来惊喜,人工智能走进千家万户的画卷渐次展开。

1. 从"从无到有"到"升级换代"

2019年4月,科大讯飞的EMT在刘庆峰董事长的带领下,集体参与了一个活动:"共同看见。"要求大家直接达到用户的产品现场,直面用户的问题,感受用户满意度。从产品落地情况、使用缺陷,再到竞争力评估,EMT走访了覆盖各个行业和消费者的主要场景。

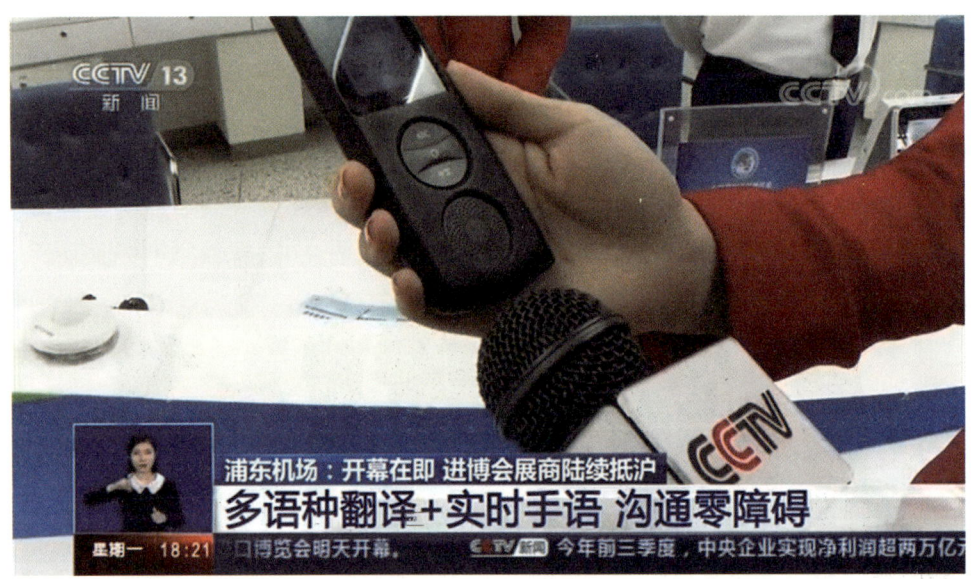

进博会展示讯飞翻译机

同年"双十一"大幕落下,讯飞翻译机再创销售额冠军。早在"双十一"前夕,讯飞翻译机就在400个人气产品中脱颖而出,入选天猫2019年度爆款清单前十名。"双十一"期间,凭借其卓越性能,连续三年夺得天猫、京东双平台销售额冠军,新一代产品讯飞翻译机3.0更是荣登单品销售额第一的宝座。讯飞录音笔从出生后到2019年年底的短短六个多月,卖了14万台,"双十一"也荣登销售冠军,比第2名与第5名的总和还要多。

2019年第二届中国国际进口博览会期间,讯飞翻译机助力中外嘉宾无障碍交流,出色的表现引起现场嘉宾的强烈关注。

作为智能翻译品类的先行者,讯飞翻译机3.0具备多语言翻译功能,覆盖近200个国家与地区,并拥有行业A.I.翻译、方言翻译、离线翻译、拍照翻译等功能。讯飞翻译机3.0增加了新的行业A.I.翻译场景,可实现医疗、外贸、体育、金融、能源、计算机、法律、电力等八大热门行业的覆盖，方便了特定群体进行准确而专业的沟通交流。

"工欲善其事，必先利其器。"科大讯飞推出讯飞智能录音笔，搭载讯飞语音识别等关键技术，支持语音实时转文字、中英文边录边译、重点标记、语音检索、多终端同步等功能。传统录音笔在录音之后，需要用户花费大量时间和精力再去复听并将其转为文字，并且很难实现多场景目标声音和噪声的区隔。而讯飞智能录音笔可以实现语音实时智能转写，且准确率高达98%。此外，还附带一个增值功能：中英文实时互译，边录边译，用户可以在屏幕上看到翻译的文本；外接耳机后即可直接听到录音笔的翻译。可以说，在没有翻译机的情况下，讯飞智能录音笔也能轻松应对双语会议和商务场合。

2. To C端短平战略

一位先哲曾说过，社会的需求对科技进步的作用要超过十所大学。这也是科大讯飞在产品研发时始终贯彻的理念。推动人工智能产业的发展，把人工智能企业研发出来的成果应用到具体的业务流程中去，真正解决实践中发现的各类问题，不断提高工作效率和生活便利。

让普通老百姓熟悉的一定是贴近消费者的东西，消费升级是现代化经济体系的重要标志，是人民追求美好生活的必然需求，因此满足消费者的实际需求是人工智能实现有序、健康、可持续发展的根本所在。功能再强大、理论再先进、技术再前沿，若无法解决消费者的需求痛点，仍将不能得到大规模的推广与普及，人工智能产品也就缺乏足够的生命力。

从To B向To B与To C双轮驱动模式的转型，是科大讯飞成长的必然选择，在这背后，企业的一系列战略部署也已经初见成效。以消费类产品为例，在To B业务上，科大讯飞的客户覆盖教育、政府等领域。当占领B端教育市场后，自然也就有了打开C端教育市场的资源。例如，在实施一个省的三通两平台项目（即宽带网络校校通、优质资源班班通、网络学习空间人人通以及教育资源公共服务平台、教育管理公共服务平台）以后，全省的教师和学生的数据就会在这个平台上汇聚；而学生在模拟考试、考前训练的平台就会使用讯飞产品，也就自然成了讯飞的用户。

2019年，相比"创新"本身，科大讯飞更关注"创新的落地"：不仅要提出一些新概念、新技术，更重要的是应用。技术始终要和应用相结合，才能不断创新，以应用价值反哺技术创新，才能取得更大成功，才能在中国这片沃土上用人工智能改变世界，让未来更加美好。

第三节　让AI有温度

人类的发展史，一方面是科技车轮滚滚向前的进步史；另一方面，是不断演化的文明史。荟萃文明之光的雅典卫城博物馆，聚集东方神韵的故宫博物院，战争与和平、富足与贫困、法则与规范……科技再发达，人、神依然是千百年来不变的主题。人类在历史兴替中找寻规律，也在文明互鉴中启迪。科技的创新发展，不论何时何地，都不会离开人文精神的滋养。

一、讲好中国故事

2016年3月，李克强总理在《政府工作报告》中提出，鼓励企业开展个性化定制、柔性化生产，培育精益求精的工匠精神，增品种、提品质、创品牌。工匠精神不仅体现了对产品精心打造、精工制作的理念和追求，更要不断吸收最前沿的技术，创造出新成果。20年来，科大讯飞秉持着"让中文语音技术由中国人做到最好"的初衷，探索运用人工智能技术推动翻译行业发展，讲好中国故事，让世界聆听中国声音。

2018年，依托人工智能技术，科大讯飞与国家外文局共同建设人工智能翻译平台，同时共建人工智能辅助翻译平台。通过这两大平台为全国各级党政机关、"走出去"的中国企业等提供高水平的书面和口语翻译服务。

2019年10月25日，在教育部、国家语委的指导下，由科大讯飞研发的全球中文学习平台正式上线。基于国际领先的人工智能技术，全球中文学习平台针对不同年龄、地域的学习者，包括非母语学习群体，提供个性化的学习资源和工具。并设置了普通话测试、译学中文等特色模块，如针对海外学习者，在"译学中文"模块，学习者可以通过语音或文本输入其母语内容，实时翻译出中文并自动分句。其中智能语音、智能写作和批改等关键技术研究成果在中小学语言能力评价、少数民族国家通用语言学习等方面得到实际应用。而平台示范功能已分别在"砥砺奋进的五年"大型成就展、第二届语博会、第十二届孔子学院大会等不同场合进行展示，得到了各方好评。

二、科技向善　以人为本

意大利学者加林说，"如果是人文主义重新发现了对人、人的能力和人对各种事物的理解力的信念，那么科学试验的新方式、革新了的世界观、企图征服和利用自然的新努力也应当归功于人文主义的影响"。让科技有情怀，让AI有温度，是科大讯飞孜孜以求的目标。

自2017年10月24日推出针对残障人士、失学儿童、贫困人口、罕见病群体等特殊人群的"三声有幸"项目以来，科大讯飞结合自身特点，通过投入技术和资金支持，对公益性质的开发团队优先提供技术服务。2018年，公司AI教育公益为8省40多所偏远学校的孩子送去人工智能产品，AI方言保护公益已经超过600多万人参加，AI无障碍公益已经服务了50万听障患者和6万多视力残障者。

全球中文学习平台

致力于以人工智能技术推动教育发展，以公益计划加强对少年儿童的关爱，是科大讯飞在教育公益上所坚持的理念。2018年，企业持续开展"AI教育公益""AI科普""百校千师"招募行动，联合长期合作的企业以及知名高校，通过捐赠教学软硬件产品以及益智玩具等物资，或提供志愿支教的方式，让人工智能技术产品进入农村学校，让偏远地区的留守儿童也能享受到科技进步带来的快乐与成长，为国家的扶贫攻坚提供新的视角，为从源头上解决贫困的代际相传问题提供新的解决手段。在"AI医疗公益"方面，公司用人工智能助力基层医疗服务水平的提升。并联合多家国内顶尖医院，为边远地区受帮扶对象提供最优质的医疗资源。

在科大讯飞的理念中，人文精神为科技创新提供价值引领和精神支撑，没有人文精神导向的科学技术是盲目的。社会生活中的任何一项实践活动，如果不能给人类带来好处，不能促进人的全面发展或幸福的增加，就不符合以人为本的人文精神，也与人民至上的价值取向相违背。

董事长专访

让世界聆听中国声音
——科大讯飞股份有限公司轮值总裁胡郁

《样本》：最初创办科大讯飞时，是秉持什么样的初心？如今的科大讯飞是当年创业者所希望的样子吗？

胡郁：在改革开放走过20个年头之际，国内互联网创业热潮兴起，政府在政策、资金、舆论等多方面为年轻人提供了良好的创业环境下，中国科大6个学生开始行动，最终组成18个人的创业团队，创办了科大讯飞，我们立志要让中文语音技术掌握在中国人手里，让中文语音技术由中国人做到最好。

科大讯飞是一家技术创新型公司，自创业之初就坚持源头核心技术创新、坚持掌握价值链的主导权，不把自己的楼房建在别人的院子里，我们一直是这样践行的。我们相信：只有核心技术具备了话语权，企业才有话语权；只有国家和行业在核心技术上有影响力，这个国家才可能在全球有影响力。

《样本》：由人工智能引领的新一轮科技革命和产业变革方兴未艾，正在对经济发展、社会进步、全球治理等方面产生重大而深远的影响。这个时代既充满着挑战和机遇，也容得下千帆竞发。科大讯飞在全球AI创新浪潮中将扮演什么样的角色？

胡郁：我们打造的是AI全领域开放平台，要帮助更多的创业者在良好的产业生态中成就自己。我们深知，做帝国终有衰落的一天，只有生态才会生生不息。人工智能时代的比拼绝不是单个企业的市场，比的是产业链、比的是产业集群。所以，我们要把核心技术开发出来，通过人工智能的能力平台构建整个生态体系。

在蓬勃的AI浪潮中，科大讯飞绝非孤独的奋斗者。我们愿和开放的中国一起、愿和志同道合的企业与伙伴一起、愿和千万科学家与开发者一起，见证因核心科技而强大的中国，见证人工智能像水和电一样造福人类，见证因为开放创新而改变的时代和每个人。

《样本》：除了核心技术以外，科大讯飞在参与全球竞争中的底气还来自何处？

胡郁：除了自身比较努力以外，第一是信心，信心来自我们的国家。在当前国际"科技战"势头较旺的情况下，国家对核心技术的支持是不遗余力的，没有核心技术就等于被人扼住咽喉。这期间，国家给予了大力支持，是我们最大的靠山。国家政策决定了未来能存活下来的企业就是有核心竞争力的企业。而核心竞争力最主要的表现就在于技术创新。第二是合作，我们在参与国际竞争时并非单打独斗，在走向世界的过程中一直与手机厂商、玩具厂商、家电厂商合作。我们在融合跨界的商业生态中贡献自己的力量，同时也得到其他企业的支持。

《样本》：您如何解读创新？

胡郁：就技术型公司而言，创新（行为）可以分为三个层次：第一个层次是核心技术创新，这也是技术型企业安身立命的根本；第二个层次，我认为是应用方面的创新，包括用户体验方面的产品创新、微创新；第三个层次是商业模式的创新，这也是改变企业价值创造的基本逻辑，以提升顾客价值和企业竞争力的一种行为。

《样本》：下个阶段，企业有哪些设想和布局？

胡郁：2019年，我们有一个口号，就是让人工智能看得见。什么叫实实在在看得见？第一，要有明确的样板，也就是说必须有明确的案例；第二，这种案例并非单独个例，必须是规模化、可大批量应用的场景；第三，这种应用场景能够取得统计意义上显著的应用差别。我们认为，这样的人工智能才能够真正有效地帮助人们工作和生活。2020年，我们希望在这一目标（口号）基础上，把已经落地的（项目）做得更加深入和透彻，在更大的范围内实现应用。

如果说2019年我们在寻找试点，那么，2020年我们就是全面铺开，甚至在全国推广。我们希望在行业中实现全面推广。第一，消费品方面，在国内要寻找更多的应用试点。以前是车载电视、音响、玩具等（智能）产品，现在是AR\VR智能穿戴设备、智能家居。我们希望在这一方面推动整个产业更好地解决人机交互领域的问题，实现更多的场景，让人机交互成为更简单普遍的形式。第二，在国际化方面，我们拥有了很多跟人工智能相关的技术。所以，希望能将更多的产品辐射到国外去，比如在美国、日本、欧洲推出翻译机、录音笔，等。通过推动具有独特优势的硬件产品出海，继而完成整个产业生态的构建。这些产品不一定是人机交互型的，而是具有讯飞特色的，跟语音技术紧密相关的产品。不管哪种布局，都追求用人工智能建设美好社会。

> 专家点评

信仰——创新的基石

科技进步带来许多新的产业机会，不断推动社会成熟度和运行效率的提升；移动支付在中国呈病毒繁殖式发展，电子商务无处不在；云计算、人工智能以及5G时代的到来，将会在几乎所有领域迭代演化出全新的商业应用和财富创造场景。

近一百多年来，总有一些公司很幸运地、有意识或无意识地站在技术革命的浪尖之上。在一个可长达十几年的波长期内，它们代表着科技的浪潮，直到下一波浪潮的来临。如果说过去的40多年，中国大多是以要素驱动、资源释放来拉动经济增长，那么今天的中国，则必须依靠科技创新驱动。企业只有拥抱新科技，才能真正有未来。创新随着人类文明的进步，推动着人类文明的不断进化。

作为中国人工智能的先锋和领导者，科大讯飞的底气，来自20年的创新积淀，而其背后的动力源于这家企业"顶天立地"的技术信仰。我们调研发现，科大讯飞的竞争力是拥有全球领先的源头核心技术、双轮驱动的业务发展模式、去中心化的产业生态平台和健康高效的运营管理体系。正是这四个方面的竞争优势，支撑了科大讯飞20年来的不懈探索和持续超越竞争、超越自身的辉煌。

纵观人类历史，科学技术的每一次重大进步，都对文化生产和传播方式产生了重要影响。活字印刷术的发明，带来图书生产方式的革命；19世纪电子技术的发明，使视听产品生产成为一个巨大的产业；信息技术革命使新媒体不仅成为具有广阔发展前景的新兴产业，而且重塑与改造了许许多多产业的形态。如果说在农业社会、工业社会，科技的进步更多地表现为提高生产力、提供人类生活的质量和便利，那么今天互联网技术颠覆了许多行业传统的生产方式、销售方式，创造了更多全新的资源配置路径和价值创造平台，使社会生活面貌焕然一新，同时也对人类社会长久以来赖以生存的行为规范和伦理价值形成冲击，尤其是不久的将来人工智能技术的突飞猛进所带来的伦理问题与文化冲击将难以预料。科技企业家的人文素养和人文情怀，将直接决定着未来科技如何影响人类社会的走向。

从文化学意义上，科技进步已经成为当代社会发展不可忽视的主流文化，并深度影响和重构当代文化的形态、结构和价值取向。科技创新的意义，在于不断丰富文化发展的内容和形式，提高文化传播力和影响力，甚至影响人们的思维方式和生活方式，提升文化的活力和生命力。科技的最终目的，是对文化的传承。借助AI+、5G等技术，通过新的教学模式，让更多的人感受到中国文化的魅力、感受到中国汉字的魅力，将传统文化传播出去、传承下去，是科大讯飞在新时代需要承担起的新使命，也是其长期坚守的信仰与价值基石。

陆雄文 上海长三角商业创新研究院院长
复旦大学管理学院院长

第三章
价值平台，重构物流产业生态
——中通快递股份有限公司

- **楔子：** 无为而为
- **企业概况：** 做全球一流的综合物流服务商
- **创新解读：**

    第一节　快递业的"二次腾飞"

    第二节　全维度创新的平台进化

    第三节　共生共荣的生态价值链

- **董事长专访：** 利他者成
- **专家点评：** 后来居上者的成功探析

楔 子

无为而为

"我不是一个强势的管理者，我认为所有人都是平等的，大家聚在一起，高高兴兴地做好事情。"在中通快递董事长兼CEO赖梅松看来，经营企业就是解决利益分配机制问题，解决给谁干、怎么干的问题。因此，管理就是要简单，简单就能高效，越复杂越难以操作。

看似"简单"的背后，是中通快递十余年来日复一日不吝投入，建设"大而强"平台、"小专精"末端的庞大体系所初显的成果。

早在2010年，中通快递就启动了"全网一体化"发展战略，在行业率先实施全国网络股份制并统一了思想。这一"无我"之举，看似寻常，却直接启动了中通快递走向卓越的引擎。从此，"同建共享"等企业文化开始逐渐在企业里落地生根，让团队和合作伙伴在平台的赋能下自我完善、充分竞争、快速成长，实现平台的勃勃生机，呈现了"不争自有成"的局面——从2010年开始，中通快递年均业务量增长、盈利水平均保持全行业较高水准，企业整体规模也从"通达系"比较靠后的位置跃居到全行业第一。2017年与2018年，企业全年业务量增速比行业增速高10个百分点；2019年，中通快递被纳入MSCI指数，全年业务量增速目标提高至比行业增速高15个百分点，"双十一"达到了100亿件。

以"无我"实现依托机制运行和"无为"，以文化上的"无为"实现事业上的"有为"。中通快递以独有的企业文化和管理机制，在快速发展中保持清醒的利益观、大局观和未来观，高举品牌价值的旗帜，围绕企业使命和价值观，围绕产业发展逻辑和生态经济特征，在全新定义平台价值的同时，也重新构建了大物流产业生态中中通快递鲜活的"模样"。

> 企业概况

做全球一流的综合物流服务商

中通快递创建于2002年5月8日,是一家集快递、快运、商业、仓储、金融、航空、智能等业务于一体的大型集团公司,综合实力位居国内物流快递业前列。2016年10月,公司登陆美国纽约证券交易所,创当年美国证券市场最大IPO,成为中国第一家赴美上市的快递企业,为世界了解中国快递打开了一扇窗。2018年,与阿里巴巴、菜鸟进行战略合作,共同探索新物流机遇,推动行业数字化升级。

自2016年起,企业连续多年保持市场规模行业第一。自2018年起,行业进入年业务增量超百亿时代。2018年,中通快递更以37%的增速实现全网业务量突破85亿件,超行业增速10个百分点以上,行业占比同比提升1.28个百分点至16.8个百分点,百万快件申诉率及品牌整体满意度位居行业第一,公众满意度持续领先。

中通快递集团总部大楼(上海市青浦区)

一、通达天下

作为国内业务规模最大、发展最稳健的快递企业，中通快递依托网络合作伙伴模式，加速布局国内外市场，搭建体系完善、运转高效的网络机制，完善仓储、枢纽、中心、网点等快递物流基础建设，推动快递向西、向下、向外延伸，致力于形成覆盖全国、联通国际的服务网络。

根据中通快递2019年第三季度财报显示，中通快递全国共有89个分拨中心，其中80个由中通自营，第三季度业务量完成30.58亿件，同比增长45.9%，超出行业平均增速18.4个百分点，市场份额达到18.9%。同时，服务质量和客户满意度保持领先。盈利方面也保持稳健的增长，调整后净利润为13.18亿元，较上年同期增长24.6%。截至2019年9月30日，中通快递分布在全国的网点有近30000个，其中直接网络合作伙伴逾4750家。中通快递分拨中心之间的干线运输线路超过2400条，实现98%以上的城市和乡镇覆盖率，成为国内最广、最深、最密的民营快递网络。

在联通国际方面，中通快递直面国际市场竞争并积极参与其中，先后在中国台港澳地区以及美国、法国、德国等十余个国家和地区设立中转仓，同时推出欧盟等十余个国家和地区专线的包裹寄递、物流配送及其相关业务。

中通快递上海转运中心园区

二、造就更多人的幸福

中通快递坚守"用我们的产品造就更多人的幸福"为企业使命，运用新科技，投入新装备，拓展产业链，构建生态圈，以转型增效为主线，从"大"向"大而强"转变，努力实现"成为受人尊重的百年中通"的企业愿景。为此，中通快递在稳固快递主业的同时，充分发挥企业在产业间、区域间、城乡间的纽带作用，通过不断强化建设更加"利社会"的赋能平台，聚集更多资源，链接和赋能更多人，与各类合作伙伴融合发展、协同共赢。截至目前，中通快递已构建"一体八翼"生态圈，实现向综合物流服务商转型，从而帮助降低全社会物流成本，创造更大的社会价值。

十余年来，中通快递先后被评为"中国快递行业十大影响力品牌""中国快递行业客户满意安全放心十佳品牌""中国快递服务行业十大诚信品牌""诚信企业""上海市现代服务业民营百强企业""工人先锋号""上海市劳动关系和谐企业""2015中国物流杰出企业""慈善之星"等荣誉称号。2017年，中通快递获得"快递产业集聚发展特别贡献奖"，获评全国5A级物流企业，旗下全资子公司上海中通吉网络技术有限公司获得"国家高新技术企业认定"，连续多年获得青浦区纳税百强企业称号。2018年，荣登青浦区纳税百强排行榜第二名。

长期以来，中通快递以全方位的实际行动履行社会责任，帮助和激励了一大批勇于尝试和积极实践的创业者；借助抗震救灾、抗旱救灾、扶贫帮困、爱心助学、免费寄递等多类公益活动积极回报社会，传播行业正能量，获得社会广泛好评。

> 创新解读

第一节 快递业的"二次腾飞"

一、直面快递全球竞争格局

据央视新闻报道，2018年，全球快递业务量接近1000亿件，同比增长超过20%；全球快递业务收入超过3000亿美元，同比增长超过10%。亚洲是全球快递业务增长的主力军，2018年业务量占比约为70%。其中，中国的年快递业务量达507.1亿件，同比增长26.6%；快递业务收入完成6038.4亿元，同比增长21.8%，遥遥领先其他国家和地区。

2019年9月10日，国家邮政局发布的《全球快递发展报告》显示，2019年全球快递业务量有望达到1100亿件，中国的全年快递业务量继续在高位保持总体平稳、稳中有进的良好态势。飞快的增长速度、不断攀升的业务量，让世界为中国快递的发展注目的同时，也让中国的快递企业必须直面行业成长带来的新机遇和挑战。

国家邮政局数据显示，2018年全年国际及港澳台快递业务量完成11.1亿件，同比增长34%；实现业务收入585.7亿元，同比增长10.7%；2019年上半年，国际及港澳台快递业务量完成6.3亿件，同比增长21.2%，业务收入完成338.6亿元，同比增长16.9%。在新时期，中国快递企业们抓住战略机遇期推动国际跨越式发展，"走出去"更好地服务国计民生、便利跨境贸易、畅通经济循环、提升国际竞争力，便成为最好的选择。

事实上自2017年开始，"三通一达"、顺丰速运等快递企业在"走出去"方面已有积极探索。比如，申通快递先后开通了伯明翰、纽约、洛杉矶的仓配分拨中心；中通快递已在欧美、日韩、东南亚等国家和地区设有10多个海外仓；圆通推出"全球闪送"，国际急件最快只需10小时；韵达国际物流服务网络已开通至30个国家和地区……随着全球经济的发展，中国快递的广度和密度逐渐蔓延至全球，一个"以中国为中心，连接世界各大洲，通达主要目标市场"的全球快递服务体系正在形成。

积极参与国际竞争的中国快递企业，具备了世界上最大的体量规模，但是"大而不强"的现状也亟待改善。为了促进快递企业们在竞争里实现更广、更深、更新、更多的协同，适应新时代、新经济的要求，满足新快递发展的需要，国家邮政局对此提出了更殷切

中通快递全货机

的期盼：在拓展服务网络中，潜心耕耘，夯实中国快递业联通世界的基础底盘；在深化产业协同基础上，赋能中国快递业联通世界的动力源泉；在促进科技创新方面，构筑中国快递业联通世界的竞争优势；在努力优化营商环境里，凝聚中国快递业联通世界的政策合力。

为进一步推进中国快递企业的国际竞争实力，2019年9月19日，中共中央、国务院印发了《交通强国建设纲要》。其中要求，"全球123快货物流圈"（国内1天送达、周边国家2天送达、全球主要城市3天送达）；打造具有全球竞争力的国际海港枢纽、航空枢纽和邮政快递核心枢纽；建立通达全球的寄递服务体系，推动邮政普遍服务升级换代……这些纲要内容的发布，为中国快递物流业未来10～15年提出了新的目标和方向，为中国快递产业的国际化竞争发展注射了强心针，更直接地为快递企业直面国际竞争提供强大的信心与支持。

二、"大象"转身

从2008年至2018年，我国电商与快递分别实现年复合增速50%以上和42%以上的快速增长，快递业务量从2008年的15.1亿件增加至2019年的635.2亿件。中国独有的"成长环境"，培养并创造了快递企业跨越式的成长"神话"。

但是，零售快递市场经历了持续的高速增长后，即将步入稳定的成熟期。快递企业在你追我赶的厮杀中，逐渐呈现出白热化的竞争状态。近年来，市场资源进一步向头部企业集中，尤其是上市企业领跑的优势越发明显。国家邮政局数据显示，2018年快递与包裹服务品牌集中度指数CR8为81.2；2019年前三季度，集中度指数CR8为81.7，比上年同期提高0.3。第一梯队的快递企业在提高网络稳定、服务质量、持续提高件量增速等提质增效行动上开始全力拼搏，不断在自我革新里实现进化。

党的十九大以来，在"深化供给侧结构性改革""在现代供应链等领域培育新增长点、形成新动能""加强物流等基础设施网络建设"等新发展理念指导下，从国家战略高度为未来新快递的新发展提供了新的机遇。站在新起点上的快递企业们，开始提出在"产业、科技"上协同发展的策略，积极探寻重塑平台价值的道路。

2019年，被认为是决定快递行业未来几年格局走向的关键一年，也是快递行业发展的拐点。《中国快递产业发展报告（2018—2019）》指出，中国快递产业正处于持续转型升级期，从单纯的业务竞争向"服务+生态"转型，进入新科技、新装备、新生态、新模式的发展阶段；从关注单纯的基础服务支持向用户体验升级和供应链效率改造的方向进阶。同时，技术要素作为新的生产力工具，与快递产业实现深度融合，快递也将服务范围延伸到大物流领域，科技将持续推进企业核心商业模式创新。

《交通强国建设纲要》更是要求和指明，将通过完善航空物流网络和农村配送网络、推进专业化物流发展、鼓励发展集约化配送模式、落实减税降费政策，优化物流组织模式，提高物流效率，降低物流成本，确实打造绿色高效的现代物流系统；发展"互联网+"高效物流，创新智慧物流营运模式；加快快递扩容增效和数字化转型，壮大供应链服务、冷链快递、即时直递等新业态新模式，推进智能收投终端和末端公共服务平台建设；积极发展无人机（车）物流递送、城市地下物流配送等。

这一切，都意味着中国快递物流业将加速进入"横向整合"和"上下游并购"的时代，产业资本主导的情势正式开启。快递"大象"们，在市场和政策的双重作用下，对内维稳和提质增效，对外建设生态体系，以强化自身平台价值的重塑，重构产业生态。随着企业间增长路径的差异不断显现，高空加油，"转身"势在必行，为再一次腾飞无限续能。

第二节　全维度创新的平台进化

2018年，中通快递的包裹量市占率达16.8%，位列业内榜首。在中通快递的财务报表里，总结自身竞争优势如下："同建共享"理念、稳定的网络、高效的运营、领先的基础建设、一流的服务质量。在这五项总结里，前四个指标是基于平台价值建设环环相扣的内生动能，第五项则是最终呈现在消费者面前的产品竞争力综合体现。定语的"一流"来自顾客整体满意度、72小时送达率及客户投诉率三项考核指标均在业内领先的自信与要求。而这，也确实让中通快递在白热化竞争的市场里脱颖而出，受人注目。

2018年，中通快递将发展战略定位为：平台大而全，末端小专精。企业作为集聚资源、优化配置各种要素的赋能平台的初步建设已然完成，未来将继续在平台基础建设、体制及产业终端模式探索上进行全维度创新探索。

一、"大"平台之智

解读中通快递的商业模式，首先得从它的发展战略说起。

2008年，中通快递承接淘宝业务，开展电子商务实现配送。随着电子商务的发展，快递业务增长率急剧攀升。2009年，中通全网日最高快件量突破50万件。看见也相信行业时机到来的中通快递，基于竞争的压力开始自省内部运营机制。用赖梅松的讲法就是"我们因为小，所以必须想方设法让自己'强体魄'"。于是，中通快递开始了一条建设"强"平台的进击之路。

1. 同建共享，"全网一体化"合力成象

2010年，中通快递启动了"全网一体化"发展战略，在行业率先实施全国网络股份制。"本来我们快递每一个省一个老板，我们把这些老板全部召集起来，公司股份置换全部并到中通集团里来。这样就把蛋糕做大，大家去分。我们通过股份制改制以后实现了什么？就是思想统一，政令畅通，因为加盟体系政令畅通是很难做到的，因为大家每个人算自己的账。"赖梅松说道。如此一来，核心区域管理层同时成为中通快递的股东，从多个利益主体向共同利益主体转变，能者多得，聚齐了人心的同时也激活了全网的活力。从这一刻起，中通快递"同建共享"建设大平台、为消费者和合作伙伴提供服务的基础根基，就被深深埋在企业的骨髓里，中通"联邦制"的模式基因开始孵化。

至2015年，中通快递基本形成依托以自营为主的枢纽转运中心和终端取派加盟相结合的扁平化网络，为所有加盟商组成的快递物流服务网络体系提供支撑和管理，与加盟商一起，共同为用户提供快递服务。在这个越来越扁平化的平台体系里，超过90%枢纽转运中心的设立、投资、运营、管理都由中通总部负责，揽收和派送两端由具备快递经营许可资质的加盟商提供服务。

在这个体系里，"平衡"是这门生意的艺术，更决定了未来的命运。"收""转""运""派"四个环节缺一不可，若发展不平衡，将极大地影响整个平台的成长空间与健康。中通快递基于自身业务特性（淘宝件占比高），体系内"收""派"发展失衡，于2008年开始在业内率先推出有偿派费制，实现同业中派费最高。如此一来，确保快递员可以获得具竞争力提成的同时，有效地实现了平台的稳定性，也确实将同建共享理念再一次实践运行。

2008年，中通快递还优化二级中转费结算体系，从手工结算向系统自动化结算转变，随之进化为企业统一的内部信息平台，为连接上万个网络节点提供了信息共享的机会，避免了信息的不对称、不透明，大大降低内部运营的交易成本，增进了彼此间的信任。除了在规范行为调整方面的运用，中通快递还采取加盟商派费互为结算的机制，将信任和简单的价值基因深植体系中，实现由平台赋能终端，终端激发平台，双向的有效沟通，促进体系运作简单、直接、高效。

随着企业的不断发展，网点数不断扩增。为完善业务流程、提升管理，更为了赋能加盟商群体、深化企业总部与加盟商之间的联系。中通快递从科技投入和制度管理两方面不断强化整个加盟体系的建设。如建立中央管控IT系统连接并监测所有网点，为加盟商和网点提供定制的IT解决方案，并为所有的快递员配备定制的移动APP。同时建立完善的绩效奖励机制，基于包裹量、服务质量和盈利能力对网点进行考核，由总部实时监控和分析包裹量，确保服务质量。于是，中通快递成了国内快递企业中加盟制体系最稳定的公司之一。2018年，企业加盟商换手率低于5.0%。

企业自建的分拨中转网络与加盟商网点相结合模式，在逐步发展中越发扁平化。由此，中通快递以组织扁平化和管理网格化为目标，明确分步实施方案，加快工作进度，以垂直扁平的组织结构和从角到边的精细管理，践行末端小专精战略。截至2019年9月30日，中通快递在全国分布的网点近30000个，其中直接网络合作伙伴逾4750家。通过持续推进，企业弱化组织冗余和政策缓释弊端，强效保障网络管理稳定，加固平台发展底盘。

基于强大而稳定的网络，中通快递2015年的业务量是2011年的10倍以上，对应复合年增速高达80.3%，远远超过同期快递行业总业务量54%的年均增速。在赖梅松看来，加盟制是最符合目前的市场经济模式。落实于管理体制上，就是管理架构更加扁平化。由此，中通"联邦制"模式的研究、探索与应用，应时而来。

关于"联邦制"的解读，企业内部自定义为内生于中通快递的共创生态系。作为"联邦制"的中通快递，内部网络体系是由众多转运中心、网点等节点连接而成的，共同编织成为一张庞大的协作网，实现信息、资金、物流的三者汇聚。中通快递认为，传统商业范式下以控制和权力为核心的公司制度，为以社区化、民主化为核心的新型连接方式所替代，已不同于传统模式下的加盟制存在，标志着企业组织结构的变迁、共建、共创、共享。

"联邦制"的提出，究其根源，仍是"同建共享"理念在新时代、新情势下对新生产力和动力源的探索。中通快递的大平台，驱动未来，没有止境。"中通不仅是一家快递公司，更是一家平台公司，今天新赛道的竞争已经不单单是快递竞争，而是全链路综合服务的竞争，是生态链的竞争。中通快递采用同建共享的理念，把资源效率最大化，从单点突破向点、线、面迈进。"赖梅松表示。

2. 创新驱动，底盘能力建设善始善成

解决了内部矛盾，业务能力、服务能力的建设必然也需同步跟进。通过股份制改造将全网利益一体化之后，中通快递的管理团队将运营利润集中投入到基础建设上，进行前瞻性的布局，为后来的快速发展奠定了能力基础。分拨中心在全国的分布范围越广，中通平台随着业务快速增长的服务能力、为终端提供的支持优势也就更加明显。截至2019年9月，中通快递全网共计89个转运中心，其中80个中心为总部直营。在企业内部的运作中，土地增购的主要目的在于布局大型的分拨中心、航空中心、电子商务中心等。中通快递未来将根据业务发展体量及操作分拨需求进一步细化全网分拨转运中心，以"大中心、小分拨"的灵活操作模式，推动操作效率质的提升，全网中心规划预计累计总投资将超过305.3亿元。

过去几年中，中通快递的网络覆盖指标全国最高，重点地区战略布局基本完成，成为同行中投资基础建设支出资本最高的企业之一，固定资产规模大幅领跑通达系。2014年至2018年，公司开支持续增加，从2014年的7.91亿元增加到2018年的39.81亿元，复合增速49.78%。其中购买厂房、设备和车辆的支出由2014年的6.19亿元增加到2018年的33.24亿元，复合增速52.23%。在战略布局上先人一步的中通快递，继续在基础建设、提升运营能力的道路上狂奔。

为了努力提升运输速度，保障旺季平稳运输，降低运营成本。中通快递自建"精锐部队"——车队。至2012年，已率先成为"通达系"里第一家拥有自营车队的快递公司。

中通快递的自有主干线班车在"通达系"公司里最多，其中，15米～17米的高运力甩挂车最先使用且自营数量占比最高。

据媒体统计，从2012年到2015年，中通快递"双十一"单量按近160%的体量逐年增长。自2015年以来，中通快递开始由加盟模式转变自建运输干线车队，靠高效的管理提供强大的自有运力支持。"双十一"期间，在调度功能发挥下，车辆使用率提高到100%，成为中通快递多年保持单量持续上升但快递仍然高效的主要原因。近年来，中通快递实行车队垂直化管理及调度、优化资源配置的同时，从运输成本、油耗、过路费等方面，深挖降本潜力，通过成本比对，持续优化更新运力匹配，将运输管理效益最大化。2019年，中通快递开始试跑冷链车队，串联现有冷链市场，通过线路优化，资源共配，提升自营冷链车队使用效能，为中通开辟农特、生鲜等市场蓝海提供支撑。截至2019年9月30日，中通快递的长途车辆数量超过6600辆，自有车辆数量达到约5700辆，分拨中心之间的长途运输路线超过2400条，班线路由持续健全优化。

强布局、提运力，创新驱动且不吝于在基础硬件上进行要点布局和提升，仅仅是中通快递在强基固本道路上的两个方面。窥斑见豹，中通快递基于大平台建设维度，筑牢网络发展底盘的决心与恒心，牢不可破。

3. 科技赋能，数字激活全网动能

2019年5月，中通快递的日均业务量已达到3000万件。赖梅松表示，计划用"五新"战略推动中通达成超100亿件的年业务量目标。而新科技就是其中重要的一项。

事实上，快递发展到现阶段，行业门槛早已抬高。迈向高质量发展进程，智慧物流是必由之路。据相关报告预计，快递企业在科技领域分化加剧。大数据应用在2019年开始大规模落地实施，预计可降低企业7%的配送成本，提升10%的配送时效。科技，不断为快递企业赋能，提升客户服务的能力和盈利水平。中通快递身居其间，也不例外。

一直以来，中通快递秉承"科技强企"的理念，始终将科技创新与公司战略、业务紧密结合，建立完善的互联网产品研发体系，积极组建科技研发团队，推动多项先进技术的落地。科技与信息中心已建成营销、客户服务、网络末端、转运中心、运输、财经、智能设备、协同办公八大数字化产品线，在快递所有业务环节实现了信息化、数字化、智能化工具的支持和覆盖。在体系中，优化升级自主研发的中天系统、新增伸缩皮带机、推广电子面单三段码、投入自动化分拣设备、购买牵引车、研发"掌中通"系统等新装备。

转运中心自动化程度不断提升，能提高分拣效率，节省人工成本。仅2018年，中通快递运营管理中心完成了13个中心23个库的模组网带方案规划设计和39套交叉带设备方案，合计完成约130个流水线方案，动态秤及大件自动化累积安装222条，累计投资近12

中通快递自动化操作中心一角

亿元，推动中通的转运智能化水平再上新台阶。截至2019年9月30日，中通快递共有208条定制的自动化分拨流水线投入使用。受益于自动化设备的持续投入和应用，公司分拨成本占营业成本（剔除货代业务成本）比例呈下降态势，分拨成本的占比从2016年第一季度的31.91%下降到2019年第三季度的26.6%。

2019年，中通快递转运中心根据网点业务量增长制定三年规划。合理规划场地空间，安装与产量和空间容量相适应的流水线设备，提升资源频效。2019年规划小件自动化设备实现全网过半覆盖率，及700组大件自动化智能设备，预计总投资将持续保持高额增长，截至2019年5月底，公司智能设备累计投入已近3亿元。

与此同时，中通快递不断强化科技人才建设，成立应用和技术平台研发团队，负责微服务应用架构、人工智能、大数据、DevOps自动化运维等先进技术的研发；先后组建专业的质量团队、大数据智能和先进算法团队、智能硬件团队，构建完善的质量提升体系；设立包括信息安全、数据中心运维、分拨中心基础设施运维、硬件维修等团队，为产品正常运行保驾护航。

截至2019年9月，公司共有85项软件著作权及3项专利。中通快递认为，依托科技、发展智慧快递是实现快递发展新增长点的关键。通过数字化手段，中通快递对所有业务进行精细化计算，让每一个环节都处在科学合理的状态下，发挥最大的效率，取得更大的收益，才是发展科技的真正目的。"我们对科技创新的投入不是选择题而是必答题，这是今后必须要走的路。未来，企业对科技创新方面的投入只增不减、上不封顶，争取2020年部分分拨中心可以实现无人化操作。我们认识到，公司必须在各个业务方面提升数字能力，不实现信息化和智能化，光靠人海战术是没有未来的。"赖梅松表示。

二、得末端者得"新机"

2019年，公司定位为"网点提升年"。"行业竞争只会更加激烈，如果我们不能迅速拉开与同行的差距，就有随时被赶超的风险。"赖梅松在全网会议上表示。挑战风险、应对挑战的关键之一，就是末端网点。为此，赖梅松给出的市场策略是——挖潜聚力，以网点为中心赋能强基。

1. 农村"燎原"计划

2019年9月17日，国新办举行中国邮政业改革发展成效发布会。会上谈到，2009年快递量18亿件，2019年要突破600亿件，农村乡乡有网点的目标已经完成，截至2019年8月，邮政村村通快递的任务也提前一年完成。会上还提出了重点推进"两进一出"工程，其中一进就是"进农村"：促快递进村，快递要尽快下沉到行政村，打通农村最后一公里。

其实，快递已成为推动农产品上行、带动工业品下行的主要渠道，在加速农村电商发展、促进商品流通方式转型、带动就业改善民生、助力乡村振兴过程中发挥着重要力量。2019年，中央一号文件再次提出，大力发展现代农产品加工业，统筹农产品产地、集散地、销地批发市场建设，加强农产品物流骨干网络和冷链物流体系建设。作为中国快递行业的领军企业，中通快递积极推进乡镇服务网点标准化建设，持续开拓"三农"寄递服务，致力于满足新时代广大农村群众对寄递服务的新需求；借力"互联网+"，打造涉农电子商务平台，打通农产品销售渠道；推出"优鲜送""星联时效件"等优先服务，保障生鲜品质，助力农特产品打响品牌。2018年，中通快递新增乡镇网点1618个，乡镇覆盖率达89.36%。截至2019年第三季度，城市和乡镇覆盖率实现了新的突破，覆盖率大于98%。

从一开始的助力精准扶贫到如今明确的快递下乡，通过"货物流""信息流""资金流"三流结合，积极践行"从工厂到用户、田头到餐桌"的全链路管理模式，再到立足行业特性、结合地方优势，通过供应链物流和电商平台双向赋能，创新"快递+农业+电商"模式，开发特色农产品，打造地方金牌项目，搭建创业就业平台，中国的快递农村"燎原"计划仅仅数年便已有燎原态势。对快速成长的快递企业而言，业务产品、模式逐渐多元化，共同摸索"下乡"模式，助力于深耕更广阔的市场，更是对终端未来决胜因素——终端价值摸索的又一大契机。以平台赋能产业，打破产业区域壁垒，打通产业链上、下游，最终实现与其他产业共生共荣的局面。

2. 大众创业与"末端创业"

在实现"全网一体化"之后的5年时间里,中通快递不断琢磨和推动经营模式的更深层变革。在经历1.0四众模式、2.0全网一体化模式的摸索后,利益共享惠及面更广、员工稳定性和创新驱动力更强的"双创3.0"模式在实践中应时而生。"双创3.0"的精髓就在于"实现了内部分层级红利共享"。为此,在各省会合伙人成为中通集团股东的"双创2.0"基础上,中通快递内部又推出了诸多面向全网员工的利益共享机制:通过股权激励,让全网中高层员工都能享受企业飞速发展的红利。而且,中通快递还成立了一个专门为员工"生财"的股份制运输公司,员工按照级别和贡献每人都可投入几万元到几十万元不等的资金,成为运输公司股东并享受30%左右的年收益率。

在"双创3.0"的激励下,中通快递成了一台"人人做主、人人创新"的"创新机器"。员工不再是听命行事的"螺丝钉",而成了主动探索新模式、新业务的创新引擎,激活平台动能。李克强总理在亲临中通快递网点视察时,勉励中通做强"双创"平台,争创世界一流。

2016年,中通快递开启"双创4.0"运作模式:将最基层员工的创业创新与中通整体发展融为一体,让人人都依靠中通平台做老板,让每一名员工有更多的成就感和获得感,从而进一步激发广大员工尤其是基层网点员工的积极性和创造力。中通不仅是"双创"践行者,也服务着千千万万个"双创"践行者。"双创"模式为30万中通人提供了创业就业、公平竞争的机会。

2018年国务院《政府工作报告》中提到,要提供全方位创新创业服务,鼓励大企业、高校和科研院所开放创新资源,发展平台经济、共享经济,促进大众创业、万众创新上水平。中通快递认真贯彻新发展理念,夯实基础,不断创新经营模式,进一步为网络合作伙伴和一线快递员赋能,帮助更多人创业就业,最大限度地激发员工的积极性与创造性,让员工从加入到信任再到热爱中通这个大平台,让他们有更多的获得感、归属感、幸福感。

习近平总书记明确指出,就业是民生之本,牵动着千家万户的生活,任何时候都要抓好。秉承"同建共享、信任责任、创新与企业家精神"的核心价值观,中通快递将创业与就业紧密结合,加速拓宽业务生态体系,持续扩大基层网点覆盖,为各地创造多元化的就业机会。2018年,中通新增网点2000多家、带动基层就业约26000人,集团总部及各直营公司新入职员工25176人,年度吸纳就业总人数5万余人。升级了的"双创"模式,鼓励更多人加入中通。中通快递通过网络合作伙伴模式,将最基层员工的创业创新与企业整体发展融为一体,进一步激发广大员工的积极性和创造力,帮助更多人在不断创新、不懈奋斗中实现美好新生活。

三、大道至简:一切围绕效能

在赖梅松的理念里,简单即是最有效的管理。中通快递是全体中通人在实践里一步步成长的中通——全网在实践里发现问题、解决问题,共同推进了企业的成长。他总结企业成长经验时表示,在整个过程中主要抓住了核心的几个要点:一是打造合理的利益分配机制,建立网络合作伙伴"联邦制"管理模式,与所有员工和合作伙伴形成利益共同体,不断激发员工的积极性和创业激情,最终凝聚整个团队的战斗力。二是精益化管理,强调效率效益,不做亏本的生意。中通在各个管理环节上强调效率优先,重视公司的盈利水平和增长潜力。中通快递实行以结果为导向的 KPI,驱动业绩表现。三是树立诚信、分享、公平和共赢的文化,杜绝欺骗,不让任何投资者和合作者吃亏。再进一步总结关键词就是创新驱动建设大平台并形成、建立网络合作伙伴"联邦制"管理模式。而今,多年精细化运作使得大平台的赋能力量得以逐步体现。

在终端建设的逻辑中,无论是最初的1.0四众模式、2.0全网一体化模式、3.0品牌及资本运作,还是4.0人人当老板的中通式双创演变模式,其实始终伴随着稻盛和夫所提出的阿米巴经营模式:小型组织单位更有助于效率提升、成本降低、全员参与,能够发挥出更大的创造力,并持续提升组织运行效率。中通快递内部的阿米巴组织分布,使得每一个参与者都成为基本的经营单位,他们会依照市场规则调节自己的交易成本,以实现资源配置的最优,通过个体最优来实现组织的整体最优。一切回归本源,一切追溯末端。由此,平台的大而强,终端的小专精,以最简单直接的市场运营逻辑进行构架与推进:一切围绕效能。

第三节　共生共荣的生态价值链

"联合一定会比分散强，资源共享、责任共担、良性竞争、协同并进，用最小的成本去博取最大的资源，实现资源的最优整合，才能真正做强、互惠共赢。"这是中通快递最初挖掘产业价值，建设企业共生共荣生态的初衷。随着"同建共享""创新与企业家精神"等企业核心价值观在生态体系内的深化，中通不断地进行自我进化。

一、新机制激活"生态"动力

2014年、2015年与2016年上半年，来自阿里系电商平台的件量分别占到中通快递总业务量的80%、77%和75%。逐年下降的数据，是快递企业拓展产业链、构建生态圈，实现多渠道、多产业协同发展的成果。中通快递将生态圈的建设列入未来的核心竞争优势指标中。

目前，中通快递已经初步构建"一体八翼"生态圈。"一体"即中通快递，"八翼"则分别是国际、快运、云仓、商业、金融、传媒、航空、智能八个板块。它们基于主体平台的资源集聚而诞生，作为主体满足不同层次市场需求的定制化、个性化、多样化而延展，在相互依存的生态圈内独立核算、独立运营，充分进行市场竞争。

早在2015年，中通快递就通过中通国际板块，开始触发生态元素，尝试产业协同。基础逻辑是拓展服务产业，实现多产业的协同发展，努力为客户降低成本、创造价值，为未来快递发展培育更广阔的市场。于是，"一体八翼"生态圈生态业务板块均采用新体制的"合伙人"模式，以全新的机制，充分的竞争激发内生动力，创造市场活力。其实，是中通快递4.0双创模式的另一种形式的延伸：作为企业产业链上的一环存在，又内部充分市场化，全面面对整个市场的竞争，与平台及生态间的企业形成共生共荣的互补关系。这是一种基于平台价值重塑下，对产业生态结构的新探索。中通快递将以更加开明的权益分配机制、更加开放的态度，成为生态体系内产业的孵化平台。

以2016年成立的中通快运为例，基于制造业服务而起网，注册资产1.3亿元，业务直面工厂。起网之初，快运网点与快递的重合率达到90%；随着业务专业化推进，不再鼓励原快递网点加盟而是倾向有较好基础的小型专线物流企业，推行了两张网络的剥离。截至目前，全网2800个网点，重合率已下降至接近40%，未来计划下降至20%。在剥离的同时，又会借助快递主体的强项，例如网络深度与广度，赋能快运。让集聚资源得到最大化、合理化的运用，激发更多能效。2018年5月，红杉资本中国基金作为领投方，鼎晖和云锋等投资机构和中通快递联合投资，投资总额超过1亿美元。2018年，中通快运增长率为100%；2019年上半年，增长率为60%。同理，中通云仓、优选、商业、金融、航空、传媒等其他生态企业的诞生、运营及发展逻辑，皆不例外。

在"一体八翼"的背后，中通快递还计划利用科技实现平台赋能的强化。以企业自主研发的大数据平台为例，通过数据实时采集、实时处理、实时建模和算法预测，为业务提供海量数据的实时分析能力，打造赋能数据化管理的数据驾驶舱、赋能数据化运营的数据大屏等数据产品，同时也通过算法模型驱动的数据中台，为企业的各个产品提供智能化赋能。

二、深耕中国，拥抱国际

2019年9月，国家邮政局重点推进"两进一出"工程中的"一出"，即促进出海，推动邮政快递企业"走出去"。倡导借船出海，加强与国际企业的合作，共同构建一张风险可控、安全可靠、通达广泛的国际寄递物流网络。

2014年，中通国际成立。专注于打造以快递物流为核心，整合海外仓、海外专线与跨境电商等的综合业务体系，目标在于以进一步推动产品国际化、服务全球化的战略部署，为国内外客户提供多样化、一体化的综合物流解决方案。

依托庞大的寄递网络，中通快递积极连接全球网络，建立"中通国际"官网，设立海外中转仓，开通海外业务专线，与各国邮政集团及大型快递/物流公司达成战略合作，适时寻求战略性联盟，致力于实现"产品国际化、服务全球化"的目标。截至2018年年底，中通快递海外业务日处理量达50000件。

2018年6月11日，中通快递与土耳其航空（Turkish Airlines）、太平洋航空（PAL Air Ltd.）签约，三方将在中国香港合资成立一家物流公司，并计划在未来五年内营收达到20亿美元以上。

根据协议，合资公司将提供各类门到门物流业务，包括揽收、拣货、运输、收发、快运、跨国对接和最后一公里的配送。同时，也将提供仓储管理、订单和供应链管理。在签约仪式上，赖梅松表示："中通快递将在继续巩固和发展国内快递业务领先优势的同时，积极布局和开拓国际市场，使国际业务成为未来重要的增长点。"截至目前，中通快递还与美国邮政、法国邮政等近十个国外企业签订战略合作协议，与匈牙利国家邮政合资成立中欧供应链管理股份有限公司等。

除了与国外公司开展合作之外，中通快递也与天猫国际、网易考拉、聚美优品、小红书等知名跨境电商平台建立了良好的合作关系。在美国设立三个中转仓，在中国港澳台地区设立10余个中转仓，另在德国、法国、新西兰等地设立中转仓，共有海外仓30多个；此外，还开通了欧盟、美国、澳洲、新西兰、日韩、东盟、中东、非洲等国家的专线包裹寄递业务。

相对于其他快递企业的国际化战略"频频"动作，中通快递不可谓不低调。"国际化一定是未来中国快递最大的增长点之一，跨境的增速远远高于其他业态。"赖梅松表示，"走出去其实可以抱团，但是走出去也不是这么容易，因为像中国这么大市场的地方没有。现在企业都非常关注跨境业务，重视国际业务的成长与投入。但是我们也要保持头脑清醒，主战场一定是在国内，国内才是你的'主餐'，国际市场我认为一定是'点心'。"在中通快递看来，和深耕多年的行业巨头相比，国内快递企业在海外服务网络和空运运力上都不占据优势，快递企业拓展国际市场还有很长的路要走。而且，中国市场是潜力无限的市场，仍需要巨大的能量去深耕。

柬埔寨金边转运中心一角

三、先觉者的领先与审慎

创新，根植于中通的基因中。从2002年创立至今，中通快递已演化迭代四次企业发展模式，在基础建设、运营能力、科技建设等方面的投入与研发，更是不遗余力，始终走在行业前头。作为行业创新的先觉者，自觉而无畏。但在例如"走出去"这样的市场拓展项目上，中通快递不可谓不审慎。

究其根源，不难发现与企业文化风格息息相关。中通快递的管理逻辑是：管理就是管效率，运营采取以结果为导向的KPI，驱动业绩表现。"中通刚成立时，启动资金只有50万元，但从来没有向银行借过钱，为什么会如此？企业不会算账就很难活下来……正是因为中通特别重视成本和效益，与同行相比，中通快递的网络稳定性、市场份额的增长能力和赢利能力都是出类拔萃的。追求效益和强调公平形成了中通的企业文化和基因。"赖梅松表示。于中通而言，一切创新基于发现问题、解决问题，让企业更好、更长久地生存。而对于审慎，也自有解读：只是节奏与时机的问题。

随着企业的稳步发展、平台资源的多方聚集，中通快递有更多的潜力有待挖掘，同时也有更大的责任需要承担。因此，一切项目必须围绕主业进行"合理"评估与布局，其中一项主要评估原则，仍是一切围绕效能，一切以效益为先。

《孙子兵法》说："兵者，国之大事，生死之地，存亡之道，不可不察也。" 面对变幻莫测的市场，相比一时一刻的胜利，更需守住底线的防患修炼，不贪图眼前一时便利或局部一地得益，或许才是持续得胜的秘诀。

董事长专访

利他者成

——中通快递股份有限公司董事长赖梅松

《样本》：请用三句话描述和形容您的企业。在您的心中，中通快递将会成为一家怎样的企业？

赖梅松：第一句话：中通是一家饱含创业初心与热情，并始终走在创业创新路上的平台公司。第二句话：中通是由所有中通人"同建"的，也是全体中通人"共享"的。第三句话：中通选择了一个好行业——它连接和服务了生产与消费，在降低流通成本、支撑相关产业发展、服务生产生活、扩大创业就业等方面发挥了积极的作用。由此，中通逐渐成长为一家具有一定资源聚集效应和优化配置作用的赋能平台，践行着"用我们的产品造就更多人的幸福"的企业使命，走过了一条"从利己、利他到利社会"的发展道路。我们始终相信："利己方可利他，利他自有利己。"

中通必常怀家国情怀，不忘初心，牢记使命，不断强化自身的核心竞争力，为建设成为全球一流的综合物流服务商而不懈奋斗。

《样本》：中通快递后来居上，近年来的成绩非常亮眼。请与我们分享企业脱颖而出的秘诀。

赖梅松：每个企业的文化和内涵不一样。我们几个创始人出生在一个比较偏僻的小山村。山里人比较纯朴，特别看重乡情、亲情和友情，而且我们志趣相投，大家相互信任、彼此帮助。这成为中通企业文化的一个重要内容。这种信任和互助，也是公司能够从小到大的一个重要原因。

在长期的摸索中，企业逐渐形成了"伙伴合作模式"。这与其他快递公司采取"直营+加盟"的模式有所不同，我们形容这是一种"联邦制"，较好地体现了中通同建共享的理念。从本质上看，联邦制相当于承包制的模式，让合作伙伴更有动力服务好客户并创收创利。这逐渐成为中通成长的竞争优势。

《样本》：关于"创新"，您赋予的含义是什么？

赖梅松：创新，是我们企业的三大核心价值之一。我个人认为，创新就是寻找机会、把握机会、创造机会。中国大部分企业的创新,都是基于发展中预见问题,解决问题,再在推进发展里逐步形成自身的核心竞争优势。中通快递,也不例外。我们鼓励、支持全体中通人与时俱进,打破现状、推陈出新,以自觉"创新"驱动自我成长、推动企业成长。

《样本》:您对企业高质量发展和"创建美好生活"的议题,如何解读?中通快递对此有着怎样的战略举措与行动?

赖梅松:习近平总书记在党的十九大报告中指出,中国特色社会主义进入新时代,我国社会主要矛盾已经转化为人民日益增长的美好生活需要和不平衡不充分的发展之间的矛盾。我们认为,十九大对我国社会主要矛盾的新论断,也对快递业未来的发展指明了新方向。在未来的发展中,快递企业要以提高人民"美好生活"为目标,这也正是中通的使命:用我们的产品造就更多人的幸福。

我们一直是"美好生活的创造者、守护者"。我们期盼,全体中通人都能有健康的身体、快乐的工作和幸福的生活。我们强化平台赋能,帮助包括40多万中通家人在内的更多人的创业就业,共同创造美好生活。不仅如此,我们还拓展上下游产业链、强化"利社会"赋能平台的建设。

《样本》:您如何看待长三角一体化的建设与推进?这对中通快递的战略发展带来怎样的影响?

赖梅松:长三角一体化的建设与推进,是大势所趋,真正促使了资源效率的最大化。其实无论是对物流企业还是其他产业,长三角一体化带来的资源整合效益都是惊人的。企业以及区域市场的资源效率一提升,可以腾挪的空间就更大了。而且随着长三角一体化的建设与推进,企业更加勤修内功,并积极参与到国际市场竞争中。

《样本》:未来,中通快递将会面临哪些机遇与挑战?

赖梅松:时代潮流、行业成长、市场发展为中通快递带来巨大的机遇,同时也让我们面临了来自市场需求提高、行业高速发展、科技创新等诸多方面的挑战。从2010年开始,我们就集中资本进行基础能力建设,提升自身的转运能力建设;在过去两年多时间里,我们又着重加强提升运营智能化水平。未来,我们还会继续加大相关投入,并着重强化赋能基层网点等各方面能力的提升。

现阶段,中通的主要目标是实现"四化",即政策公平化、管理扁平化、收派费用标准化及运营智能化,以强化全网的运营能力。中通2018年包裹量是85亿件,2019年全年预计突破120亿件。未来还将实现更大突破,"四化"举措就是为实现这个目标打基础。

> 专家点评

后来居上者的成功探析

快递，毫无疑问是当今中国最热的行业之一。

四通一达、顺丰、中国邮政等，对大多数国人来说，可能比一些大众品牌消费品还要熟悉。而且，我发现主办方发布三年的创新样本所入选的企业，每年都有快递公司，的确说明行业发展正当时。

2019年，全球快递业务量超过国家邮政局发布《全球快递发展报告》预期的1100亿件。这一点也不意外。多年来，全球快递量的大增长得益于中国这个主体市场的兴旺发达。当然，国际市场的增势，并不完全是中国快递企业业务的单纯扩张，也是中国自身发展战略的需要。2019年9月，中共中央、国务院印发了《交通强国建设纲要》，要求"打造具有全球竞争力的国际海港枢纽、航空枢纽和邮政快递核心枢纽；建立通达全球的寄递服务体系，推动邮政普遍服务升级换代等等……"可以说，这契合时代发展趋势的战略规划，为中国快递产业的国际化竞争发展注射了强心针，更直接地为快递企业直面国际竞争提供强大的信心与支持；更可以说，这顺势而为的格局形成，既是国家迈进新时代的战略诉求，也是中国快递业近十年奋发图强的结果。

作为中国第一家赴美上市的快递企业，自2016年上市起，中通持续保持市场规模行业第一。四年来，其多项重要指标都超越同行，的确有值得探究的商业创新之道。

令我感兴趣的却是中通快递"用我们的产品造就更多人的幸福"的企业使命，这完全跳出行业、跳出经济利益层面的使命追求大大拔高了企业经营的格局，与众不同，精神立企。所以，才有"成为受人尊重的百年中通"的企业愿景。综观中通快递近四年的企业年报，可以说是一份力压同业群雄的成绩单。

再回头看，也许能够理解，企业早在2010年就启动了"全网一体化"发展战略的真正动机。必须向"大而强"转变，便有了在行业率先实施全国网络股份制的战略决策。好机制解决了多条心的问题，达成共识统一思想，在利益分配层面拧成一股绳，同建共享的企业文化便不再是一句口号，而是能够落地生根，快速成长。如企业自身所描述的呈现了"不争自有成"的局面。

中通快递的成功还有一个重要原因，我认为是全维度创新推动平台的进化。应该说，全维度创新是过去几年头部公司的典型特征。让平台快速运转高效服务整个企业生态，这不仅仅是为了闭环，更是为了保证生态体系的质量，尽量减少短板。由此，运用新科技，投入新装备，拓展产业链，构建生态圈，以转型增效为主线，才具有战略价值，才能在每个体系和环节上发力。既重视底盘，也重视系统，更重视末端。应该说，企业的战略定位非常清晰，整个运营是围绕全维度的平台效能的，但其实也是非常专注和聚焦的。因为中通非常明白，中国快递业必须加快实现从总量扩张到结构优化再到全体系高质量运行的转变。

解读中通，必然需要解读企业创始人。一些材料看下来，最直观的感受可以用中国的一句老话来表达：小成靠勤，大成在德。

吴柏钧　上海长三角商业创新研究院理事
　　　　　华东理工大学副校长

第四章
中国网络疆土守卫者
—— 杭州安恒信息技术股份有限公司

- **楔子：** 越过长城，走向世界
- **企业概况：** 硅谷归来，弄潮钱塘
- **创新解读：**

    第一节　打赢网络安全攻坚战的时代命题

    第二节　引领中国信息安全新革命

    第三节　怀仁而立，潜行天下

- **董事长专访：** "无我"成就"大我"
- **专家点评：** 安于责任，恒于创新

楔 子

越过长城，走向世界

北京市海淀区车道沟10号院内，树木掩映下有座小楼。1987年9月，德国互联网之父维纳·措恩在这里出席一次科技研讨会。一番调试后，他将中国兵器工业计算机应用技术研究所和卡尔斯鲁厄大学计算机中心实现了计算机连接。同年9月20日，他与北京计算机应用研究所高级顾问王运丰教授商讨，并起草了一封德英双语的电子邮件一起署名发出，随后卡尔斯鲁厄大学的一台计算机上成功接收邮件。"Across the Great Wall we can reach every corner in the world.（越过长城，走向世界）"这是中国从北京向海外发出的第一封电子邮件。

风云际会，沧海横流。积水潭的清波沿着通惠河悠悠流向通州，穿城而过向南去。

如今，互联网早已深刻影响中国社会，大数据的出现更为人们的生产生活提供了便利，而大量数据归集整合、共享开放也增加了数据安全防护的难度。网络信息安全产业的发展，蕴含着涌动的力量和澎湃的激情，不断攀爬着历史高度，成就着中国气度。

安恒信息聚焦于城市安全大脑和安全运营中心建设，探索"数据说话、数据决策、数据赋能"的安全管理新模式，将12年来在大数据安全、智慧城市等领域的经验有效沉淀，为中国数字化转型、数字经济产业发展贡献智慧。

> **企业概况**

硅谷归来，弄潮钱塘

2007年，范渊放弃了美国公司的高管身份和优厚待遇，回国创立杭州安恒信息技术有限公司（现杭州安恒信息技术股份有限公司）。12年过去了，范渊和他创立的安恒信息，在中国网络信息安全的广阔场域上，上演了一部荡气回肠、余韵无穷的创业故事。

在这个真实的故事里，有虚拟世界白客黑客刀锋相向、御敌于千里之外的使命荣光；也有为应对科技革命和产业变革、板凳坐得十年冷的持续研发创新精神。

如今，中国守卫自身网络安全的底气和能力早已与当年不可同日而语——以安恒信息等为代表的一批领军企业，逐步成长为中国网络信息安全领域的扛旗力量。信息技术一日千里，为中国网络信息安全保驾护航的难度与日俱增。如何应对挑战、拥抱未来？答案或许就是范渊对"安恒"二字的诠释——安于责任，恒于创新。

一、中国智能安全先锋

安恒信息创立于2007年，总部位于浙江杭州，自创立以来，企业专注于网络信息安全领域，主营业务为网络信息安全产品的研发、生产及销售，并为客户提供专业的网络信息安全服务。公司产品及服务涉及应用安全、大数据安全、云安全、物联网安全、工业控制安全及工业互联网安全等领域。发展至今，公司围绕事前、事中、事后几个维度，已形成覆盖网络信息安全生命全周期的产品体系，包括网络信息安全基础产品（网络信息安全防护单品、网络信息安全检测单品）、网络信息安全平台以及网络信息安全服务。

近年来，安恒信息进一步加快推进产品创新和服务升级，围绕以云计算、大数据、物联网及人工智能为代表的新一代信息技术，形成了以"新场景"及"新服务"为方向的专业安全平台产品和服务体系。凭借深厚的核心技术积累和对政企市场的深刻理解，公司在新兴"云、大、物、智"安全领域的技术与影响力占据较大先发优势，并开始布局发展智慧城市安全市场。

截至2018年12月末，安恒信息拥有研发人员454名，占员工总人数的34.08%，涉及攻防研究、漏洞研究、产品研发等，研发投入占营业收入比例多年来保持在20%以上。经过连年探索和积累,公司目前已掌握了应用安全与数据安全等领域的重要核心技术,并形成了一系列具有自主知识产权的技术成果。截至2019年6月25日,公司共拥有48项核心技术,在应用安全和数据安全市场处于行业领先位置,核心基础安全产品持续多年市场份额位居行业前列。公司在持续更新应用安全和数据安全产品技术的同时,针对新兴的云安全、大数据安全、物联网安全等领域进行深入研发并积累了22项核心技术,确保公司云安全、大数据态势感知等平台产品保持领先地位,并已获授权专利60项(其中发明专利52项)、已登记软件著作权146项。

此外,安恒信息在核心产品的前瞻性和影响力也获得了国内外权威机构认可。公司Web应用防火墙自发布以后多次入围Gartner魔力象限推荐品牌,2018年进入亚太区Web应用防火墙魔力象限,威胁情报产品也入围了IDC中国威胁情报安全服务MarketScape。

二、安于责,恒于新,勇于变

面对快速且深刻变化的网络信息安全环境,安恒信息前瞻布局、果断应变,不断孵化培育新兴安全产品及服务。公司自2014年开始陆续推出了云安全、大数据安全、态势感知和智慧城市安全等新兴安全领域相关产品和解决方案。可以说,在以"云、大、物、智"为新应用场景、新服务对象的智能安全新市场,安恒信息是毋庸置疑的探路者和先锋力量。

在云安全市场,安恒信息面向公有云的云堡垒机、云数据库审计等相关产品累计保护数千家云上企业用户,云堡垒机服务和保护的云主机更是达到了几十万台以上;面向私有云的天池云安全管理平台,已成功应用到全国近百个省市政务云、运营商政企云、警务云等行业云平台;面向SaaS安全的云防护产品玄武盾,目前共防护超过数十万个互联网系统,为政府、教育、金融、医疗、企业等行业用户提供基于云端的安全防护服务。

在大数据安全市场,安恒信息于2017年开始进行AiLPHA大数据智能安全平台预研,并于2018年正式立项并快速完成1.0版本推向市场。在正式推出的第一年,AiLPHA大数据智能安全平台迅速得到市场认可,用户覆盖了全国30多个省份,服务超过百家政企客户,政府、公安、金融、教育、医疗、运营商、能源等领域均有成熟完善的应用案例。

在物联网及工控安全市场,安恒信息积极与浙江省公安厅、浙江省通信管理局、海康威视、大华科技等伙伴展开合作,从终端资产识别、终端安全防护、数据安全防护等角度出发,研发了基于嵌入式安全心的物联网安全态势感知与管控平台,实现物联网整网威胁可视化,建立实时风险通报预警机制,做到物联网络整网可视、可管、可控。同时,设立了工业互联网安全事业部,在工控安全及工业互联网安全产品研发上投入大量资金和人力,已初步形成工业控制信息安全产品体系。

> 创新解读

第一节 打赢网络安全攻坚战的时代命题

信息技术创新瞬息万变，以数字化、网络化为新发展方向的信息化浪潮方兴未艾。网络安全和信息技术创新相辅相成，安全是发展的前提。"没有网络安全就没有国家安全，就没有经济社会稳定运行，广大人民群众的隐私甚至利益也难以得到保障。"习近平总书记2018年在全国网信工作会议上表示。中国的网络信息安全建设，正在释放着巨大能量。

近三年来，以云计算、大数据、物联网和人工智能等为代表的新一代信息技术的飞速发展，网络与信息安全风险全面泛化，种类和复杂度均显著增加。并未抢占到网络信息安全市场先机的安恒信息，在创业初期无可避免直面一系列严峻的挑战。然而在创业领头人的带领下，凭借准确的市场研判、艰苦的研发攻关、持续的产品创新和细致的客户服务，公司迅速在日趋激烈的市场竞争中脱颖而出，成为网络信息安全领域的头部品牌之一。

一、直面网络安全"丛林世界"

2005年让范渊声名鹊起的"黑帽子"大会，由老牌黑客杰夫·莫斯一手创立，每年都吸引许多全球顶级黑客和世界500强公司IT主管参会，"黑客"和"白客"在聚光灯下公开亮剑过招，交流分享网络信息安全的最新技术和趋势。因此，也一直被公认为是全球最权威的顶级信息安全峰会。现实里的网络攻防战全然不似大会秀场那样光鲜亮丽，是一个真正弱肉强食的"丛林世界"。其实，"黑帽子"大会的创办和兴盛，也从另一个侧面印证了彼时中国网络信息安全行业与国外成熟市场的巨大差距。

在网络安全攻防战中，显露于外的，是用户点击鼠标、触碰屏幕等一个个微小动作；深藏于内的，是无处不在而又难以察觉的漏洞和风险。位于暗处的网络"黑客"，无时无刻不在寻找虚拟世界防线中的漏洞；站在光亮下的网络信息安全公司，也就是那一群"白客"，必须预计到所有可能的极端情况，筑起固若金汤的安全防线。

这就是2007年安恒信息创立时所必须直面的挑战。据范渊回忆，当年在开拓市场时，甚至有企业负责人嗤之以鼻："网站被黑有什么关系？大不了停止运转几个小时，然后重装一下。"

在创业初期，一面是技术研发和产品创新的不间断高额投入，另一面则是中国市场对网络信息安全保护的被动和漠视。由此，创业两年后的2009年，安恒信息就迎来了最艰难的时光——当时公司账户只有不到100万元，仅够维持一两个月的运转。经过多方奔走，后来在杭州属地政府的牵线搭桥下，安恒信息引入创投资金，才惊险度过命悬一线的难关。

见微知著，一叶知秋。从国家层面看，伴随互联网的日益普及，大规模数据泄露、高危漏洞、新技术应用下的网络攻击、智能犯罪等网络信息安全问题也呈现出新的变化，严重危害国家关键基础设施安全、社会稳定与民众隐私。光亮下的黑暗，亟待被驱散。

二、打响"白帽子"战争

在硅谷十多年的技术研发和项目管理经验，让范渊笃信中国的互联网、物联网、智慧城市也会像欧美先发市场一样成长壮大起来，网络信息安全的重要性也会在此过程中逐步提升到战略性的高度。

对世界前沿技术趋势的清晰认知和对中国本土市场"痛点"的深入洞察，为安恒信息创立初期的研发创新指明了方向。安恒信息大举招兵买马，打响一场"白帽子"的战争。公司瞄准"在线应用安全""数据库安全和审计""安全合规"等领域深入研究，并在2008年前后推出一系列网络信息安全防护及检测产品，围绕企业数据资产，构建事前预警、事中防御、事后溯源的全生命周期解决方案。

以"Web应用防火墙"为例，其作为公司创立之初主打的Web安全防护产品之一，解决了网络层安全产品（如网络防火墙、入侵防御系统）难以应对的应用层深度防御问题，可以有效缓解Web应用系统面临的常见威胁，抵御针对Web业务的恶意攻击，对Web应用系统进行有效的安全加固。再比如"综合日志审计系统"，其通过基于国际标准化的关联分析引擎，为客户提供全维度、跨设备、细粒度的关联分析，透过事件的表象真实地还原事件背后的信息，为客户提供真正可信赖的事件溯源依据以及业务运行的深度安全监控。

除上述两款代表性产品外，安恒信息还研发推出了数据库审计与风险控制系统、运维审计与风险控制系统、APT攻击（网络战）预警平台、全流量深度威胁检测平台等防护产品，以及Web应用弱点扫描器、信息安全保护等级保护检查工具箱、远程安全评估系统、网络安全事故应急处置工具箱、迷网系统等检测产品。这些创新性基础产品，为安恒信息打响了口碑，奠定了企业高速成长的基础。

优秀的技术和产品不会被埋没。在北京奥运会开幕前夕，组委会找到安恒信息，寻求网络安保服务合作。依托专业有效的安全平台和设备，结合全方位的安保服务，安恒信息成功护航北京奥运会网络信息安全，拿下了这一具有里程碑意义的一战。自此之后，为国家重大活动提供网络安保服务，成为安恒信息最具品牌影响力和知名度的一项业务。从2008年至今，安恒信息共参与近百场国家重要活动（事件）的网络安保。

2019年11月5日，上海证券交易所里一声锣响，宣告安恒信息正式登陆科创板。在资本的赋能和加持下，安恒信息有望进一步突破要素瓶颈、加大创新投入、集聚发展势能，跑出转型与变革的更快加速度。

第二节　引领中国信息安全新革命

一、开启场景革命

网络信息安全行业的每一次变革与创新，都缘起于产业自身的点滴之变。真正富有挑战的是，能否在细节之中捕捉那些惊鸿巨变。

面对"云、大、物、智、工"新变局，安恒信息是行业中最早主动谋变前瞻布局、开启"场景革命"的企业之一。特别是近三年以来，安恒信息依托全面独特的研发创新模式，针对新兴的云安全、大数据安全、物联网安全等"新场景"进行深入研发并积累了20多项核心技术，推出了网络安全态势感知预警平台、AiLPHA大数据智能安全平台、天池云安全管理平台等一系列战略级产品，确保公司云安全、大数据态势感知等平台产品保持领先地位。

1. 构筑创新"护城河"

经过多年实践完善，安恒信息形成了以"技术委员会—安全研究院—产品研发中心三级研发管理架构"为核心的全面独特的创新研发模式。

公司选拔资深技术骨干组成安恒技术委员会，技术委员会预测把控未来五年内的技术演进趋势和行业发展方向。同时，公司设立安全研究院，致力于前沿技术预研、创新业务探索和核心能力积累，在保持技术领先性的基础上，实现由预研技术向具体产品的孵化；安全研究院下设海特实验室和卫兵实验室，多年来在云安全、大数据安全、物联网安全、应用安全、人工智能、数据加密领域等均有重要输出，其中已研发的前沿技术及产品原型包括全球化高速网络探测系统、全球化网络扫描系统、先进漏洞挖掘技术、文件威胁溯源技术、APT攻击检测技术、互联网应用加密技术、互联网金融风险监测技术等。

安恒信息设立多个产品研发中心，承担具体产品开发落地工作。将理论研究结果与网络信息安全现实需求验证对比，把抽象的理论模型转换为具体的产品功能，并通过多轮测试与升级，完善产品功能模块。最终推出兼具技术先进性和功能完善性的产品。

2016年，安恒信息开发的"先知"系统通过安恒风暴中心遍及全国的32个数据节点，以宏观尺度全局监测我国网络空间整体威胁态势，从地理维度按照全国、省、市、区县等分别提供属地范围内威胁情报，从安全管理维度可按照行业网站群、业务网站群、业务系统、单一主机等提供针对性态势感知服务，形成一套网络安全态势感知全局监测体系，应对随时可能发生的大规模网络攻击。2018年，企业通过研究工控系统特性，结合各不同行业的特点，经过众多项目实践检验，提出"PMPE"的安全技术架构，"PMPE"工控安全防护体系作为技术保障，构建有效抵御工控系统病毒木马传播影响及恶意的网络攻击行为，有效降低了工控安全运行维护的难度及成本，实现工控系统全生命周期的安全防护。

2. 安全"新场景"全覆盖

源源不断的创新活水，注入坚固的技术"护城河"，让安恒信息在面对由"云、大、物、智"所催生的新场景时，能够不断丰富和完善产品体系，推出网络安全态势感知预警平台、AiLPHA大数据智能安全平台、天池云安全管理平台等，全面覆盖"新场景"，深入推进网络信息安全的"场景革命"。

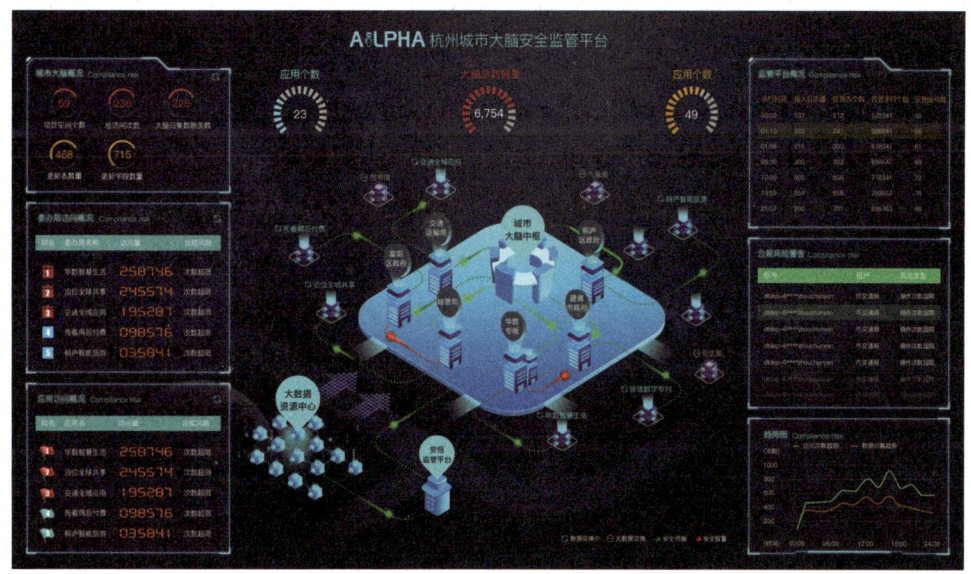

AiLPHA城市大脑安全监管平台

以AiLPHA大数据智能安全平台为例，它能够提供基于大数据技术的多源异构数据收集服务能力，依托于分布式复杂事件处理引擎进行安全建模分析与运营框架编排，实现安全事件攻击溯源与威胁回放并剔除误报，提升安全运维效率。平台集成包括资产管理、威胁情报、UEBA、多维态势可视化、专家分析和处置联动等模块，为客户搭建企业级安全数据中心，提供安全分析决策的数据支撑和安全运营监管的服务保障。

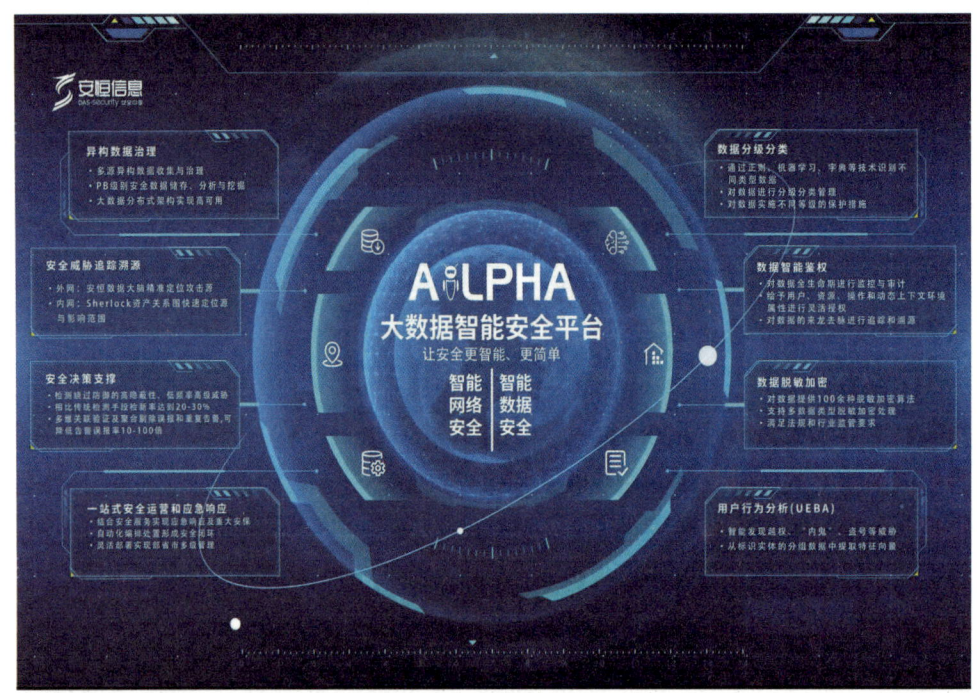

AiLPHA 大数据智能安全平台

近年来,安恒信息聚焦于城市安全大脑和安全运营中心的建设,打造数字化转型下数据安全管控新体系,助力政府数字化转型、数字经济产业发展。通过建设某区域的数据安全管控平台,实现对全域政务信息基础设施、政务云平台、政务信息系统和政务数据的立体安全防护。随着多个大数据资源管理机构的落地,进一步检验了顶层规划的专业性和可靠性,逐步实现从"基于系统的安全防护"向"基于数据的实时管控"转变,最终构建全市域"多维联动、立体防护"的数据安全管控体系。2019年12月10日,在浙江省智慧城市2019年度高峰论坛上,AiLPHA数据安全管控平台获得"2019年度浙江省数字化赋能智慧城市发展·优秀成果奖"。

二、推动服务供给变革

"云、大、物、智"的技术变革洪流,不仅催生了网络信息安全的场景变革,也对网络信息安全服务的供给方式提出新的更高要求。

近三年来,安恒信息敏锐捕捉网络安全形势、政企用户需求的趋势性变化,从提供专业产品向提供专业服务模式转变,为用户提供从安全规划、安全设计、安全建设到安全运营的一站式专业安全服务,引领推动网络信息安全服务供给方式的深度变革。

目前,安恒信息构建了包括SaaS云安全服务、专家级服务、智慧城市安全运营中心服务等在内的完整服务体系，基本覆盖了不同行业及不同发展阶段客户的网络信息安全需求，具备了业内领先的综合服务能力。

1. "SaaS 云安全服务"

安恒信息风暴中心推出的 SaaS 云安全服务模式，是国内较早利用云计算来提供集约化安全能力的服务创新模式，实现了云监测、云 WAF、云 DDoS 清洗以及云端威胁情报的服务能力。

所谓云监测服务（先知），是一款面向网站、在线业务系统及手机 APP 等线上业务的云端监测服务。用户订购云监测服务后，不需要部署任何设备，公司可在云端主动发起远程监测行为，并配套了全程不间断的专业安全运营团队进行人工核验辅助，帮助检测系统漏洞、诊断系统服务质量并实时监测系统安全状态。

以自主研发的核心产品之一——SaaS 云安全防护系统玄武盾为例。作为国内首家符合等保三级要求的云防护平台，是安恒信息深耕安全防御领域输出体系化的安全产品。该产品提供全方位安全监测并进行体系化智能防护。例如，能提供 24 小时全面监测服务，并进行每日数亿次的流量访问清洗等，以确保让威胁无处可藏。产品一经推出，即受到业界与市场的普遍认可。

随着市场需求的不断激发，安恒信息在 SaaS 云安全服务模式上也不断深化，提出了全方位的云上安全保障方案，以强化服务价值。以在线业务系统及政府门户网站的特点与安全威胁服务为例：2017 年和 2018 年，安恒信息分别承载了山东省人民政府和山东省广电等重要在线信息系统的信息发布与传播的护航工作。安恒信息针对服务单位的从业属性，从网络资产测绘、远程云安全监测、远程安全防护、威胁情报跟踪、在线安全托管等多个维度为用户提供 7×24 小时不间断的安全服务，为当地政务信息公开、社会信息同步起到非常重要的作用。

据悉，通过全网资产库对威胁事件进行单位定位，对全国重点资产进行安全事件的检测，及时发现网页篡改网站，安全事件检测引擎准确率基本可达 100%。2019 年，安恒信息被授予"工业和信息化部网络安全威胁信息共

"工业和信息化部网络安全威胁信息共享平台"合作单位

享平台合作单位",将作为威胁情报的报送单位,积极与工信部共享平台对接,实现批量报送威胁情报。

2. 打造重大活动安全服务"王牌"

经过多年的运营实践和经验积累,安恒信息拥有一支超过300人的专业安全服务团队和"专家部队",均具备一流网络与网络信息安全技术能力和丰富的安全攻防经验。多位服务团队成员具有国际注册信息系统安全认证专家(CISSP)、国际信息系统审计师(CISA)、信息安全注册工程师(CISP)、信息安全管理体系(ISO27001)及主任审核员及高级项目经理(PMP)等资质。

国家重大活动网络安保服务,为安恒信息的"专家级服务"提供了一展身手的最佳舞台。自2008年至今,安恒信息先后参与了北京奥运会、上海世博会、广州亚运会、连续六届世界互联网大会乌镇峰会、G20杭州峰会、厦门金砖会议、青岛上合峰会、上海国际进口博览会、2018年第14届FINA世界游泳锦标赛、世界军人运动会等世界级重大活动的网络信息安全保障工作。

2016年,作为G20峰会网络安保和应急支撑工作的主要技术支撑单位,安恒信息经过360天的精心准备、投入309位技术骨干参与G20峰会网络安保任务。通过企业自主知识产权的最新大数据态势感知系统及应急处置工具箱,工控检查工具箱等二十多种产品平台,为G20峰会网络安保构建了全网全程网络安保和应急支撑监测体系、防御体系和服务体系,经过G20峰会的全程考验,安恒信息圆满完成为本次峰会相关重要信息系统、关键基础设施、省市两级重要信息系统提供网络安全保障的安保任务。

基于前述"云SaaS安全服务"和"专家级服务"的综合叠加优势,安恒信息还探索以体系、平台、人才赋能,打造"智慧城市安全运营中心",向用户提供托管式城市级安全运营保障服务。目前该项服务正处于市场培育阶段,未来前景可期。

三、顺势而为 开创2.0时代

2019年11月5日,上海证券交易所里的一声锣响,宣告安恒信息正式登陆科创板,公司发展2.0时代的大门豁然打开。

"科创板有可能成为中国的纳斯达克,科创板的舞台也鼓励安恒信息今后更加专注核心技术的积累和持续竞争力的培养,为网络强国、数字中国战略服务。"正如董事长范渊在接受采访时所言,在资本的赋能和加持下,安恒信息有望进一步突破要素瓶颈、加大创新投入、集聚发展势能,跑出转型与变革的更快加速度。

1. 坚定押注"云、大、物、智"新时代

安恒信息招股书显示，上市募集资金将投资于云安全服务平台升级项目、大数据态势感知平台升级项目、智慧物联安全技术研发项目、工控安全及工业互联网安全产品升级项目、智慧城市安全大脑及安全运营中心升级项目、营销网络及服务体系扩建项目，并补充公司流动资金需求。从资金投向可见，公司直面"云大物智"挑战、加码"新场景、新服务"的信号十分清晰。

权威研究表明，2020年全球物联网设备联网数量将超过250亿元，远高于当前量级。为此，随着物联网设备的应用增多，其安全形势也更为严峻，安全事件频发，如大量摄像头遭入侵、智能门锁设计存漏洞、智能门锁被破解、智能汽车被入侵、VPNFilter路由器木马爆发等。2018年11月9日，安恒信息重磅发布"物联网安全心"产品。借助物联网安全防御心，确保物联网终端自身安全；借助物联网安全感知心，感知物联网终端自身及周边网络安全；借助物联网安全加密心，实现数据实时加密存储传输，保障数据安全。

以视频监控场景为例，安恒信息针对视频监控网络特点并依据等保2.0基本要求与物联网扩展要求，输出了"基于等保2.0的视频监控网络安全建设方案"，从前端安全、边界安全、网络安全、管理安全四大方面进行层层设计与加固，结合"事前检测、事中防护、事后追溯"的防护理念，通过安全技术以及安全管理体系建立可靠有效的安全体系。

目前，安恒信息物联网安全心产品及系列解决方案已成功应用在全国多个地区，覆盖北京、江苏、浙江、河北、山东等省市区县各个机构。依据等保2.0相关要求，从前端安全、边界安全、网络安全、管理安全多个层次进行综合安全建设，覆盖到事前预防，事中有效防护，事后追溯审计等，为视频监控网络构建了综合的安全防护体系，有效提升了视频监控网络的安全防护能力。

2. 勾勒2.0发展路线图

以成功登陆科创板为新起点、新契机，安恒信息提出了清晰明确的三年发展规划。未来三年，公司将继续保持在网络信息安全领域的研发投入，且不断深化产品和服务结构，持续提升云安全、大数据安全、物联网安全和智慧城市安全领域的竞争力。

安恒信息将通过帮助监管部门利用态势感知平台，实现重大安全风险监测。开发金融风险监测预警平台，并利用态势感知平台承担重大活动的安全保卫工作，针对关键基础设施，提供监测和保护服务，争取成为重大安全风险的监测者。

同时，安恒信息将成为政府数字化转型的助力者及新型智慧城市安全的运营者，利用公司在大数据智能安全分析、云安全防护、数据安全保障等领域的技术优势，为政府数据共享与业务协同的战略任务提供全生命周期的安全监测与防护整体解决方案；并利用在城市数字化、万物互联的发展大背景，依托互联网、物联网和工业互联网三网合一的态势感知技术，结合玄武盾与安全大脑的能力，利用团队多年参与国家重大活动网络安保经验，建立城市级安全运营中心，提供全方位的安全运营服务。

在未来，安恒信息将全面防护工业互联网平台，保护企业数字化过程中终端、设备与云端服务。与物联网运营商共同提升物联网终端安全性，重点投入车联网安全和视频终端安全，做企业数字化转型的守护者。

第三节　怀仁而立，潜行天下

网络信息技术快速迭代，不断放大网络信息安全风险，寰球同此凉热。为更加有力地应对风险，发达国家已然掀起一轮数据法规改革热潮。澳大利亚"数据泄露事件通报（NDB）"、欧盟《通用数据保护规范》（GDPR）、美国加州《加州消费者隐私法案》（CCPA）、加拿大《保护个人信息和电子文件法案》……一系列政策法案的颁布出台或修订更新，凸显了网络信息安全严峻形势对强化政府监管的迫切需求。

近年来随着国际、国内重大网络安全事故的愈加频发，我国政府对网络信息安全的重视程度不断提高。自2013年以来，我国先后设立中央国家安全委员会、中央网络安全和信息化委员会，发布新的《国家安全法》《网络安全法》，制定多项鼓励行业发展的政策，推动我国网络信息安全行业保持快速增长。因此，在进行研发创新和市场开拓的同时，安恒信息积极承担我国网络信息安全产业发展的社会责任，参与了众多国家与行业标准的制定。根据国家发改委正式发布的"2018年度国家地方联合工程研究中心"名单，公司成为"大数据网络安全态势感知及智能防控技术国家地方联合工程研究中心"的依托单位。

网络信息安全正在成为一种需要政府"有形之手"和市场"无形之手"合力提供的必需品。而网络信息安全企业的创新变革和责任担当，是"无形之手"发挥作用的微观基础。

纵观安恒信息的发展历程，企业的使命和价值观已深深融入公司组织体系的肌骨和血液，潜移默化地发挥作用，保证公司发展沿着正确轨道稳步前行，持续不断地为企业和政府数字化转型、人民群众美好生活贡献安恒力量。

一、创新是一种责任

"安于责任、恒于创新"，这句安恒信息每一位员工都耳熟能详的八字箴言，直白而精当地诠释了企业的立身之本。

于安恒信息而言，创新就是一种责任，一种为客户网络信息安全保驾护航的责任，而公司业绩的持续增长，更多是履行责任后水到渠成的结果。为此，安恒信息一如既往重视核心技术研发的作用，并将每年营收的20%作为研发投入。经过多年不断地实践完善，公司形成了围绕以"技术委员会—安全研究院—产品研发中心三级研发管理架构"为核心的全面独特的创新研发模式。"安恒密盾"的创新研发和推广应用,是彰显安恒信息责任和初心的一个绝佳案例。这是一个基于阿里钉钉的移动办公生态系统,为用户的办公信息往来提供加密的安恒密盾,能够确保企业钉钉用户内部沟通协作的信息从通讯链路到钉钉云端的全过程加密,并做到密钥和内容分开存储,双重加密,任何第三方包括钉钉都无法解密。自从2016年上线以来,产品多场景及技术应用实力,得到广大用户的认可,成为钉钉上最受中小企业热爱的应用、最受政府及大型企事业单位信赖以及最佳安全解决方案。

自2016年以来,浙江政务数字化和产业数字化转型风起云涌。然而在转型过程中,信息安全是政府部门和广大企业心头挥散不去的疑云。信息安全牵一发而动全身,若不能彻底打消这些顾虑,数字化转型的步伐必然受阻。安恒信息认为,运用数据安全领域的新技术平衡数据使用与个人隐私关系,进而放大数据价值是未来的趋势。例如,两单位各自都有敏感数据,如果将双方数据进行碰撞、分析之后能够产生重要价值,但是双方都不希望对方拿到自己的原始数据,这种情况就导致了数据的价值无法实现最大化。因此,如今网络信息安全不仅是简单的保驾护航,还关系到政企数字经济转型的信心,作为网络信息安全企业,要通过不断的技术创新,支撑政企全生命周期的数字经济转型。

二、同生共长的一体化人才战略

作为网络信息安全行业的领军企业之一,安恒信息自创立以来一直把人才作为"第一资源",坚持内部挖潜和外部招引并举,通过多种方式吸引、留住和成就人才,实施同生共长的一体化人才战略,为企业自身创新发展打下坚实基础,为中国信息安全人才培养赋能助力。

安恒信息成立了安恒大学,协助公司创新人才进行职业生涯规划,建立包括人才等级评聘、岗位任职制度、重点员工培养计划等,使公司创新人才在发展方向上,拓宽发展面,保证核心骨干员工的稳定。公司还创建了网络空间安全学院,从四个维度助力网络信息安全人员技术能力的提升。第一,网络空间安全学院依托公司自身领先的产品和服务,把产业资源、行业案例,以及成熟的项目经验进行整理,并相应转化为教育资源,实现公司内部知识沉淀和传递;第二,通过公司业务对接安全服务实际需求,使安全技术人员在线承担安全服务,理论结合实践进行检验;第三,构建在线考核和竞赛服务平台,通过多轮考核竞赛的方式使技术人员对自身水平有精准定位,为安全服务人员进行技术能力画像;第四,通过与各类招聘网站进行在线对接,为安全人员进行第三方能力背书,在为公司培养安全专业技术人才的同时,也能够实现对外培养输送。

在自身培养网络信息安全类专业技术人才的同时，安恒信息还与全国60多所高校建立了各种形式的校企合作，协助培训专业网络信息安全人才，如与浙江大学、北京航空航天大学等985高校一起培养高端网络信息安全人才，也与温州职业技术学院等专科类学校培养网络信息安全一线工程师队伍，为完善国内网络信息安全人才梯队做出贡献。

在激励创新措施上，企业成立"安恒信息创新专项基金"，并设立优秀员工、安恒之星、安恒战士、安恒工匠、总裁特别奖等各类奖项，对在硬件设计工艺创新、服务模式创新、销售模式创新、安全研究创新、产品研发创新过程中有突出贡献的员工予以奖励。

三、使命至上，护航数字经济

当前，在经济新旧动能加快转换的宏观背景下，数字经济已成为抢占未来发展制高点的战略机遇，也是推动经济高质量发展的重要引擎。保障信息和数据安全，是发展数字经济的基本要求和先决条件。为数字经济发展保驾护航，使命担当重于千钧。

安恒信息秉承"助力安全中国、助推数字经济"的企业使命，以"诚信正直，成就客户，责任至上，开放创新，以人为本，共同成长"作为企业价值观，不断提高核心技术创新能力，致力于成为一家具有优秀企业文化和社会责任感的新时代网络信息安全产品和服务提供商。一个行动胜过一打纲领，安恒信息早已投入躬身实践。公司广泛开展外部合作，积极参与国家级、省市级重大科研计划和标准制定。基于安全研究院对网络信息安全领域的前沿探索能力和产品研发中心强大的产品开发能力，公司以明鉴事业部、安全研究院、风暴中心、AiLPHA大数据实验室等研究性部门为载体，先后与北京航空航天大学、北京联合大学、浙江大学、浙江工业大学、浙江工商大学、杭州电子科技大学、杭州师范大学、南京邮电大学等国内多所高校开展全方面的科研合作，参与相关科研项目筹划和研究工作。激励科研人员积极创新、自主研发，完善合作机制，充分利用社会创新资源，降低创新风险，提高创新成效。

在国内各级政府的肯定和支持下，安恒信息已承担"国家发改委信息安全专项""工信部电子发展基金项目""科技部火炬计划""科技部网络空间重点专项""浙江省重点科技专项"等多项国家级、省市级重大科技计划项目。与此同时，公司还参与了9项国家网络信息安全、4项行业技术标准的研究制定，积极引领技术标准在网络信息安全产品中落地。公司产品在技术持续领先、功能不断丰富的同时，全面符合国家规定以及行业内部的技术规范。

怀仁而立，潜行天下，为网络空间营造一片澄净的天空，助推中国数字经济一飞冲天，安恒信息在奋力奔跑。

董事长专访

"无我" 成就 "大我"

——杭州安恒信息技术股份有限公司董事长范渊

《样本》：您觉得目前数字产业或者数字经济在国内面临哪些主要挑战？

范渊：从某种意义上来说数字经济就是新一代的信息技术、通信技术，在呼吁高质量发展的时代背景下，这个使命很清晰，就是新场景、新技术及新赋能。面临的挑战有三方面。第一，它是一个融合、跨界的领域，我们应用它以后的效果需要一段时间才能看见，这对我们的信心、愿景及企业文化来说都是一种挑战；第二，从技术角度考量，企业应该思考怎样才能让大家用得起、用得好；第三，就是我们要重新认识安全在数字经济中的地位。信息技术对百姓来说是隐私，对企业来说是机密，安全工作的实施直接影响到社会对进行数字化转型的信心。除了政府引导和政策之外，以上我讲的这些都是数字经济推行需要解决的问题。

《样本》：在共建信息安全生态的过程中，您觉得信息安全服务商和作为客户的政府、企业应该如何定位，才能形成强大合力？

范渊：对安恒信息来说，首先需要站在一个大我甚至无我的角度来看待这个问题，安全本身是不创造价值的，但它在新场景的应用中产生了不可或缺的价值。这需要对自身有一个非常清晰的定位，我们在科创板上市选定编号688023时就有这方面的思考。首先，688是科创板固定的数字，0代表无我，以无我的心态去赋能新时代的安全，23是"二生三，三生万物"，我们要将安全赋能到越来越多的产业及场景中。从其他赋能、提供服务的企业角度来说，都要有这个心态。其次，是被服务的、需要转型的企业，要去相信"相信"的力量，因为在这个转型过程中，会面临很多困难。对政府来讲，我觉得需要去思考怎样用无形的手让生态的这一侧来服务于需要转型的产业，政府的宏观调控是很重要的，要落实到产业转型中，在做出决策时要考虑到整个产业链和产业生态环境的状况。只有以上这几点都做到了，才能达成健康的未来产业格局。

《样本》：只有具备正确价值观和使命感的企业，才有可能成为伟大的企业。安恒信息从创立到现在，一直高度重视企业价值观构建和社会责任履行。在此方面，有哪些代表性的案例？

范渊：有挺多的。因为安恒信息从落地起就有与生俱来的使命感，笃行"安于责任，恒于创新"。当时我在美国硅谷也有一份很不错的事业，但是在工作过程中看到了国内网络安全建设的不足和需求，出于这样的初心才回国创办了安恒信息。

之前，我们的网络安全产品与服务也运用到了公安系统、政法系统、奥运会以及其他企业中，那是我们履行社会责任的初步体现。公司在建立的前六年可以说都是比较惨淡的，但国内的网络安全防护建设需求让我们有种使命感，每年在研发投入上都不遗余力。随着国家对网络安全建设越发重视，以及浙江地方政府给我们的支持，安恒信息才日益壮大起来。2012年，在中国移动运营商系统里取代了IBM的安全系统，真正实现国产化的技术能力取代了国际产品。整个安恒信息的发展轨迹其实也是国内信息安全行业的发展缩影，每一次国内的重大会议也是我们的练兵之际。2019年国庆阅兵式，我们很荣幸受邀参与网络安保工作。我在参加阅兵仪式的过程中也产生了一定的感悟，首先是没有忠诚无所谓担当，没有能力无所谓担当，没有大我无所谓小我。

在公司招股书中也提到我们致力于互联网安全、人工智能安全各种场景化的保障，也是为社会、企业发展的赋能担当。目前，在数字社会转型之际，政府、社会、企业都对自己转型之路上的安全有所担忧，而安恒信息要做的就是让大家安心地进行数字化转型，在提供网络安全服务的过程中也体现了对数字化社会转型过程的社会责任履行。

《样本》：安恒信息的logo像一条抽象的龙，选择这个元素有什么寓意？这与企业所秉持的价值观有哪些相通之处？

范渊：2018年7月，安恒信息启用全新logo。在主元素上，依然延续了原logo中的"龙"形元素，并进行了优化设计——采用刚柔并济的线条将其勾勒，在传达安恒信息以谦卑姿态服务客户的企业文化同时，展现其在领域内的掌控与带领。

安恒信息企业logo

此外，整个"龙"形的勾勒走向呈现大写英文字母S，取自security（安全）的首字母，并透过中间留白的方式，意象勾勒出logo的外形——"眼睛"形状，从而双重传达安恒信息"感知"和"预警"的企业属性，并与服务客户的完美契合。

龙在中国具有特殊的意义，代表君子为家国而无我的奉献精神。所以，儒家五经之首的《易经》第一卦所表达的道德精神："天行健，君子当自强不息；地势坤，君子以厚德载物"已充分说明。而无论是飞龙在天，见龙在田，或腾跃而起，或退居于渊，都应该保持这种精神。做企业也是这样，当自立自强全力以赴，也要胸怀天下抚育万物，这是安恒人追寻的境界，也是安恒信息应有的风骨。

互联网虽然是虚拟世界，但却是真实存在的。网络安全无处不在，这里的"无处不在"有两种含义，一种是字面上的意义——哪里都有我们的身影，城市交通、银行、医院、摄像网络监控……我们聚焦城市大脑；另一方面，大家每天工作、出行、休闲娱乐，大多数人的确感觉不到我们的存在，但我们又是现代社会，尤其是数字化转型时代的中国不可或缺的要素。身怀责任，于无形中为公众、为社会保驾护航，这是我们的价值理念。

网络安全行业本身是一个没有硝烟的战场，越是不见风浪越是隐藏危机。国内网络安全行业的发展壮大，就是为了建设网络强国和推动企业、政府、社会进行数字化转型，它在发展过程中保护的是我们国家、企业最重要、最有价值的部分。安恒信息在网络安保过程中取得的累累硕果，其实就是履行社会责任的最好体现。

专家点评

安于责任，恒于创新

"没有网络安全就没有国家安全。"2018年，习近平总书记在全国网络安全和信息化工作会议上如是强调。作为事关国家安全和国家发展的重大战略问题，网络安全和信息化已经成为新时期国家安全的重要组成部分。

"人在干、数在转、云在算、安全在路上。"在中国网络信息安全行业，安恒信息董事长范渊是当之无愧的先行者——2005年国际扬名，2007年归国创业，2015—2018年企业连续四年成为全球网络安全创新500强，2019年他又带领安恒信息登陆科创板。既是科学家又是企业家的范渊，参与、见证并共同创造了中国网络信息安全十余年的发展与崛起；而安恒信息一路披荆斩棘的成长路径，在一定程度上代表了这个领域企业家们的成长轨迹，同样也代表了中国信息技术快速创新发展的道路。

在安恒信息的调研，所感所动容之处，是范渊董事长的胸怀和爱国的赤子之心：学业有成、必怀家国之心；坐得板凳十年冷，只为科研创新之青云志；责任为先，十年一日耕培中国网络安全人才之践行。这些，真正铸就了安恒信息的根基和灵魂，积蓄企业未来发展之无限动能。

所谓创新，安恒人的解读是，以责任为基石才具真价值。这是深埋于企业"无我成就大我"的基因与使命感。由此，才有了安恒勇于创新的源动力与方向，也就有了安恒人引以为豪的强大的研发实力和持续的产品创新——企业每年营收的20%作为研发投入，并采用研发中心和研究院双线驱动机制；在2007年成立之初，即推出市场首创产品"数据库审计与风险控制系统与Web应用防火墙"，仍持续多年市场份额位居行业前列；至今，企业所自主研发的众多核心技术，在应用安全和数据安全市场都处于行业领先地位……一项项数据，无不昭示着安恒人创新的决心与恒心。因为这样的实力和责任担当，安恒成为国内诸多大型活动（事件）的网络安全护航者，众多国家与行业标准制定的主要参与者。但安恒人的目光，不仅限于此。在所有荣誉和商业的背后，还进行着一个更为持久的"百年树人"计划。

网络信息安全是典型的人才密集型行业，而人才恰是中国网络信息安全发展中的一大痛点。创业之初，范渊董事长带领公司团队，就开始探索适应于中国市场的网络安全人才培养计划。发展至今，安恒信息逐步摸索出以企业独有人才的专业培养结合市场服务实践经验，将产业资源和行业案例转化为教育资源，通过编撰教材结合实践更新，建立了一整套当今社会对网络信息安全急需的人才教育与培养体系。为企业培养人才的同时，也为社会源源不断地输送网络安全人才，促进整个行业的共同进步与发展。

安恒信息长期与各大高校实验室建立研发合作，并在企业内部创办了安恒大学和网络空间安全学院。不仅通过实际业务考验，构建在线考核和竞赛服务平台，帮助技术人员进行精准定位和针对性培养；还协助高等院校编辑出版诸多案例与教材，实现企业内部和市场教育体系同步的知识积累与传递。这种双向互动、理论与实践相结合的人才建设，十数年如一日，难能可贵。

却顾所来径，苍苍横翠微。十多年的磨砺，让而今的中国网络信息安全逐步从"幕后"走向"台前"，在数字经济时代里扮演着越来越重要的角色，推动企业、政府、社会进行数字化转型，助力国家经济腾飞。安恒信息也站在了新的高度与起点，迎接新的机遇与挑战！

林　环　上海长三角商业创新研究院理事、研究员

第五章
创建数字一体化服务生态
——优刻得科技股份有限公司

- **楔子：** 为与不为的坚守
- **企业概况：** 国内领先的中立第三方云计算服务商
- **创新解读：**

    第一节 "云"上的世界

    第二节 虚实进化

    第三节 从追随者走向引领者

- **董事长专访：** 帮助梦想者推动人类进步
- **专家点评：** 理想主义者

楔 子

为与不为的坚守

　　孟子说，人有不为也，而后可以有为。

　　在优刻得公司身上，从该从企业的"中立"定位说起。为了在大鳄云集的云计算市场构建差异化的品牌蓝海，逐渐在发展中以"中立"占领差异化的认知，从而构建自己的数字一体化服务生态。"优刻得中立云，不和用户竞争的云"即是品牌口号，更是企业发展战略。正如习近平所著《之江新语》一书中的《要有世界眼光和战略思维》一文所说，"站在战略的高度，善于从政治上认识和判断形势，观察和处理问题，善于透过纷繁复杂的表面现象，把握事物的本质和发展的内在规律……始终把全局作为观察和处理问题的出发点和落脚点，以全局利益为最高价值追求"。面对错综复杂的局势、资源资本的弱势，优刻得从实践中提炼的"为"与"不为"，显得尤为准确、及时，谋以全局。

　　"嗜小利，不能立大功；存私心，不能谋公事"。"为与不为"的坚守，诞生于企业构建自己的数字一体化服务生态的发愿里，并逐渐在实践里雕琢出了"自觉"与"自警"的反射系统。据悉，在项目中遇见关于利益与"善"的抉择中，企业果断"出击"，不沉默、不怯懦、不断自查与内省，在实践里自警于系统的安全，自觉为生态同盟共建良好环境，也为企业留下了一份美好的坚守和受人敬重的底线。

> 企业概况

国内领先的中立第三方云计算服务商

优刻得科技股份有限公司（以下简称：优刻得）成立于2012年3月，是国内领先的云计算服务平台，坚持中立，不涉足客户业务领域，致力于打造一个安全、可信赖的服务平台。2020年1月20日，优刻得（股票代码：688158）正式在上交所科创板挂牌上市，成为中国云计算第一股，同时是中国A股市场第一家同股不同权的上市公司。当天开盘价72元，市值接近300亿元。

作为国内首批通过工信部可信云认证的云服务企业、国内首家推出全球节点CDN加速服务企业，优刻得自成立以来，秉持"用云计算帮助梦想者推动人类进步"的企业使命，公司自主研发IaaS、PaaS、大数据流通平台、AI服务平台等一系列云计算产品，并深入了解互联网、传统企业在不同场景下的业务需求，提供公有云、私有云、混合云、专有云在内的综合性行业解决方案。同时，深耕用户需求，秉持产品快速定制、贴身应需服务的理念，推出适合行业特性的产品与服务，业务已覆盖包含互联网、金融、新零售、制

2020年1月20日，UCloud优刻得科创板上市

造、教育、政府等在内的诸多行业。

一、自主研发，创新成长

科技创新，人才是关键。作为国内较早开展云计算领域技术研发的公司之一，优刻得重视人才体系建设，实现研发人才优势打造。截至2019年6月30日，公司在册员工总数为1046人，其中研发人员539人，占全体在册员工的比例为51.53%，并且形成了橄榄型的庞大技术人才团队。截至2019年12月31日，优刻得作为申请人，已提交了93项国内发明专利申请，目前已获批26项。此外，企业还在美国提交了2件发明专利申请。凭借出色的技术创新能力，优刻得获上海市科技进步一等奖及可信云等多项权威奖项。

近三年来，优刻得研发投入占营业收入的比例均保持在10%以上。持续投入提高了公司的研发能力，丰富了公司的产品储备。逐渐形成了围绕公有云IaaS、基础PaaS产品的较全面的技术能力和产品储备，并逐渐向混合云、下一代PaaS、大数据、人工智能领域拓展。目前，公司的云计算产品线包括计算、网络、安全、数据库、中间件、存储、内容分发、大数据、容器、无服务器化计算、物联网IoT、人工智能等十几个大类共80余款产品，拥有可以完全取代传统IT架构，支持全套云原生应用的产品线。在对互联网及传统企业客户的需求进行充分调研的基础上，公司推出了面向互动娱乐、企业服务、移动互联等互联网行业以及传统金融、新零售、智能制造、教育等多个行业的云计算系统解决方案，形成了完整的系列产品线。

二、以客为先，赋能生态

优刻得深耕用户需求，秉持"客户的需求就是我们下一个产品"的理念，经过持续不断的研发投入和产品迭代，形成了完善的云计算产品线，也形成了多行业定制化服务能力。在业务推进中，推出适合行业特性的产品与服务，业务覆盖包含互联网、金融、教育、新零售、医疗、政府等在内的诸多行业。

同时，优刻得十分重视与合作伙伴的产业联盟建设，一直以来始终坚持"中立"的定位，并与合作伙伴协调发展。2019年5月，优刻得公布了"+U合作伙伴计划"，强调"UCloud不做业务，不和用户竞争；不做应用类SaaS，天然不会和合作伙伴竞争；坚持中立、纯粹做云，天生被集成，将以云计算为基石和底座，全面聚能产业链各方力量，共同推动产业互联网的发展"。目前，优刻得已经与中国移动、中航信、北京政务云等客户进行了深度合作。

除了不断赋能平台客户与合作伙伴，优刻得还以"发展经济、服务社会"为宗旨，围绕"活力和谐企业"的工作目标，不断提升企业社会责任：日常除自觉进行社会公益项目的承担外，还基于自身平台领先技术优势，广泛整合各类产品和服务资源，为互联网创业企业量身打造资源聚合扶持平台，构建创业生态圈，实现企业与社会的双赢。2018年，优刻得通过层层审核入选上海"企业上云专业服务平台"，根据"政府补贴一点、平台让利一点、企业支付一点"的原则，帮助更多的中小企业上云。本次项目成功帮助306家上海市中小企业上云部署，并为其提供上云技术辅导和实操训练等服务。在"上海市企业服务云"平台好评率100%。

作为赋能型高科技平台型企业，优刻得始终聚焦科技创新的尖端和前沿领域，不断加强关键核心技术的攻关突破。未来，公司将重点为新兴科技企业、转型传统企业等国家重点发展领域提供更加灵活、定制化的云计算服务，为新兴产业的发展和传统产业的优化升级赋能。

> 创新解读

第一节 "云"上的世界

云计算，属于高技术、高投入且回报周期长的高度资本密集型行业。以国内公有云领域的巨头阿里巴巴为例，从2015年开始自建数据中心，布局自己的云计算数据中心格局，预计投入超过700亿元；腾讯2018年启动大规模数据中心建设，预算金额超过1000亿元。

云的到来，也为企业带来了另一种高效运作的方式：只需轻点指尖或通过脚本即可让需求方自助搭建应用所需的软硬件环境，并根据业务变化可随时按需扩展和按量计费，再加上云上许多开箱即用的组件级服务，这对许多企业来说有着莫大的吸引力。云计算，逐渐成了信息化的基础设施和发展数字经济的重要引擎。据IDC数据，2016年到2021年全球公有云服务和基础设施支出的五年复合增长率将达21.9%，总额为2770亿美元。其中，2018年为1600亿美元。

如今，随着基础设施全面云化、IT核心技术互联网化、业务数据化和智能化的趋势越来越明显，未来各行各业会有越来越多的业务应用从诞生之初就生长在云上。

一、巨头们的超级竞争

云计算在中国的缘起，最为大众所知的事件，是2008年前微软亚洲研究院常务副院长、如今的中国工程院院士王坚进入阿里巴巴担任首席架构师，筹备云计算。从最初的质疑、争议不断至如今的"全面上云"商潮，云计算在中国的发展，已从先驱布道、应用探索逐步发展为成熟应用层面。

其实在2010年3月的中国IT领袖峰会上，BAT大佬就曾针对云计算进行了第一次"华山论剑"。三位大佬当时的态度，在一定程度上影响了现如今中国云计算基础设施市场的格局——马云看好力挺，马化腾觉得为时过早，而李彦宏则不看好。

经过十数年的发展，云计算的商业服务实现了从单一的以应用搬迁上云为主到重塑从软件架构设计、开发、构建到交付的整个生命周期的发展与突破。且随着新一代信息技术的加速融合和云计算技术的突破应用，云计算的部署形态不断丰富，服务组合方式更加多样灵活。时至今日，亚马逊、阿里云、腾讯云等头部云计算服务商占据大部分市场份额，以优刻得为代表的云计算创业者们也有不俗的表现。

相关数据显示，随着云计算产业垂直行业的纵深场景化，中国云计算市场规模将保持高速发展，预计2020年市场规模将有望突破600亿元。"中国云"的蓬勃发展，极力创新助力中国经济的转型升级，推动中国在世界的竞争中，更好地把握机遇、规划未来。

二、化云为雨，探路蓝海

玛丽·米克尔2018年发布的《互联网趋势》报告中指出，自2006年云服务集中爆发后，行业生产成本一直在下降。报告认为，计算能力越来越强，存储容量越来越便宜，连接与数据共享越来越廉价，这都将成为行业快速成长的驱动力。根据IDC的报告，2017年公有云的支出为1072亿美元，2013—2017年均复合增速为23.5%。云计算及其服务，逐步受到普遍认可，在诸多领域得到广泛应用。

在中国，2018年的《政府工作报告》中明确阐述，要"推动大数据、云计算、物联网广泛应用，新兴产业蓬勃发展，传统产业深刻重塑"。2019年7月发布的《云计算发展白皮书（2019）》显示，2018年中国云计算整体市场规模达962.8亿元，较2017年增长39.2%。

2020年，5G全面走向商用，AI产业化进入深水区，企业数字化转型换挡提速……产业互联网将加速爆发。市场蓝海，不言而喻。

但随着云服务市场的增长及应用的广泛与深化，私有云、专有云等案例的落地，"云+

CEO季昕华演讲——2015TiC用户大会

AI"成为新趋势等因素的推动下，中国云计算逐步深入科学研究、企业服务、工业、交通、能源等各行业，这为中国的大小云计算厂商带来更多的机遇和挑战。尤其是头部公司之外的成长中的企业，以更敏锐的市场洞察力和更坚定的远见，清晰地明确自身的优势，迅速调整定位，锚定各自的战略中心和突破点，纵向深耕产业链条，实现了自身的快速成长。优刻得作为较早一批进入市场的云计算厂商，以先发优势抢得市场先机，在头部公司尚未进行大规模扩张时，立足团队优势技术，通过服务互联网企业为业务突破点，并在服务中深入了解客户需求和痛点，建立了业内公有云第一支直销团队，实现了自身的快速成长，占领市场领先地位。面对激烈的市场竞争和传统行业的市场空间，优刻得也积极探索、建设新的发力点努力打造第二条"成长曲线"。

传统行业是各家云计算厂商都想拿下的市场蛋糕，其中政务、金融、零售、教育、智能制造等领域都是重点市场，智慧城市话题火热，在全国各地正掀起建设热潮。

除了采取错位竞争，发掘市场新契机成了竞争核心外，优刻得更加注重在自身生态体系内建立更广泛的产业同盟，与上下游进行全连接生态打造，协同发展。这一策略，为他们的业务能力建设、业务拓展和市场深耕创造也带来了新的机会和希望。在发展中，越来越多的企业开始倾向于追求数字化商业战略。

第二节　虚实进化

据招股书显示，优刻得主要产品为公有云中的 IaaS 产品，为企业及开发者提供计算、存储和网络等基础资源支持。在市场分类中，正是被定位于"创业者"这一群体。"UCloud 发展过程中，每天都在与阿里云、腾讯云这些巨头的竞争中度过。"在近八年与巨头市场竞争的考验中，优刻得逐渐突出重围，形成自己的独有特色。

一、让"硬核"科技落地的创新路径

云计算的"新"，让市场空间仍足够大，为创业者们带来无数的机会和无限的可能。同时也意味着，所有的探索和规则都有待形成和建立。企业没有太多固有经验资源可借鉴，只能在实践战场中，面向用户需求提供创新产品和优质服务。面对问题、解决问题，真刀真枪地一点一点搏杀。在激烈的竞争中，凭借着"硬核"的科研团队高强度、高贴合度无缝对接研发"创新产品"，优刻得以优质的"贴身服务"助推产品硬核落地，建立独有的运营管理体系和服务体系，实现产品价值的激发及经济效益最大化转化。

技术硬核，是优刻得实现技术创新的根本。在保持市场前瞻和技术领先的基础上，秉持着"客户的需求，是我们下一个产品"的产品理念进行创新开拓与研发，成为他们得以快速持续发展的根本所在。

优刻得成立之初，正是国内手游爆发初期，创始团队凭借对游戏行业的深刻了解果断抓住了移动游戏这一互联网风口。针对移动游戏行业，迅速推出了适用于移动应用的解决方案切中用户痛点。随后，优刻得持续不断创新，推出了高包量云主机产品、内核热补丁修复技术等一系列产品，极好地为游戏客户提升了游戏玩家的体验。经过游戏行业的技术和运营经验的积累，优刻得将技术沉淀和运营经验迅速推广到包括互联网金融和新零售、制造、教育、政府等在内的诸多行业，推出众多适合各垂直行业特性的产品与服务。这样的创新成长路径，让企业迅速得到用户和客户的认同，实现快速成长。

针对海量需求，UCloud 在 2019 年 5 月发布"快杰"新一代云主机。"快杰"新一代云主机在计算、网络和存储三大领域进行了全面升级。平台运算性能提升 16%；云盘 IO 性能提升 50 倍，IOPS 最大可达 120 万，顺序吞吐提升 18 倍，延迟降低至 0.1ms；内网转发能力达到1000万PPS，外网最大带宽提升至10G，为上一代的10倍。可为视频渲染、视频弹幕、MMORPG游戏、Oracle/SQL Server数据库等高性能业务场景，提供更高性能的基础能力。

企业内部的私有云、垂直行业云或园区云、政务云、智慧城市等场景，通常会受到安全和合规的限制，短期内无法迁移至公有云平台，但是又有云化或是虚拟化的需求，面对这一类需求的应用场景，优刻得研发推出了UCloudStack新一代轻量级IaaS平台、UCloudStack私有云及超融合一体机，基于高性能的虚拟化核心、分布式存储、云管理平台等六大核心能力，提供完善的IaaS产品，延续公有云简单易用的使用习惯，并能横向规模化扩展弹性扩容，实现快速交付，降低用户拥有和使用成本，提高运营和管理效率，为政企用户提供了快速上云的新选择。目前，UCloudStack已为北京市政务云、泉州移动企业云、富士康工业云等用户提供服务。

混合云融合了公有云和私有云，在企业级市场中大行其道。早在2014年，优刻得就洞察到了用户对于混合云的需求，在业内最早推出云主机和物理服务器混合部署的混合云解决方案，并受到众多客户的认可。除了移动游戏行业之外，优刻得混合云方案还被广泛应用于移动APP、移动广告平台和Web应用之上。同年的GITC全球互联网技术大会上，优刻得混合云解决方案荣获"2014年度互联网最佳技术创新"；在2017年的可信云大会上，优刻得混合云解决方案也首批通过认证。如今可以提供"无界"混合云解决方案，通过"公有云+私有部署+专线网络"方式为客户提供行业解决方案，并成功应用于小天才手表、有赞、名片全能王、孩子王、春雨医生、沈阳机床厂等客户，并获得市场的认可。

UCloud优刻得客户案例

好产品自有市场需求，更需要好的运营。不然，产品不落地，再硬的技术也只能束之高阁。在实践运作中，优刻得开发了一套独属于自己的产品服务方式，与客户共生共荣，一同成长。

以客户为中心，对企业销售而言是最普遍的要求。优刻得则是结合自身优势，在落地探索中发现独属于自己的最优路径。创业之初，为更深入地了解客户需求和痛点以拓展市场，优刻得建立了业内公有云第一支直销团队，实现了从0到1的突破。在销售体系内设置客户经理，负责组织提供售前和售后服务。在售前是授权架构师给用户去做前期咨询，售后是工程师帮用户做成本优化。并且在服务中，创新性地提出了"90s"客户响应制度，确保了客户服务的优质。

90s响应的背后是UCloud一套完整的服务体系。首先，企业有一个基础服务底座"铁三角"：客户经理、架构师、服务经理。并将客户经理、架构师和服务经理置于同一个事业部内，从与客户打交道的最前端，到研发、服务的后端，全部串联在一起，随客户需求而动，快速响应，紧密协同。强大的"铁三角"，使得优刻得始终紧密结合用户业务痛点，持续迭代匹配行业用户的产品&解决方案，铸造自身差异化壁垒。同时，企业完整服务体系的建立，也在为整个传统行业提供参考，赢取更多传统企业信任，真正让云计算成为传统企业的基础资源。

随着中国云计算行业进入产业互联网时代，虽然用户群体变了，传统产业成为云计算的主流用户，但是服务理念一以贯之地传承并发展着。如今，优刻得数百人的直销团队，仍然秉承其独特的贴近产业用户的服务方式，服务全球上万家企业级客户。

灵心胜造物，巧手夺天工。优刻得深耕云计算领域，以自主创新之志，紧握时代脉搏和市场需求，实现产品的硬核开发和"硬核"落地。蓄八年之功，展宏图之志。

二、"软实力"硬着陆的新探索

截至2019年12月31日，作为唯一申请人，优刻得已经提交了92项国内发明专利申请，其中25项已获批。此外，还在美国提交了2件发明专利申请。不仅如此，优刻得获得授权的专利，皆为专利类型中含金量最高的"发明专利"——与"外观设计专利""实用新型专利"等其他类型相比，授权条件更加严格、对技术创新质量要求更高。除了发明专利外，企业还申请了数十个软件著作权。优刻得相关负责人还表示，还有很多核心技术因专利要求公开技术信息，鉴于部分核心技术需作为商业秘密进行保护，并未对外进行公示。

优刻得招股书（注册稿）显示，企业2016—2018年的三年累计研发投入，占三年累计营业收入的14.35%,高于同行业可比公司9.17%的平均水平。公司的云计算产品线包括计算、网络、安全、数据库、中间件、存储、分发、大数据、容器、无服务器化计算、人工智能等十几个大类共80余款产品,拥有可以完全取代传统IT架构,支持全套云原生应用的产品线。

作为技术驱动型公司,优刻得在云计算业内树立了"技术流"的形象。这背后的强支撑,是优刻得公司独有的文化体系在人才建设上的"硬核"落地。

"成为一家受人尊敬的云计算公司"是优刻得的企业愿景。这样的愿景,和企业使命、价值观一样,通过自上而下、自下而上双向互通,通过各种活动和流程,被确确实实地落实在了干部和员工的日常行为考核里。

优刻得对近千名员工以每一个组织为单位进行了细致的工作内容规划。这在一定程度上也便利了企业将实际考核标准细化到员工的每一个项目细节里。例如,企业创始人兼CEO季昕华除了主持日常工作,还坚持兼职着几份额外的"培训工作":新员工入职第一堂文化课、85后企业骨干组成的"才俊班"等。这些,都被写进了企业CEO的日常工作绩效内容中。在优刻得公司里,这样的例子不胜枚举。由上而下,皆严格执行,无人例外。通过这样细致的工作方式,让企业的愿景、使命在无形中不停地驱动员工,让员工在潜移默化里主动学习与成长。在企业的员工绩效考核指标里,与企业文化相关的部分占到了30%。

优刻得展厅客户墙

作为成长型的云服务商，业务上具备更加灵活、机动的先天特性。而其中的佼佼者优刻得在管理上实现"使企业有前途，使系统有效率，使员工有成就"的行动纲要，让企业快速成长。

文化的着陆，从来都不是单方面的。就"受人尊重"这一"指标"举例：2019年，优刻得在原先"受用户、员工、政府、社会、供应商及友商尊重"的基础上，增加了"受技术人员尊重"指标。这就意味着企业在技术分享、代码贡献等方面，对自己提出了更高的要求。这其中更难得的是，企业在使命驱动下，进行流程和供应链的不断自查。据悉，多年前"莆田系"医院事件爆发后，优刻得就开始自查体系内的"莆田系"企业。"其实对方的各项资质都是齐全的。"季昕华说道，"但价值观不认同，还是要终止合作。"这样的例子，在外人看来颇有些"傻气"，但对优刻得公司来说，却是做事的根本。秉持着这样的"傻"，优刻得以独有的企业文化激发员工的自豪感与认同感，驱动企业成长。

"科技创新，关键是人才。"季昕华说道。在人才竞争激烈的互联网企业，投入大量资本以支持研发固然重要，但留住优秀的员工、帮助员工走向卓越更是企业快速发展的关键要素之一。优刻得在"软实力"的"硬核"落地上，创新摸索出属于自己的"合适"的方式。

三、构建"美好"成长体系

2019年8月，在中国互联网协会、工业和信息化部网络安全产业发展中心（工业和信息化部信息中心）联合发布的"2019年中国互联网企业100强"榜单上，优刻得凭借扎实的技术优势、稳健的创新能力位列榜单第53名，较2018年榜单提升47名。

优刻得进入云计算行业的8年，也是行业厮杀最为激烈的时期——作为科技创新"底座"的云计算，在探索中实现了从刚刚看到产业机会到成熟的技术应用。这个时期，"云"巨头们在快速布局，以价格战抢占市场、抢夺流量，像优刻得这样的创业型公司，在竞争中快速学习、突破重围、错位竞争，最终占有一席之地，过程不可谓不艰辛。但在科技的人才、技术、业务的硬核指标里，优刻得创造了独有的"成长文化"。并在业务开发、服务体系和产品开发上，走出了一条"中立、安全"的道路，将合作伙伴发展为天然的产业同盟，助推合作伙伴成长的同时，实现企业快速发展。与此同时，也为自己的平台及员工赋予了更多的能量，以柔性的文化和体制激发业务的硬性开发，驱动企业成长。双轮驱动下的优刻得，以一种更美好的姿态，在市场里实现了自我的蜕变与成长。

第三节　从追随者走向引领者

2019年8月14日，在2019年中国互联网企业100强发布会暨百强企业高峰论坛上，优刻得位列"2019年中国互联网企业100强"榜单第53名，较2018年榜单提升47名，驶入发展快车道。

在差异化的市场竞争里，优刻得深耕服务价值链，在持续深化"CBA"战略中，借助创新产品发力政务云、"借力打力"建设的出海战略成效渐显，构建了数字一体化服务生态，逐步推动着企业从追随者走向引领者。

一、深耕服务价值链生态布局

从平台到生态，正在成为云计算行业趋势。优刻得在这方面也早有布局，陆续推出与合作伙伴的"联盟"计划，连接客户、合作伙伴和开发者，打造内生长的生态。而这些将成为企业成长的重要"能量池"。

早在2014年的创业热潮中，优刻得就尝试着推出开放式创业生态平台，并于2015年8月推出企业IT应用聚合服务平台——U市场，为客户提供IaaS层之上部署、组合云服务和应用的能力。

2019年5月，优刻得对外公布了优刻得"+U合作伙伴计划"。该合作伙伴计划包含ISV/集成商、产品&技术合作伙伴、云产品分销代理商三类。例如与行业ISV/系统集成商/硬件厂商合作开发行业解决方案；与运营商、大型企业合作"一站式"输出云能力；与硬件代理商、IT服务商合作云产品市场营销；与技术公司、软件厂商合作打造行业性PaaS平台；与孵化器、园区、投资机构合作扶持创新企业。

优刻得认为，自身的差异化核心能力主要体现在特色云产品、全球化覆盖能力、企业客户资源、技术服务能力四大方面，包括经过大规模验证的专有云、渠道云、合营云、海外云、轻量级IaaS平台UCloudStack、数据安全屋、罗马、数据方舟等全线特色云产品、上万家优质企业客户资源、数百人的直销团队、解决方案及认证培训、覆盖全球的全套云基础设施。以最具实力的特色云产品为例，优刻得可以把拥有超过8年的大型公有云的运营和建设经验输出给合作伙伴，帮助其快速搭建公有云平台。"我们有一种业内稀缺的能

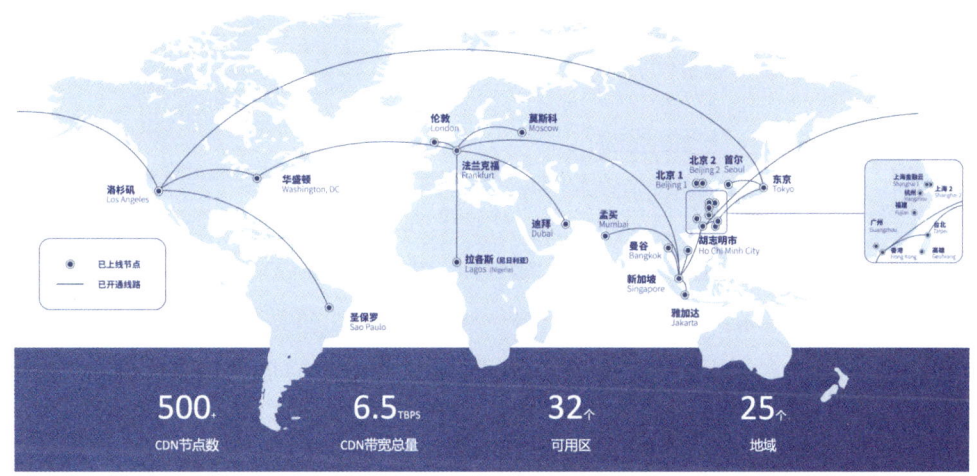

UCloud优刻得全球数据中心布局图

力,可以很快地帮合作伙伴搭建一套大型公有云,而且相对门槛还最低。"

2018年6月,优刻得获得中移资本E轮战略投资,双方在技术、产品、资源、生态等方面的合作,层层递进,逐步深入。中国移动深厚的行业客户积累、营销渠道和服务能力,与优刻得的技术创新形成优势互补,双方的合作既是中国移动"投基础、补短板、筑未来"的战略要求,也是优刻得拓展新业务增长点、升级云服务能力、深耕云计算市场的最佳选择,广泛的合作基础,促成双方在构建中国云计算生态圈上的联合发力。

2019年5月,优刻得联合上海移动发布移动云U版,推动"云、管、端"全布局,积极推动智慧上海建设;与广东移动达成战略合作,助力八大行业数字化转型创新,提供高性能、高可靠、全系列的产品和解决方案;6月,与中国移动广东分公司签署战略合作,双方将以华南地区为核心,进而辐射全国,提供定制化的企业数字化转型创新解决方案;11月,又与中国移动云能力中心签署了云合作协议,双方将充分发挥资源、技术、能力等优势,通过"移动云"统一平台对外服务,充分发挥5G+云的乘数效应,为产业数字化转型升级创造更大价值;12月,又与河南移动签署战略合作协议,共推政企行业云平台建设;凭借在云计算领域扎实的技术实力和丰富的运维经验,2019年优刻得还成功中标中移信息技术"异地多活"云平台试点工程;此外,在移动咪咕视频、新太平洋海缆系统、iSolutions云网融合等项目上,双方也展开了全面且深入的合作。

在中国移动5G+AICDE战略及"云改"的背景下,优刻得作为重要战略合作伙伴,将与中国移动发挥各自资源禀赋优势,面向传统行业客户升级云服务能力,围绕云计算、大数据、人工智能、边缘计算等新技术,探索更多产品和行业解决方案,催生更多新能力、新应用、新场景,共同扩大产业互联网的市场空间。未来,将持续发力,携手更多业内优秀合作伙伴，不断拓展产品的兼容范围，为行业用户提供更多自主、安全、可控的上云服务，助力用户构建稳定、健康的云环境和云生态。

二、水到渠成的"出海战略"

随着国家多项"走出去"政策的推动，中国企业掀起新一轮"出海"潮，在全球开拓更加适宜、更有潜力的市场，实现国际产能合作。作为中国领先中立云计算服务商，优刻得早早就洞察到中国企业"出海"的大趋势，从客户需求、资源投入、技术实力三方面进行积极布局——2013年就分别在我国香港和新加坡开展云计算服务，成为第一批"出海"的国内云计算厂商。

中国互联网、移动互联网产业蓬勃发展，全球化布局对中国企业来说至关重要。对"出海的企业"而言，需要更多本土的云服务商在海外市场提供诸如资源、运营经验和服务对接等支持，以确保企业的市场拓展和快速成长。

针对出海客户快速搭建数据中心及业务数据部署本土化需求，优刻得在携手国内企业"出海"实践中，练成了一套"短、平、快"的黑科技——在当地和用户一起落地成长的"灵活架构"，1—3个月就可以完成海外机房建设。实现创新性服务的同时，实实在在地降低了"出海"企业的运营成本。

针对网络服务的稳定性与连接速度问题，优刻得更是先后上线了韩国、新加坡、泰国、法兰克福、华盛顿、俄罗斯等覆盖各主要地区的数据中心，同时打造了跨域通道UDPN、全球网络加速产品PathX、全球运维管理通道、网络流分析、境外APP Store审核加速方案等一整套全球化运营解决方案。通过这样的形式，全面打通了从数据中心的物理网络到城域网再到广域网，实现了全球一张网，为用户在各国家/地区架起了网络高速公路，大幅减少高峰时期的跨域延时、抖动、丢包等问题，提升跨国网络传输速度，从而提升用户体验，强化企业的核心竞争力。

对于已经在海外部署服务器的客户，优刻得在业务模式上进行更新，提供混合云灵活整合已有资源，提供最低成本的资源部署方案。希望中国企业能将精力专注在核心业务上，而无须考虑海外IT设施可靠性、底层技术方案、服务商沟通成本等问题。

就这样一步一个脚印，通过创新技术和本地服务，优刻得帮助包括游戏、电商、社交、直播、金融科技、智能硬件在内的众多行业出海，使客户在海外落地生根快速发展。同时，优刻得也通过这样的路径方式，水到渠成地实现了自身服务上的成长与海外市场的布局。

2019年1—6月，优刻得境外收入占整体营收的10.79%，海外作为其重点布局地区成效渐显。截至目前，全球可用区数量已达到32个，覆盖全球25个地域，包括中国大陆、中国港澳台地区和欧美、东南亚等地，可用CDN节点数超过500个，全球跨区域专线达到28条。覆盖的国家和地区数量全球领先，遍及东南亚、中东、欧洲、非洲、北美、南美，能够为"出海"的中国企业提供一套完整的云生态体系平台服务。

在布局海外的7年时间里，优刻得服务了香港绿洲、紫龙游戏、宝宝巴士、探探、Blued、前隆科技、心动网络以及携程网、穷游网、抱抱等涉及旅游、社交、医疗、电商、游戏等多个领域的行业顶尖公司。据招股书披露，优刻得因海外布局路径与中国企业出海路径高度重合，并为出海客户提供与国内一致的7×24小时中文技术支持服务，被称为"一带一路上的IT云驿站"。

三、蓄力"CBA"，助力美好新时代

2019年9月，优刻得重磅发布了第一款物联网平台产品UIoT-Core。据悉，该平台架起了IoT设备与云服务之间的桥梁，让物联网用户可以更便捷地实现海量IoT设备上云，可广泛应用于工业制造、物流仓储、智慧港口、智慧家居、智能安防、智慧农业、新零售、智慧医疗、智慧能源等行业，助力产业升级创新。据了解，优刻得与人工智能企业西井科技已经在智慧港口项目上应用UIoT-Core平台，提高港口集装箱调配等运营效率。据高德纳咨询公司（Gartner）预计，到2020年，全球物联设备将超过260亿台。

这是2017年提出"CBA"战略后，优刻得基于大数据和人工智能的突飞猛进而探索、挖掘的物联网市场需求的案例之一。季昕华深知，想要成为领先的云服务商，必须始终紧握时代脉搏、挖掘市场需求，进行前瞻性布局。于公司而言，在大数据和人工智能时代，云平台无疑是"底座"，是无处不在的基础设施，是赋能广大行业的基础性工作；而云上大数据的价值创造，需要以数据全生命周期的打通、数据安全可控的流通为基础和保障；在大数据充分沉淀、深度挖掘和分析、安全流通的基础上，现在大热的人工智能技术才可以充分发挥能量。近两年来，更是以云平台为基础，布局大数据和人工智能产品，不断投入资金和人力进行新产品的研发，发力政务云领域，助力智能美好新生活。

在大数据方面，优刻得以"大数据全生命周期应用"为着力点，打造了UFlink实时计算、USQL数据湖分析等一系列相互贯通的产品和服务，形成了"一站式"大数据应用平台。此外，公司旗下获得国家发明专利的"安全屋"产品，将数据所有权和使用权分离，打通了大数据流通中的最大障碍，在政务数据开放共享中提供了不可替代的价值，成为企业正在培育的第二增长曲线。一方面，"安全屋"实现数据安全共享，解决大数据客户的基础性诉求，市场空间广阔；另一方面，数据共享的前提是要具备数据存储能力和挖掘分

析能力，上述能力需以计算、存储、网络资源为基础，安全屋可以有效带动云计算产品的销售。因此，公司采用安全屋和云计算产品捆绑销售的模式，安全屋是个独特的差异化售卖点，将会有效带动现有云计算业务的快速增长，并不断有案例落地产生效益。

目前，安全屋已在政企数据融合、工业数据打通、金融决策分析、新零售选址等场景落地——与厦门市政府合作建成全国首个大数据安全开放平台；护航中国首届人工智能大赛；支持2019上海国际开放数据论坛暨上海开放数据创新应用大赛。除此外，优刻得还入选河南省工信厅公布"企业上云"服务商名单、入选2019年第二批上海市中小企业发展专项资金专业服务平台。2019年10月11日，在由成都高新区主办的智慧城市建设方案征集大赛暨新经济活力论坛上，优刻得更是凭借安全屋项目，荣获"智慧城市解决方案杰出奖"，持续深化自身在智慧城市领域的影响力。

与此同时，优刻得在人工智能方面的研发建设也在不断强化。企业推出了GPU云主机和GPU可用区，为AI客户和合作伙伴提供海量可用的专用计算资源；同时打造了AI应用开发平台UAI-Train，使AI客户可以聚焦于AI算法的开发、训练和应用，无须关心底层平台。目前企业已为拍拍贷、作业盒子等客户提供AI平台服务。利用UAI-Train，拍拍贷的人脸识别模型训练时间，已经从原来单机训练1周左右缩短为1天，整体算法优化效率提升85.7%。

2019年12月5日，优刻得成为首批上海市人工智能创新中心的七家企业之一。该项目由优刻得牵头，与上海交通大学、洪朴信息合作共建，面向智能制造领域，将加强产学研用在人工智能领域的协同、融合、赋能，推动人工智能在智能制造领域的创新应用。

科技创新，日新月异。在前沿领域，优刻得将继续发挥先进技术优势，加速在众多惠民领域落地应用，助力城市管理、政务服务、民生服务等多方面的智慧化，为智慧城市建设提供创新驱动力，助力智能生活建设。

董事长专访

帮助梦想者推动人类进步

——优刻得科技股份有限公司董事长、首席执行官季昕华

《样本》：请用三句话描述和形容您的企业。在您的心中，优刻得将会成为一家怎样的企业？

季昕华：首先，我们是一家中立、安全、可信赖的云计算服务商，以"优刻得中立云，不和用户竞争的云"为企业经营定位，形成差异化竞争；其次，优刻得坚持"以客户为先"服务理念，深入了解客户需求的变化，提供超出客户预期的产品和服务；再次，优刻得希望用云计算帮助梦想者推动人类进步，我们希望成为一家受人尊敬的云计算公司。这里的受人尊敬，包括受社会、用户、供应商、友商、技术人员以及政府六个维度，多方位打造更好的优刻得。

《样本》：在同行业巨头或新兴云服务公司大部分处于亏损状态情况下，优刻得公司规模相对较小但已实现盈利。您如何看待这个现象？

季昕华：主要是企业的发展策略不一样。目前，国内的巨头企业们采取的策略较为鲜明——通过自建大型数据中心等方式快速扩大业务体量，以"跑马圈地"的方式快速积累市场份额。但是云计算行业技术、人才、运营及资金壁垒都较高，前期投入资产较重，需要产生规模效应才能达成盈利目标。与此同时，同行们因为市场培养、市场份额竞争、客户资源争夺等多方面的业务发展及市场扩张需要，以降低利润率来换取收入规模，因此成本端的高支出导致其尚未实现盈利。相比之下，优刻得更加注重兼顾业务发展的增速和质量，差异化的经营策略与运营模式，让公司在运营管理上更精细高效，成本端更可控。而且，在经历了创业初期的亏损后，积累了大量核心技术，研发能力达到行业领先水平，产品服务形成完善的体系，并凭借中立的定位，在行业竞争中立足并形成较大的规模体量，在规模效应的加持下，公司边际成本降低，实现盈利。

《样本》：关于"创新"，您赋予的含义是什么？

季昕华：科技创新，人才是关键；创新驱动，创新是核心。于优刻得而言，创新就是拥抱每一次的挑战，在不断的变化中改进优化，以不甘于墨守成规、一成不变的精神实现

自我提升和突破。

科创企业最大的特点是前期研发投入大，企业前期盈利困难。在原来的模式下，优秀的科创企业只能寻求海外市场上市。目前，国内的创新创业氛围非常好。随着营商环境的不断改善，将更加有助于科技创新企业的动能激发与成长。

《样本》：您对企业高质量发展和"创建美好生活"的议题，如何解读？优刻得对此有着怎样的战略举措与行动？

季昕华：高质量发展的核心是创新驱动。通过技术创新、模式创新和管理创新，降低能耗产生更大的价值。优刻得作为数字化转型底座的云服务商，将积极行动，抓住行业机会，深入了解互联网、传统企业在不同场景下的业务需求，提供更加专业的公有云、私有云、混合云、专有云在内的综合性行业解决方案，秉持产品快速定制、贴身应需服务的理念，帮助"创建美好生活"的追梦者们，大幅降低前期业务部署以及后续运维等成本的投入，助力他们走得更远。

《样本》：您如何看待长三角一体化的建设与推进？这对优刻得公司的战略发展带来怎样的影响？

季昕华：长三角一体化是党中央交给上海的重要任务之一，也是给上海的大礼包，更是我们企业的重要机会。我们一直积极参与其中的工作：与上海市经信委、复旦大学等联合成立了上海市大数据联合创新实验室；利用安全屋技术，助力长三角地区政府、医疗、社会保障、交通旅游等领域的数字融合；自主研发的"基于异构架构的大型人工智能云端计算平台"入选第二批上海市人工智能创新发展专项支持项目计划；等等。

随着长三角一体化进程的加速推进，我们也在摸索如何更好地实现长三角的数据打通，真正让"云计算"服务于更多企业。另外，我们在与企业不断地沟通中，发现了一些业务发展的需求，例如如何在长三角一体化进程中利用技术帮助企业打破区域壁垒、产业壁垒，形成差异化定位等。

《样本》：未来，优刻得将会面临哪些机遇与挑战？

季昕华：为适应行业及技术未来发展趋势，更好地服务企业客户，公司提出由云计算（Cloud Computing）战略、大数据（Big Data）战略、人工智能（AI）战略共同组成的"CBA"发展战略。以云计算赋能产业，助力更多梦想者实现产业数字智能化，深入国民经济的动脉中提供服务，可以说优刻得真正的挑战才刚刚来临。

> 专家点评

理想主义者

2019年12月24日，中国证监会公告，同意优刻得科技股份有限公司科创板IPO注册。

这是全球第一家上市的IaaS公有云公司。云计算，在传统工业文明中不存在的进化事物，在今天，已经可以极大地影响并左右人们的生活。作为高技术、高投入且回报周期长的高度资本密集型行业，有阿里云、腾讯云和华为云等一批巨头的强大存在和超级竞争，在当下的中国，优刻得的上市可以说是一种突围。从某种意义上来说，这是一个具有里程碑意义的事件。

伟大的公司，似乎都是基于一个小人物的一个伟大理想。比如马云，要让天下没有难做的生意；比如迪安诊断的陈海斌，要让国人平等分享健康；比如优刻得的创始人季昕华，要用云计算帮助梦想者推动人类进步。

成立七年的优刻得，已经算是国内较早开展云计算领域技术研发的公司了。员工总数超过1000人，研发人员占比超过50%。而且，企业凭借出色的技术能力建设，获得上海市科技进步一等奖及可信云等多项权威奖项。而根据听云测评，优刻得的综合技术评分排第四，位于阿里云、腾讯云及AWS之后。作为唯一申请人，优刻得已经提交了92项国内发明专利申请，已获批的25个中多数是核心发明。而在求生存培养客户认知的困局中，企业竟然推出面向互动娱乐、企业服务、移动互联等互联网行业以及传统金融、新零售、智能制造、教育等多个行业的云计算系统解决方案，形成了十几个大类共80余款的完整产品线。这充分说明，企业重视人才体系建设和研发实力的打造。应该说，这是中国独角兽们共有的特性，也是头部科技企业的必备基因。

优刻得以发展经济、服务社会的平台模式为战略马车头，以深耕用户需求和赋能平台客户与产业伙伴为双轮驱动，虚实结合，快速进化产品与业务形态，不断优化企业发展模式，在短短五年时间内，服务上万家客户，迭代成为国内云计算的佼佼者，真是力发千钧，轻舟过重山。而这也得益于企业有一个以客户经理、解决方案经理、服务经理为基础服务底座的"铁三角"和完整服务体系，在云计算从互联网企业市场转化到传统产业的重要时机，赢取更多传统企业信任，真正让云计算成为传统企业的基础资源。

优刻得得以在国内市场快速成长的另一重大因素，是纯粹做云进化，不碰数据的"中立"定位。中立原则，极大地解决了众多企业的信息安全和数字价值等关键问题。季昕华曾经写了一首词，其中有句"青山人未老，举手拭乾坤"。这说明他是一个理想主义者。"成为一家受人尊敬的云计算公司"，便是他的宏大愿景。为了体现中立，加强客户信任，更为了受人尊敬，优刻得公司的价值观考核比例超过30%。这样的做法，我认为不是策略，而是季昕华的核心价值观体现。

正如季昕华自己在《江城子上市感想》一词中所表达的那样：百年功业奇势壮，云计算，巨龙翔。云大物联，云计算排第一，前景无限量。而我认为，新事物的探索和创造，应该属于理想主义者。

沈桂龙　上海长三角商业创新研究院特聘研究员
　　　　　上海社科院世界中国学研究所所长

第六章
从IT到DT,数据赋能"新时代"
——杭州数梦工场科技有限公司

- **楔子:** DT时代的"拓荒者"
- **企业概况:** 中国数据智能领军者
- **创新解读:**

    第一节　新时代的历史机遇

    第二节　重构者的战略领先

    第三节　进阶中的"数据强国梦"

- **董事长专访:** 志高者行远
- **专家点评:** 数据经济的使命领先

楔 子

DT时代的"拓荒者"

海阔天空浪若雷,钱塘潮涌自天来。富春江行至转塘,流向突变,形成一个巨大的"之"字,随后从钱塘江汇入东海。

"之"字内侧,是杭州西湖区的高新技术园区转塘科技经济园。2012年10月,西湖区调整发展思路,将"云产业"作为未来发展的主打方向,并将转塘科技经济园转型为"云栖小镇"。

2013年10月,云栖小镇因"阿里云开发者大会"(后更名为"云栖大会")而名声大振。2015年3月,杭州数梦工场科技有限公司带着使命而生,总部紧邻阿里云,成为云栖小镇引进的第一批涉云大数据企业之一。

时隔五年,原本名不见经传的云栖小镇在一批汇聚成长起来的大数据企业的共同拓荒建设下,成为中国科技硬核不断形成和锤炼的缩影,中国DT时代的中心之一。这些拓荒者秉持着敢为人先、敢于追求的精神,想前人未有想、干前人未有干、走前人没走过的路,以旺盛的斗志在充分的市场竞争里攻坚克难、孜孜以求,积极抢占互联网、大数据、人工智能、区块链等科技竞争和未来发展制高点,共同助推中国全面建设社会主义现代化强国之梦。数梦工场,就是其中最具代表性的企业之一。2019年12月25日,在云栖小镇2.0建设动员大会上,数梦工场作为首家入驻云栖小镇的大数据龙头企业、数据智能领军企业,被授予00001号"云栖使命"奖。

作为数据创新领域的搏击者、拓荒者,数梦工场天然带着"数据强国"之使命,紧紧把握时代的脉搏、牢牢贴合市场需求,敢啃硬骨头,敢于涉险滩、闯难关,在国内市场的开拓建设中进行了一系列创新产品研发、管理体制建设以及行业标准制定等,在快速实现企业成长的同时,推动了行业的成长与建设,更助推了国内数字产业的价值升级之路。

> 企业概况

中国数据智能领军者

杭州数梦工场科技有限公司（以下简称：数梦工场）创立于2015年3月，总部位于杭州云栖小镇，在全国31个省市设有分支机构，在北京、杭州、南京、广州、郑州、长沙、成都、兰州成立技术创新中心，公司80%以上为技术人员。

一、顶层设计为先导

自成立以来，数梦工场秉持新型互联网平台战略，提出"数据智能++"的技术发展路径，在数据资源资产化、数据资产服务化、数据服务价值化过程中，运用人工智能技术并加持行业专家经验，实现过程智能和结果智能。公司研发创新方向涵盖数据集成、数据共享交换、数据治理、数据资产管理、数据安全和行业智能等，提供在政务、城市、产业互联网领域全栈数据智能产品、解决方案和服务。

数梦工场杭州总部大楼

作为一家国家级高新技术企业，数梦工场在大数据、云计算、数据安全、人工智能等领域拥有发明专利190多件，软件授权100多件，拥有"双软"资质、CMMI五级、信息安全服务资质（安全工程类一级）、ITSS（运维服务能力成熟度）二级等资质，并通过ISO27001信息安全管理体系认证、数据中心联盟大数据产品能力认证，是数字中国研究院副理事长单位、全国信标委大数据标准工作组成员单位、全国信息安全标准化委员会成员单位、信息技术应用创新工作委员会成员、数字中国建设最佳实践案例建设单位、中国社科院"互联网+政务"最佳实践、工信部"2019十佳大数据案例"建设单位、工信部"年度最具价值大数据企业"获奖单位、"网络安全国家标准优秀应用案例"建设单位、"两山转化"数字研究院、浙江省大数据应用示范企业、城市大脑金牌合作伙伴，先后参与起草"大数据开放共享"国家标准、"数据安全能力成熟度模型"国家标准和"政府信息共享数据安全技术要求"等国家标准。

二、助力"数字中国"建设

近年来，数梦工场坚持协同创新，聚焦政务、城市和产业，在数据治理领域找到了属于自己的赛道。

在政务领域，数梦工场广泛服务于公安部、应急管理部、人社部、水利部、教育部等多个国家部委，服务于浙江、江苏、广东、河南、四川、重庆、贵州、山西、湖南、广西、西藏等省市政府单位，提供涵盖了顶层设计、平台建设、运维运营、培训赋能等端到端服务能力，交付了大数据及云计算基础设施、数据资产中心、业务能力中心、一体化政务服务、大数据安全等方案，建设政务大脑，助力政府实现治理能力和治理体系的数字化转型。

在城市领域，数梦工场广泛服务于杭州、广州、南京、成都等近百个城市，通过城市大脑建设，交付了"惠企便民""综合治理""一码通城""公共交通优化""公共安全保障"等方案，助力城市实现数字化转型。

在产业领域，数梦工场广泛服务于国家电网、南方电网、上汽大众、吉利汽车、联通、江苏移动等企业，通过新型互联网架构，打造"企业数据中台""互联网综合服务平台""营销大脑"，并提供"新零售运营云""客户体验云"等产品，为企业打造S2b2C智能营销平台，助力企业实现数字化转型。

作为数据智能领军企业，数梦工场秉承客户至上、道德诚信、开放合作、思变创新等核心价值观，以实现政务、城市、产业等领域数字化转型为使命，用最卓越的数据技术，携手客户及合作伙伴，助力数字中国建设，实现数据强国梦。

> 创新解读

第一节　新时代的历史机遇

一、新时代新动能

刻木结绳、算数九章、"1"与"0"……自结绳记事起，人类就是数据的创造者和使用者。随着计算机和互联网的广泛应用，人类产生、创造的数据量呈爆炸式增长。

从2012年起，大数据（Big Data）一词越来越多地被提及，人们用它来描述和定义信息爆炸时代产生的海量数据，并命名与之相关的技术与创新，并登上了《纽约时报》《华尔街日报》的专栏封面，甚至还被嗅觉灵敏的国泰君安、银河证券、国金证券等机构写进了当年的投资推荐报告。

最早提出"大数据时代"概念的，是全球知名咨询公司麦肯锡。麦肯锡称："数据，已经渗透到当今每一个行业和业务职能领域，成为重要的生产因素，人们对于海量数据的挖掘和运用，预示着新一波生产率增长和消费者盈余浪潮的到来。"

"天下智谋之士，所见略同耳。"2017年，阿里巴巴董事局主席马云在接受媒体采访时表示："9年前，阿里巴巴就已经决定要从一个电商公司成为一个数据公司。21世纪，数据就会像20世纪的石油一样，起初没人关心石油能用来干吗，但是之后会成为极具价值的东西。"

同年，在第四届世界互联网大会（乌镇峰会）上，数梦工场董事长兼CEO吴敬传在主题演讲中说："大数据是和钢筋、水泥一样的'生产资料'，在融合的基础上创新，像石油一样流动起来，才更有价值。"

随着网络带宽的提速、智能手机的普及、互联网技术的快速发展以及各种穿戴设备的频出，数据也呈现出井喷式增长。1天内，微信有450亿次信息发送，有4.1亿次音视频呼叫成功；推特每天活跃用户数为1.26亿，将产生数十亿的数据；2019年天猫"双十一"，14秒成交额破10亿元，1分36秒成交额破100亿元……根据《2019中国大数据产业发展白皮书》，2019年中国大数据整体规模达到5386.2亿元，预计2020年达到6605.8亿元。这意味着，以互联网、大数据、人工智能、区块链为代表的新一代信息技术蓬勃发展，对国家

数梦工场的LOGO，在数学符号中是无限大之意

经济发展、社会进步、人民生活带来重大而深远的影响，大数据产业已经成为数字经济发展"新动能"。

目前，我国已成为全球数据总量最大，数据类型最丰富的国家之一，"云计算和大数据将是21世纪的石油"的判断也从预言逐渐变成现实，智慧政务、城市治理、产业变革等领域都在推进数字化变革，社会的多维度都在巨变，机遇与挑战并存的"大数据时代"已经来了。

正如《纽约时报》的一篇专栏文章所说："'大数据时代'已经降临，在商业、经济及其他领域中，决策将日益基于数据和分析而做出，而并非基于经验和直觉。"

二、数据战略的驱动力

当数据处理技术发生翻天覆地的变化时，人们的思维也发生了变化，越来越多的政府、企业等机构开始意识到数据是最重要的资产，数据分析能力正在成为组织的核心竞争力。

2012年3月22日，奥巴马政府宣布投资2亿美元拉动大数据相关产业发展，将"大数据战略"上升为国家意志。奥巴马政府表示，一个国家拥有数据的规模、活性及解释运用数据的能力将成为未来国力的重要组成部分。

随着全球数据的爆发式增长，大数据从政策层面备受关注。2014年，大数据首次被写入《政府工作报告》。2015年8月，国务院通过了《关于促进大数据发展的行动纲要》（以下简称《纲要》）。根据《纲要》，我国将重点发展工业大数据、新兴产业大数据、农业农村大数据、万众创新大数据、基础研究和核心技术攻关、大数据产品体系、大数据产业链等七大重点产业。2017年1月，国家工信部又制定了《大数据产业发展规划（2016—2020年）》（以下简称《规划》）。根据《规划》，到2020年，技术先进、应用繁荣、保障有力的大数据产业体系基本形成。大数据相关产品和服务业务收入突破1万亿元，年均复合增长率保持30%左右，加快建设数据强国，为实现制造强国和网络强国提供强大的产业支撑。

为抓住产业机遇，北京、上海、浙江、江苏、广东等全国31省市陆续出台大数据产业扶持政策。据不完全统计，各地出台大数据相关政策共计420多条。

以《浙江省促进大数据发展实施计划》为例，该计划提出要把浙江打造成全国大数据产业中心，大力推动大数据发展和运用，推动经济转型升级、完善社会治理、提升政府服务和管理能力。到2020年年底，各级政府数据实现集中管理，政府数据依法依规全面共享和开放。此后，浙江又发布了《浙江省"城市大脑"建设应用行动方案》（以下简称《方案》）。根据《方案》，到2022年，全省各设区市"城市大脑"通用平台基本建成，信息孤岛基本消除，自主可控的技术产业体系基本形成，形成一批特色应用；到2035年，各设区市"城市大脑"应用成效凸显，新型智慧城市建设、技术产业发展走在全国前列。

过去20年，中国商业互联网突飞猛进，诞生了以阿里巴巴、腾讯、百度为首的商业巨头。在发展过程中，商业互联网沉淀出了互联网架构与互联网能力，而随着政务互联网、城市互联网及产业互联网的进阶，信息科技与城市融合的模式和形态正在发生重大变革，以数据治理为基础的新型互联网正在成为一种新的趋势。

第二节　重构者的战略领先

2019年11月1日，党的十九届四中全会新闻发布会上指出，"要鼓励勤劳致富，健全劳动、资本、土地、知识、技术、管理和数据等生产要素按贡献参与分配的机制……"这是中央首次在公开场合提出数据可作为生产要素按贡献参与分配。

以数据作为生产要素参与分配，某种角度上，可以看作技术参与分配在逻辑与发展趋势上的一个延续，有着深远的意义。数据作为这个时代最重要的生产力和生产资料，从量变完成了质变，而人工智能等新技术的蓬勃发展使数据价值的真正实现成为可能。在大数据产业已然成为经济发展"新动能"的当下，以数据治理为基础的新型互联网发展的参与者，正在以"先发"的魄力和能力，积极参与产业的构建，建设成长的平台与赛道。数梦工场，即是其中的佼佼者之一。

一、让沉睡的数据变成生产资料

数梦工场创始人吴敬传认为，当今社会的数据主要集中在三个方面：一是政府，二是互联网，三是企业。"为了实现数据的价值，数梦工场要做的事情就是要实现数据'三化'，即数据资源的资产化、数据资产的服务化、数据服务的价值化，让数据流动起来。"

简单来说就是，融合各种互联网能力，比如支付能力、信用能力、定位能力以及各种交互能力，把政府、企业、终端串联起来，让大数据流动起来。然而，在现实生活中，"信息孤岛"或"信息烟囱"长期存在。未经处理的数据多存在杂乱无章、质量参差不齐等问题，只有可管理、可计量、可调用、可变现的数据资源才能成为资产，才能服务于政府、产业和城市，最终实现价值。

数梦工场的数据价值之路就是要通过数据资源资产化、数据资产服务化、数据服务价值化的过程，让数据成为经济和社会发展的动能。首先，通过数据归集、数据清洗、数据归仓和交易封装等步骤，实现数据资源的资产化。其次，以目录驱动、角色驱动、事件驱动和流程驱动，实现数据资产的对外服务。经过资产化、服务化的数据具备增值能力，出于对数据价值的认可，数据及数据服务的交易将拥有广阔的市场空间，最终可以在精准营销、信用经济、智慧产业等各领域实现数据资产的价值。

沉睡的数据被唤醒，"信息孤岛"被打通，数据就能构筑一个更鲜活的世界。未来，基于数据安全技术保障体系及相关政策、法规、规范的制度保障体系，大数据市场将会蓬勃发展。

二、数据智能++，大数据时代的必然选择

2019年9月，数梦工场举办"数据价值之路"技术峰会，发布"数据智能++"技术发展路径。当下，5G、大数据、人工智能以及安全技术蓬勃发展，在数据资源、模型变量、跨域协同、数据安全等方面均呈现出显著的复杂特征，对现有数据能力和数据治理方法提出了更高的要求。应对于此，数据智能尤其重要。数据智能要求数据治理过程应变得高效、精准、多元，数据治理结果应实现可量化、可迭代、可解释。

人工智能越来越多地用于辅助人类决策和业务创新，用户需要更直观的、更透明的数据智能。数梦工场在自然人和法人大数据实践中，沉淀出大量的模型和标签，生成多类型的专题库，进而在精准扶贫等服务领域得以广泛应用。从标签识别到最终的服务，每一步都有迹可循，有理可依，直观而清晰，可拆解、可溯源、可分析。

大数据和人工智能的结合应覆盖全流程、全体系，贯穿数据资产管理和大数据应用的始终。大数据为人工智能的发展提供基础资源，而人工智能的加持使数据资产管理实现智能化。未来，数梦工场将继续在过程智能和结果智能上深入耕耘，让数据资产管理的过程更智能，让业务场景的表现更智能，从数据到价值，每一步都畅通无阻。

三、创新应用场景，成就产业竞争力

2016年，衢州以全国第一批"雪亮工程"示范城市建设为契机，推进大数据应用，同步建设"城市数据大脑"，提升"雪亮工程"智能化、集成化水平，并以之为主线，融合推进"最多跑一次"改革和"四个平台"、全科网格建设，在项目成果聚合应用中，全面提升基层治理现代化和服务群众水平。

数梦工场作为项目总集成方，在项目建设之初就提出通过搭建云计算大数据基础平台，承担全流程的大数据工作，并结合综治业务进行多数据融合分析建模等。因此，衢州"雪亮工程"建设以"城市数据大脑"的技术能力为基础，利用人工智能及大数据技术，增强城市综合服务及治理能力。用大数据技术智能实时分析摄像头的视频图像，结合城市各部门相关数据进行分析处理，实现自动发现隐患，及时上报处理，让"雪亮工程"从传统意义上单一"看得见的眼睛"升级为"会思考的大脑"。"雪亮工程涉及跨部门海量数据的汇聚、处理和分析工作，每天都有几亿条数据源源不断汇聚到城市数据大脑，目前已汇

聚了数百亿条的数据,并且还在源源不断地汇入。"吴敬传表示。

截至2017年12月,衢州市共完成前端点位建设28465路并实现联网,市综治(大联动)中心、6个县(市、区)和集聚区、西区以及103个乡镇(街道)综治中心均完成建设,提前3年完成了中央、省定四个100%的目标,实现了公共安全视频监控资源"全域覆盖、全网共享、全时可用、全程可控",推动并实现30多家市级部门的数据打通,有效提高了社会治理预测预警预防能力,深入服务政务和社会民生的方方面面。

2018年7月3日,全国政法智能化建设创新案例评选结果揭晓——衢州"雪亮工程",从全国136个政法单位创新案例中脱颖而出,上榜"全国雪亮工程十大创新案例"。

2019年11月,衢州智慧交通一期成果发布。基于实时流量和人工智能的信号灯智能调度,基于全国首创的亚米级高精定位系统、地图系统和信号联动系统的公交车优先,对拥堵、路口打结、机占非等11项交通事件的自主发现和智能判断,基于城市数据大脑,衢州将城市的各个区块连接,交通与数字网络连接,串联形成一张数据网,让人、车、路和交通系统融为一体。

从打造"雪亮工程"全国标杆到智慧交通,衢州将数据智能技术融入城市综治、交通、环保等方方面面,数据驱动的新型智慧城市,正在释放出前所未有的数据价值。

过去几年,无论是医疗、健康、交通、公共安全,还是生活、购物、旅游、娱乐,都已经逐渐建立起了大数据的分析系统,无论是国家还是企业,对大数据的投入都数以亿计,大数据的应用也从早期的数据密集型行业(例如电信、金融、能源、科研、互联网),逐步向非数据密集型行业扩张。党的十九大更是开启了国家现代化治理体系与能力建设新时代,提出了"打造共建共治共享的社会治理格局"的新要求。可以预见的是,随着5G技术和视频技术发展,会有越来越多的应用场景出现,会有更多的数据涌现。数梦工场紧紧把握市场需求和政策导向,在业务推进过程中,也不断重构新的产品、开发新的应用场景。

2019年,数梦工场中标国家应急管理部大数据治理项目,通过信息化手段建设与大国应急管理能力相适应的中国现代应急管理体系,助力国家应急管理的信息化建设。应急管理部整合了11个部门的13项职责,包括国务院安全生产委员会、国家减灾委员会、国家防汛抗旱总指挥部等5个国家指挥协调机构的职责,2支部队19万人的转制,改革任务繁重,责任重大。眼下,应急管理部应急信息资源管理平台建设正在如火如荼地进行着。数梦工场按照"四横四纵"总体架构要求,通过全域覆盖的感知网络、天地一体的应急通信网络,遵循"数用分离,智能驱动"的思路,构建符合大数据发展的应急数据治理体系,实现从数据接入、处理、存储、应用等全生命周期的治理,助力形成应急管理部统一

2019年5月,在贵阳数博会上,数梦工场 DTSphere Bridge 数据集成平台在全国各地申报的1706个大数据案例中脱颖而出,摘下工业和信息化部组织评选的"2019年十佳大数据案例"

大数据资源中心,实现应急大数据全方位获取、全网络汇聚、全维度整合。"我们的工程师通过自然语言语义分析和机器学习等智能化手段,基于数据元标准构建清洗规则,围绕管理对象、时间事故、应急力量、应急资源进行对象化,支撑监测预警、指挥救援、监督管理、决策支持、政务管理五大业务域,实现部委机关、地震局、消防局、森林消防局以及部属单位的数据统一汇聚、统一治理。"数梦工场表示。

截至2019年10月,该系统已接入几十个业务系统,数据总量数亿条,日增量约百万条,提供了重大危险源信息、突发事件信息等数百个数据集;对数据资源进行融合汇聚,建设企业信息、救援队伍、危险源等主题模型;并且形成了包括查询检索、统计分析、数据订阅、数据推送等多种功能性服务。

除此之外,数梦工场还为危险化学品安全生产监测预警、风险监测预警系统会商研判子系统、应急一张图等系统提供数据支撑,同时为全国各级各地应急部门提供数据资源共享服务,从而有效支撑应急监测预警、指挥救援、监督管理、决策支持、政务管理等业务智能化、常态化展开。数梦工场希望,通过服务总线实现跨层级的服务共享和业务协同,与地震、消防救援、森林消防、水利、林业等其他部门业务系统实现数据交换和协同,实现全国应急管理信息化一盘棋,将数据的力量最大化。

目前,数梦工场携手生态伙伴在大数据领域的探索与创新已呈现百花齐放的态势。2020年1月,其"DTSphere River智能数据治理平台"荣获"2019年中国软件行业优秀解决方案",同时荣膺国家级、省级两项殊荣。据悉,这是浙江省唯一一个在AI+数据治理领域获得认可的产品。在此之前,数梦工场的这套解决方案就已获得中国信息通信研究院、数据中心联盟大数据发展促进委员会共同组织评选的大数据"星河(Galaxy)"奖项级荣誉"最佳大数据产品"奖。数梦工场提供的数据治理、数据共享、数据安全等众多基于广泛实践的行业领先产品和解决方案,服务于全国25个以上部省级客户,100多个城市级客户,100多家企业客户,数梦工场的数据之花已遍布全国。

而在产业上,数梦工场与吉利集团的合作堪称传奇。2017年10月,企业与吉利集团签约,为吉利新款车型"领克"量身定制数字营销平台。接着,数梦工场的工程师们通过大数据技术分析,洞察购车者喜好,把握购车需求趋势,并采用高并发、高可靠的互联网分布式系统架构,通过复用商品中心、积分中心、会员中心等多个微服务共享能力中心,可自由组合营销策略,灵活运用限时购、限量购、小时包、车主专享、Co币抵扣、大转盘抽奖等丰富功能,从而打造出多场景、高品质的营销活动。

2017年11月17日20时01分,领克汽车首款车型——领克01,在领克商城线上开启抢订,仅1.7秒领克01耀Pro抢订完毕;2.1秒,201台领克01时间限量版订单被秒光;137秒,6000台领克01量产版订单被秒光,57分钟完成全部支付,刷新了汽车行业的销售纪录。

"'领克'数字营销平台打通了消费者与汽车生产、销售和服务之间的通道,助力领克实现了接触、选车、试驾、买车、售后等全客户旅程的在线化和数据化,通过数据来刻画业务过程、提升效率和优化流程,不仅提升消费者的用户体验,还助力领克汽车在企业数字化转型上迈出重要的一步。"吴敬传说。

在此之前,数梦工场对于汽车可谓是"门外汉"。通过领克数字商城的打造,技术人员掌握了一整套汽车数字营销的方法和逻辑。如今,数梦工场还成立了专门提供智能营销科技服务的公司——杭州数跑科技有限公司,并与上汽大众、奇瑞、标志、雪铁龙等20多家车企有了深入的业务合作。

在吴敬传看来,数据治理是需要有应用场景的,而且随着时代的发展,会有各种各样不同的应用场景。"只有在应用场景中,我们才能挖掘数据的价值,才能成就产业竞争力。"

四、有边界，才有数据治理生态

2019年，在世界互联网大会开幕式上，习近平总书记在视频讲话中指出，互联网快速发展，给人类生产生活带来深刻变化，也给人类社会带来一系列新机遇新挑战，要利用好、发展好、治理好互联网，必须深化网络空间国际合作，携手构建网络空间命运共同体。"打击网络犯罪和网络恐怖袭击，净化网络空间，维护网络主权，前提是自主技术要提供足够支撑和保障，这对中国企业提出了更高要求，企业要通过技术创新在网络技术领域进入世界前列，才能维护中国网络主权的安全。"

显然，要强化网络安全，就要确保数据安全。以数据资产归集为例，数据作为生产要素在归集中必然带来安全问题，因此数梦工场不仅是单点的某个安全技术，而是建立了基于安全大脑的数据资产保障体系。在这个保障体系中，数梦工场实现了事前敏感管理，事中数据流转风控和事后审计过程，实现了端到端从事前、事中到事后的完整的闭环。以这样的方法论和驱动体系，企业为自己实现价值的保障体系建设，上了一个砝码。

不仅如此，在数梦工场内部还有一个不成文的共识："有边界，才有数据治理的生态。"什么是边界？吴敬传打了一个很形象的比方：家里装修房子，请了一个很好的装修公司，买了很多建筑材料，但这些材料和房子都是属于业主的，装修公司只负责装修。"数梦工场的角色就像是一个装修公司，我们不拥有数据，我们只是帮助业主单位治理数据并为业主所用。一方面，数据只是我们的生产资料；另一方面，这是我们与客户的信任基础。"

"这是一个数据治理的过程，整个过程的数据依然属于客户单位的，数梦工场不拥有数据，只走数据价值之路。"

2019年9月26日，吴敬传在数梦工场"数据价值之路"主题技术峰会暨B轮发布会上说："从互联网+，到智能+，大数据时代真正到来了，在这个时代，数据治理过程高效、精准、多元，数据治理结果可量化、可迭代、可解释。"

应对这种发展趋势，数梦工场提出了"数据智能++"应对策略。从数据角度理解"数据智能++"，第一个"+"指数据治理的过程智能，第二个"+"指数据治理的结果智能，且该公司将这种数据智能技术赋能到各行各业。

很显然，数梦工场所说的各行各业，正在成为一种新生态。

比如，在产业领域，数梦工场助力深圳电网实现多张百亿级大表每天超3000万条的增量数据高速同步，平台达到120M/s的单工作节点处理能力，同等条件下性能超业界平均水平10倍以上，解决了电网在业务创新、产业升级上的难题。不只深圳电网，数梦工场还服务于国家电网、南方电网、上海联通、浙江联通、江苏移动、悦达集团、苏盐集团等企业，助力企业实现数字化转型。这些"改变"的背后，是数梦工场数据智能技术的支撑，通过横向拉通、纵向串联，通过智能化的数据治理，支撑起政府不同的业务部门进行融合创新，支撑政府业务的快速迭代，服务于老百姓和企业。"我们不拥有数据，但我们是一家最懂数据的公司。"这是数梦工场对自身"边界"的清晰界定。这样的界定，让"自律"的数梦工场获得了更多的市场认可与尊重。

目前，数梦工场不仅在全国30多个部省有数据业务，还有诸多合作伙伴，并逐渐形成了自己的业务生态，其中包括数知梦•公交云、数跑科技、数美科技、云宝宝、CityDo、四川益企云、甘肃城市大数据、河南云数聚等公司，深度耕耘公共交通、汽车、新型智慧城市等行业数字化转型，覆盖了城市治理、政务服务、产业升级等领域。

未来，数梦工场将继续通过数据资产管理的过程智能和结果智能，释放数据价值，支撑起业务迭代，助力政务、城市和产业更快、更有效地进行融合创新，这就是吴敬传所说的"数据价值之路"。

第三节 进阶中的"数据强国梦"

一、让技术更"硬核"

2018年年底,数梦工场顺利通过了国际软件业最权威、最高等级的能力成熟度模型集成(Capability Maturity Model Integration,CMMI)五级认证。据CMMI官方网站数据显示,截至2018年12月,全球通过CMMI认证且在有效期内的企业中仅有11%达到了CMMI五级,其中符合CMMI五级标准的中国企业仅有7%。据悉,此次认证范围涵盖了数梦工场的云计算、大数据、信息安全等多个研发领域,这标志着数梦工场多领域的产品研发管理水平和质量管理能力跻身全球软件业的顶尖行列。

技术,是数梦工场的立身之本。自成立以来,数梦工场始终坚持研发创新导向,并在应用场景中让技术更"硬核",这也正是公司核心竞争力所在。

目前,数梦工场在新型互联网架构、大数据、数据安全等领域,拥有多项领先成果。比如,防止链路型DDoS攻击的实现方法和系统、基于分布式文件系统的小文件存储方法及装置、查找分布式ETL中慢节点的方法和装置、逃费车辆的检测方法及装置、高速识别车辆减重逃费系统、跨平台移植Python程序的方法和装置、利用自然语言处理技术定义数据元素的方法以及装置、基于微服务的部署交付件的生成方法及装置、快速检索可配送仓库的方法及装置和电子设备、基于行政区划的智能搜索方法、装置和搜索引擎等。

数梦工场通过CMMI五级认证

"数梦工场已提交的专利申请中发明专利占比在98%以上。专利和知识产权的规范工作与产品设计和开发工作同步,公司会安排专人进行专利风险评估和专利挖掘,以有效保护专利产品并使其形成核心竞争力。"吴敬传表示。不仅如此,数梦工场拥有的含金量较高的专利,正在形成行业标准,成为企业市场拓展的武器,带动整个大数据行业的发展。比如,数梦工场的数据资源目录软件政法版、数据交换平台涉及的3项专利——"资源目录管理方法及装置""资源传输方法及装置""资源管理方法及系统",已被写入部省两级数据联动传输规范,上升为大数据行业标准。

2019年8月27日,在重庆举行的2019中国国际智能产业博览会,由国家信息中心数字中国研究院发起,联合重庆市大数据应用发展管理局、重庆两江新区管委会、数梦工场、清华大学、北京大学、北京师范大学、中央财经大学等单位共同组建"政府数据供应链"联合课题组编制的《政府数据供应链白皮书》(以下简称《白皮书》)正式发布。《白皮书》显示,目前,我国可利用、可开发、有价值的数据80%左右都集中在政府。截至2019年7月,在全国31个省份中(除港澳台),共有22个省级行政区域设立了政府数据管理机构。在实际运行中,大数据管理部门存在不足,比如数据权属不清、数据归集无序、数据治理粗放、数据共享开放程度低、数据应用缺乏等。

不难看出,《白皮书》反映了大数据领域的现实情况,而数据的治理与运营也成为数梦工场的使命所在。以技术为武器,以法律为准绳,以标准为壁垒,数梦工场以独有的战略眼光、战略思维高度和业务推进策略,在每一个项目里磨砺锋芒,逐步汇聚并形成自身的核心竞争力及企业持续发展的"能量池",从而推动企业以至整个大数据行业的快速发展。

二、几代人的使命

数据不仅有价值,还有主权,对数据的占有和控制甚至将成为陆权、海权、空权之外的另一种国家核心资产。这已经越来越为大国博弈所证明。

数据强国梦,是数梦工场挂在墙上、落在心里的使命。这个使命被数梦人赋予了三个方面的内涵:一是新空间。首先,互联网经过20年的发展,已从商业互联网延伸到政务互联网、城市互联网、产业互联网三大新领域。其次,互联网的演进会让线上线下超级融合难分彼此,虚拟经济和实体经济都将得以融合,新型互联网是以互联互通、共享共治为特征的网络与物理空间共同体。二是新架构。数梦工场除了会把互联网的实践成果转化为政府、城市和产业创新的基础设施和实现工具,同时也会为其搭建新型互联网架构,让政府、城市和产业也变成互联网的一部分,拥有自我造血的能力。"输血"+"造血",就是数梦工场构建新型互联网的使命。三是新价值。当政府、城市、产业都拥有了新型互联网架构,就会迸发出一系列崭新的价值。政务互联网可以助力政府做到平台集约,精准治理,全天候移动办公,也可以助力企业和个人最多跑一次。城市互联网将会让城市走向真正的智慧,在交通拥堵治理、公安情报研判、旅游客流监控、移动城市服务以及城市信用体系的建设等方面,城市中的所有人都会有极强的获得感。产业互联网可以帮助企业实现精准营销、智能制造,也能让数据成为大众创业万众创新的沃土,创造出拥有无限想象空间的新经济。

"从这三个方面可以清晰看到,政务互联网、产业互联网和城市互联网三者之间是不可割裂的,今天我们在谈政务互联网,可能是未来城市互联网的基础,而城市互联网是未来新型产业互联网的基础,也是我们数据连接梦想的基础。"

吴敬传将其浓缩成一句话:"用数据服务世界。"数梦工场也一直践行着这一句话。在"互联网+"不断深化的当下,将一如既往地践行"用最卓越的数据技术,助力实现数据强国梦",秉承客户至上、道德诚信、开放合作、思变创新等核心价值观,携手客户及合作伙伴致力于数字中国建设。

数梦工场的这个梦想,不仅是数梦人的梦,更是需要一代又一代的中国志者不断去践行的"大时代大数据"之梦。路漫漫其修远,上下求索之志者,事竟成。

> 董事长专访

志高者行远

——杭州数梦工场科技有限公司董事长兼CEO吴敬传

《样本》：从原来的"互联网+"，到现在的"数据智能++"，不管是业务上的调整，还是战略上的布局，数梦工场一直行走在自主创新的道路上。请谈谈您对"创新"一词的理解？

吴敬传：首先，我认为所有的创新，都是基于需求的创新，尤其是在数据价值挖掘领域，更是紧贴客户需求解决问题，实现不断创新发展的。现在时代发展太快了，可能每一个需求都是一个创新，从原来的"互联网+"，到现在的"数据智能++"，也是根据市场需求来调整的。

其次，我认为创新还要允许试错，包括技术和决策都需要容错。正如钱学森先生所言，失败是成功之母，实践是创新之源。科技创新不仅要鼓励成功，更要宽容失败。健全容错机制就是让科技工作者在失败后仍然有勇气、有底气、有干劲总结经验，发散思维、再接再厉。因此，在技术上，让懂技术的同学来看市场，让懂市场的同学提需求。他们都是我们的"先遣队"，避免错误的技术投入。在决策上，领导不决断即是最大的错。因为时间紧迫、竞争激烈。在不影响整体发展方向的大格局下，让项目执行的同学（备注：吴敬传称呼同事为"同学"）先去做，要容错试错。大势当前，只有试过之后才知道自己是否有机会。

最近，我和一些同学交流，大家对未来都充满了信心。在创业这条路上，成功是讲究"天时地利人和"的——早三步成"先烈"。怎么样不把自己变成先烈，也是我们需要把握的重点。好在我们的核心团队都有创业经历，在避免踩坑和少走弯路上很有经验，并对市场也有很强的洞察力。市场洞察、技术洞察、扁平管理，这"三驾马车"同时驱动，基本可避免创新"自嗨"。

《样本》：在业务拓展过程中或者在技术开发中，数梦工场最大的"痛点"是什么？

吴敬传：我们最怕的事情就是客户没有数据。我们提供数据智能技术，首先需要大量的数据作为基础素材。这是一切项目实现的基础。没有数据，牛刀做小菜，投入产出不对等，推进和执行都很难，成效也不会明显。

2014年，大数据首次被写入《政府工作报告》。2015年，国务院通过了《关于促进大数据发展的行动纲要》，大数据变成了国家战略，人们对数据资产的认识上了一个高度。在新一轮的机构改革中，很多地方还成立了数据资源局，数梦工场提供的产品和解决方案可以满足大数据资源局的建设需求。有一次我去政府部门开会，一位省数据资源局局长对我说："你们的机会来了！"

《样本》：2019年，国家出台了《长三角生态绿色一体化发展示范区总体方案》，而2019年7月30日召开的杭州市委全会上，会议专题研究部署杭州贯彻长三角一体化发展国家战略。数梦工场将面临哪些机遇和挑战？

吴敬传：我认为这是一个重大的历史机遇。数据是资产，是生产资料，本来就是要流动才更具有价值。我们要做的事情就是打破"信息孤岛"，让数据流动起来。与此同时，随着人工智能和5G商用的推进，以及大量的城市摄像头的投用，各种新的应用场景不断涌现，更多海量的数据源源不断地产生，并在"智慧大脑"建设里，持续不断产生价值。未来，数梦工场将用好数据技术，赋能数据生态，更要拥抱新趋势。

《样本》：数梦工场团队建设体系最突出的特色，您认为是什么？您采取怎样的方式让团队持续保持活力？

吴敬传：数梦工场的团队是一支快速成长的队伍。我们用5年时间，将团队扩编至1000多人，其中80%以上是技术人员、工程师。我们实行扁平化的管理模式，同事之间、合作伙伴之间相互协同。基本采取小团队作战形式，遇到项目就协同作战，交互、测试、计算、存储，快速集结，项目结束又回归原位。整体上说，我们是一个有温度的团队，队伍内的同学们因为梦想聚集在一起，朝着共同的方向和目标前进。因此，同学们之间互助互爱，携手共进退。有同学家庭遇到困难，我们内部也会针对性辅助或者发起爱心捐助。

《样本》：数梦工场发展稳健，受到投融圈广泛关注。您认为资本对数梦工场的认同主要是哪些？融资用于哪方面的建设？

吴敬传：数梦工场是一家大数据科技公司。我们将继续定位于大数据领域，通过技术赋能城市、政务、产业，持续不断地发现问题并提供解决方案，实现数据价值的挖掘。在挖掘数据的过程中，我们具备了整合业界最优秀合作方的能力，拥有了长期服务于政府、城市、企业等客户的能力，也有了帮助他们建立互联网架构的能力，并且我们可以通过我们的体系把这种能力要素转换成客户侧需要的要素。要知道，数据化建设和需求在每个区域都不一样。不同的城市或客户，数据是不一样的，数字化的阶段也是不一样的，挖掘数据价值，解决客户"痛点"，需要不同的解决方案，这考验的是技术。

在大数据时代，数据的价值不仅仅得到资本的认同，更是社会的广泛共识，这是一个大趋势。我们现在并不缺钱，我们需要的是在数据价值之路上寻找真正的合作伙伴。发掘数据价值是一件长远的事情，我们不能急功近利。

《样本》：新的一年，您对数梦工场有怎样的期盼？

吴敬传：2019年的关键词是"聚焦"，聚焦在数字政府、公共安全、智慧城市等几个特定的领域和行业，聚焦几款专业产品，聚焦在核心人才培养上。我们用5年的时间，找到了自己熟悉的领域、自己的感觉和打法。政府的变革才刚刚开始，互联网监管、智慧城市建设、数字社会治理、公共安全、应急管理等，这些都有很大的想象空间。这也是2020年的重点。

作为创业公司，我们初心不改。伴随大数据产业的蓬勃发展，数据智能时代已经到来。如果用三句话来概括和描绘数梦工场，我想应该是：以最卓越的数据技术实现数据强国梦；加盟数梦的人，都肩负使命；与客户同心同行，用数据的价值来成就客户的数字化转型梦想。

> 专家点评

数据经济的使命领先

五年前，王坚博士投了吴敬传团队，便有了数梦工场。

岁月如歌，数梦工场的确不辱使命。在我看来，正是这种与阿里巴巴一致的使命感，让企业独树一帜，成为数字领域的佼佼者。

原本名不见经传的云栖小镇，在浙江省政府和地方政府领导的大力扶持下，在阿里巴巴集团的积极投入和全面推动下，更在一批云大物联新兴企业的共同拓荒建设下，成为中国科技硬核不断形成和锤炼的缩影，成为中国DT时代的中心之一。这些拓荒者们所秉持的敢为人先、敢于追求的精神，也是阿里巴巴始终保有的企业基因，其实也是吴敬传先生和数梦工场的企业精神。所以，2019年12月25日，在云栖小镇2.0建设动员大会上，数梦工场作为首家入驻云栖小镇的大数据龙头企业、数据智能领军企业，被授予00001号"云栖使命"奖，是当之无愧的。

数梦工场提出"数据智能++"的技术发展路径，在数据资源资产化、数据资产服务化、数据服务价值化过程中，运用人工智能技术并加持行业专家经验，实现过程智能和结果智能。可以说，他们研发创新的方向和业务实施涵盖了数据产业的整个链条，在政务、城市、产业互联网等多领域，提供全栈数据智能产品、解决方案和服务，积极推动数字化转型，不仅建立了企业自身的发展赛道，更是领先于市场。应该说，这些成绩，既是协同创新的结果，也是通过大量自主研发的专利技术强力支撑的结果，更是使命必达的必然成果。

数梦工场的五年历程，也是中国数字化浪潮的初始。随着网络带宽的提速、智能手机的普及、互联网技术的快速发展以及各种穿戴设备的频出，数据也呈现出井喷式增长。每天，有万千亿次的数据发送；每天有几十亿用户社交、交易和自我使用。2019年天猫"双十一"，14秒成交额破10亿元，1分36秒成交额破100亿元……以互联网、大数据、人工智能、区块链为代表的新一代信息技术蓬勃发展，对国家经济发展、社会进步、人民生活带来重大而深远的影响，大数字产业已经成为经济提速和社会事业发展的"新动能"。如今，中国不仅成为全球数据总量最大、数据类型最丰富的国家之一，更是数字化创新发明和创新应用的前沿国家。某种意义上，这是时代所赋予的，也是企业自身抓住了时代机遇，奋力拼搏的应有回报，凸显了企业创始人的战略眼光和经营智慧。

这也意味着，"云计算和大数据将是21世纪的石油"的判断从预言逐渐变成现实，智慧政务、城市治理、产业变革等领域推进数字化变革，带来社会、经济、政治和文化等多维度的重塑。这不但是价值再造的体现，也必然带来社会与经济伦理的巨大挑战。在这个核心方面，数梦工场创始人所坚持的强国梦值得尊敬，而支撑践行和推动强国梦背后的核心价值观，更说明企业所坚持的用心与不易。

当然，我们希望在研究数字经济的价值方面，能够加强社会价值评估，并能够引入创新力、消费力的视角，引入平台治理的创新、环保和可持续等更多创造与创新的指标，以衡量一些非经济、非商业的价值软指标。

期待数梦工场创造更全面丰富的价值！

高红冰　阿里研究院院长

第七章
领跑中国私有云

——华云数据有限公司

- **楔子：** 隐于幕后，立于潮头
- **企业概况：** 中国私有云领导者
- **创新解读：**

    第一节 "拨云见日"的抉择

    第二节 "直上青云"的路径

    第三节 "华云崛起"的密码

- **董事长专访：** 以推动中国企业数字化转型为己任
- **专家点评：** "中国心"造"中国云"

> 楔　子

隐于幕后，立于潮头

2019年11月22日，2019年两院院士名单出炉，阿里巴巴集团技术委员会主席、"阿里云之父"王坚当选为中国工程院院士，一时间收获赞誉无数。而在十年之前，他却被认为是"忽悠马云的骗子"。

从"骗子"到院士，一个人命运扭转的背后，是中国云计算产业过去十年跌宕起伏、波澜壮阔的发展历程。十年间，云计算从国人眼中不知所云的技术概念，转变为政府和企业数字化转型的重要信息基础设施，上云已然成为建设数字城市、发展数字经济的必然选择。而如今的云计算产业江湖，也已是英雄辈出、群星璀璨。

华云数据无疑是其中最为闪亮的星辰之一。这家创立于2010年的云计算企业，是中国云计算产业十年创新变革的参与者、推动者和引领者。从前瞻布局私有云赛道、迅速成为中国私有云市场领跑者，到深入拓展行业市场、适时设立五大行业销售部，到精心研发新一代企业级云平台CloudUltra® 4、全面提供一站式混合云IT管理解决方案，再到致力于打造中国云生态、重磅发布国产通用型云操作系统"安超OS™"，全国产云基础架构平台"安超云一体机"，华云数据集团始终屹立于中国云服务变革与创新的潮头，并在此过程中逐步成长为中国企业上云背后不可或缺的领军力量。

正如华云数据董事长、总裁许广彬所言："华云是一家成长于中国本土的云计算企业，致力于推动中国企业全面上云。做中国行业数字化转型的背后力量，是华云一直以来为之不懈努力的使命和远景。"

华云用十年"筚路蓝缕、以启山林"的不凡创业历程，诠释着"隐于幕后、立于潮头"的独特经营智慧。

如今，云计算、大数据、人工智能、物联网等技术催动着新兴产业的蓬勃发展和传统产业的深刻重塑。云计算作为底层IT技术，已成为推动数字经济发展的重要驱动力。云计算服务商在IaaS（基础设施即服务）、PaaS（平台即服务）和SaaS（软件即服务）融合领域的摸索，正在将云计算服务能力推向一个新高度，也正在打开中国云计算发展"第二个十年"的无限想象空间。

这是华云数据的黄金时代，更是中国云计算的黄金时代。

企业概况

中国私有云领导者

华云数据有限公司（以下简称"华云数据"）成立于2010年，以推动中国行业数字化转型为己任，主要向用户提供定制化私有云、混合云解决方案，同时还可以提供大数据服务、超融合产品、公有云和IDC转云等服务。

华云数据是国家课题承接单位、中国互联网百强、中国私有云三甲企业。2016—2019年，华云数据连续四年被评为中国云计算、大数据独角兽，并于2019年晋升为中国云服务企业领域独角兽Top3。2019年6月，华云数据被 *APAC CIO Outlook* 杂志正式列为亚太区十大云计算服务提供商。2019年12月，华云数据荣登全球独角兽企业500强。

华云数据大厦

一、独辟蹊径 深享"云"市场桃源

2013年，中国的云计算市场仍然处于一片混沌的艰难启蒙期。华云数据在董事长许广彬的带领下，通过深入细致的市场调研，发现了中国政企客户对数据安全、IT设施自主可控的极端重视，开始为行业用户提供私有云服务，完成首个私有云案例，奠定了华云数据的业务基础和发展方向。

以私有云为主攻方向和发力重点，华云数据持续进行技术和研发沉淀，不断延伸和扩展产品线，先后发布了企业级私有云产品、混合云产品、数据中心云化产品、高品质公有云服务等全方位云计算产品和解决方案，全面满足用户更简单、更高效、更安全的上云需求。伴随服务案例和项目经验的积累，华云数据对不同行业的理解力和穿透力也与日俱增，进而设立了大政府、大客户、运营商、轨道交通、能源电力五大行业销售部，进一步深耕行业市场、巩固市场地位。

华云数据坚持自主研发，700多位员工中70%以上为技术人员。多年的开拓，企业形成并拥有了云服务经验和规范成熟的服务体系。截至目前，获得了500多项知识产权，在私有云、混合云、公有云和超融合领域均通过了可信云评估，获得了软件能力成熟度模型集成CMMI5证书，拥有国家保密局甲级资质。

凭借定制化私有云、混合云服务，华云数据在能源电力、国防军工、教育医疗、交通运输、政府金融等十几个行业打造了行业标杆案例，客户总量已超过30万家。

二、创新引领　共建生态

华云数据始终致力于完善产业链生态，与合作伙伴共建云计算生态圈。目前，华云数据产品与多家国产芯片厂商以及国产操作系统实现了互认证，与多家国内外知名IT厂商达成了战略合作，携手为客户提供基于云计算的通用行业解决方案或垂直行业解决方案，推动中国企业全面上云。

在芯片方面，华云数据完成了与飞腾、曙光海光、华为鲲鹏的产品兼容互认证测试；在硬件服务器方面，开展了和华为、曙光、浪潮、联想、长城、宝德等国内主流厂商的合作；在操作系统方面，完成了与银河麒麟、中标麒麟、深之度、普华技术软件、中兴新支点全部国产操作系统的兼容互认证测试；在中间件方面，完成了与金蝶天燕、中创、东方通的产品兼容互认证测试；在数据库方面，完成了与武汉达梦、人大金仓、神通的产品兼容互认证测试；在应用方面，完成了与华宇、国泰新点、永中、金蝶天燕、WPS、荷月区块链的产品兼容互认证测试；在安全方面，完成了与华夏威科、亚信的产品兼容互认证测试；在PaaS方面，完成了与灵雀云、DaoCloud、时速云、才云的产品兼容互认证测试；在备份方面，完成了与壹进制、火星高科、颉一科技的产品兼容互认证测试；在行业应用方面，完成了与臻合科技、酷栈科技、和信创天的产品兼容互认证测试。

华云数据荣誉墙

华云数据还积极推动云计算领域技术创新和行业标准制定，联合中国信息通信研究院等共同发起成立"混合云产业推进联盟"，联合工业和信息化部"工信智库联盟"成员华信研究院共同成立了《中国信息化》智库云计算工作委员会，同时在几十家IT行业协会中担任相关职务，参与制定、编写《SDP标准规范1.0》《面向云计算的安全解决方案 第一部分：态势感知平台》《混合云白皮书（2019年）》《云网融合发展白皮书（2019）》《云原生技术实践白皮书（2019年）》《信息技术 云计算 云存储系统服务接口功能》《信息技术 云计算 云服务采购指南》《信息技术 云计算 平台即服务部署要求》《企业上云效果评价方法》《木兰宽松许可证，第1版》《企业上云效果评价方法》《下一代云计算白皮书》等多本云计算白皮书撰写及相关标准制定，推动产业发展。

2018年11月，权威咨询机构"计世资讯"发布《2018年私有云市场各品牌竞争力分析》，华云数据跃入领导者象限，成为中国私有云厂商三甲。2019年11月25日，华云数据进入了2019Gartner超融合魔力象限。据悉，全球仅15家IT服务商入选，而中国仅三家。未来，以安超OS™ 2020为桥梁和纽带，中国云生态的未来蓝图正徐徐铺展开来。

创新解读

第一节 "拨云见日"的抉择

从一片草莽到欣欣向荣，从阴云笼罩到万里阳光，中国云计算产业的发展，充满了曲折与反复。

中国云计算市场与国外成熟市场之间的"时间差""需求差""观念差"，让身处其中的云计算企业必须植根本土、洞察需求、调整方向，找到突围与崛起之路。

华云数据创立之初，与其他大多数中国云计算企业一样，选择从公有云市场切入，也无可避免地触碰到了市场培育初期的坚硬现实。凭借更加深入的市场调研和更加果断的市场决策，华云数据转而发掘私有云这片市场蓝海，及时调整发展方向，迅速杀出市场重围，成为中国私有云领军品牌之一。

一、"阴云"背后的战略机遇

2006年，亚马逊CEO贝索斯在EmTech上发表了关于云存储和云计算的概念演讲，并向世界宣布了亚马逊将投资和创立云计算AWS的伟大计划。

大洋此岸，波澜不惊。当时国内正处于互联网发展的初期阶段，对于陌生到近似玄幻的云计算概念狐疑不已，当时有人戏言，国内真正懂的人可能最多不超过10个。

此时国内的政府和企业，已然习惯于将数据和业务架设在大量IBM小型机、Oracle数据库，以及EMC、戴尔存储设备上。尽管一台小型机要花费几十万到百万元，数据库软件费更是高达千万元，再加上维护费和其他支出，传统IT架构的高成本不言自明。但对于彼时的中国用户来说，在数据量和算力需求没有激增的背景下，相比玄之又玄的云计算，看得见、摸得着的"IOE"架构更让人感到踏实和放心。

然而，技术的变革和演进往往让人猝不及防。伴随3G、4G时代的接踵而至、移动互联网一日千里的迅猛发展、政府和企业数字化转型的迫切需求，传统"IOE"架构的高成本和不经济日益凸显出来，而云计算虚拟化、动态可扩展、按需部署、灵活性强、性价比高的优势立刻显现出来。

时移世易之下，拥抱云计算已然成为中国政府和企业的必然选择。然而纵使如此，不少中国云计算厂商却发现，在云计算所描绘的美好蓝图面前，潜在用户们依然充满了焦虑、狐疑和踌躇，停在了一个个"公"与"私"的岔路口。

二、洞见新赛道

云计算从用户角度划分，主要可以分为公有云、私有云和混合云，其中公有云和私有云是两种最基础的形态。公有云通常指第三方提供商为用户提供的能够使用的云，需要接入服务商的服务器，其最大的优势是能以低廉的价格为大量用户提供云服务。

而私有云是为一个用户单独使用而构建的，一般部署在企业数据中心的防火墙内，用户自身拥有基础设施并可以控制在此设施上部署应用程序的方式，核心属性是专有资源。相比公有云，私有云的最大优势是数据安全性以及对云服务质量的有效管控。

对于广大企业用户而言，是选择价格更加低廉的公有云还是选择数据安全更有保障的私有云，成了一道费思量的选择题。对于云计算厂商而言，大力发展公有云业务还是做强做大私有云业务，也成了无法回避的抉择。

华云数据经过大量的市场调研发现，那些较早产生上云需求的金融、教育、公安、政务、轨道交通等大型机构用户对数据安全性、可控性极度重视，往往倾向于将核心业务数据部署在私有云上，并愿意为了确保安全可控而支付相对更高的服务价格。

2013年，在一片质疑和不解的目光之中，华云数据果断押注，开始为用户提供私有云

华云数据历史沿革

解决方案，并有了第一个落地案例，就此开启从公有云向私有云转型的发展历程，寻找到了云服务市场的一片广阔蓝海。

在市场发育的早期，拓荒者往往需要付出数倍于后来者的努力。作为私有云市场的拓荒者，华云数据必须面对不同行业、不同用户、不同需求所带来的大量定制化开发工作。而坚定布局私有云的底气，则来自华云数据自创业伊始就不断锤炼的售前咨询和售后服务能力，以及针对客户需求不断进行的研发和创新。

经过多年市场探索，华云数据根据服务不同行业和企业的经验，逐步形成了多个行业通用解决方案，在能源电力、国防军工、教育医疗、交通运输、政府金融等行业均有斩获，积累了中科大、人民大学、劲嘉股份、中国兵工物资集团、无锡地铁、上海地铁、国家超算中心天河二号、公安部经侦上海中心、创维集团、中国民用航空局空中交通管理局、广东省建设研究院、上海城投集团、中国电信、国家电网、中国联通、江南大学、中电科海洋、明东集装箱、广州思迈特、盛世大联、正大集团、鼎游信息等一大批优质政企客户。

在如今的中国私有云市场，华为、新华三、华云数据鼎足而立，并称中国私有云"三华"。其中，华为、新华三以硬件起家，私有云打造以其硬件为基础，软硬件绑定销售。而华云数据作为一家中立云软件厂商，向用户提供通用型解决方案，并根据用户需要提供定制化服务，支持用户的硬件利旧和软件更新。

第二节 "直上青云"的路径

华云数据在私有云市场的大力投入和前瞻布局，让"私有云，找华云"的行业影响力迅速确立。在此基础上，华云数据的产品创新、市场拓展、生态构建等各项业务驶入发展快车道。

以自主创新锻造产品竞争力，以专注深耕提升行业穿透力，以开放融合造就生态整合力，三"力"集聚，共同勾勒出公司业务不断登上高峰的清晰路径。

一、自主创新　锻造产品竞争力

"我们要坚持创新是第一动力、人才是第一资源的理念，实施创新驱动发展战略，完善国家创新体系，加快关键核心技术自主创新，为经济社会发展打造新引擎。"习近平总书记在庆祝改革开放40周年大会上说。

关键核心技术自主创新，关乎国家兴衰，也关乎企业存亡。回溯华云数据的发展与变革，对自主创新的坚持和笃定是企业最鲜明的标识。"我们坚信自主成就安全可控，只有拥有云计算领域的核心技术，才能拥有主动安全，把企业风险降到最低，坚实走好每一步。"董事长许广彬说。

多年来，华云数据持续投入几十亿元研发经费，组建了350人左右的研发团队，打造关键核心技术，累计获得了500多项知识产权。特别是近三年以来，华云数据在确立私有云市场领导者地位的基础上，进一步加大投入力度、深化自主创新，全面提升公司在定制化私有云、混合云、超融合、公有云等产品线上的核心竞争力，更好地满足企业按需扩展、易于管理、安全可控的信息化升级需求。

1. 一站式满足企业"混合云"需求

伴随中国政企用户将越来越多的业务数据转移上云，他们对云服务的需求更趋复杂和多元，一方面需要发挥公有云服务快速获取、价格低廉的优势，另一方面又需要私有云服务的安全、自主和可控。在此背景下，至少使用两种不同部署模式的混合云成为越来越多企业的选择，而能否为企业复杂的IT环境提供统一高效的运维和管理，自然成为混合云服务的"刚需"和"痛点"。

2018年9月,直面"刚需"、直击"痛点"的华云数据新一代企业级云平台CloudUltra® 4应运而生。CloudUltra® 4平台能够为客户提供一站式全方位混合云IT管理解决方案,是集公有云、私有云、灾备、大规模集群、秒级扩容、面向应用优化、高性能虚拟化、多云管理、运维支撑、统计分析、大屏展示、自服务于一体的新一代企业级云平台,旨在为企业复杂的IT环境提供统一视角的私有云管理、混合云管理、智能运维、第三方资源纳管,实现"开箱即云",并发挥混合云优势,提高IT运营效率、优化IT成本,帮助企业更敏捷地向云计算、互联网化转型。

在产品架构设计上,CloudUltra® 4平台将计算、存储、网络、安全等资源转化为可统一管理、调度和交付的逻辑资源,通过对云平台进行基础功能、高级特性以及平台管理逻辑层次的划分,灵活满足各类型企业对IT云化的应用需求。

在产品功能上,CloudUltra® 4平台为企业提供弹性灵活的混合云计算能力,满足企业对多云管理的需求,降低多云平台的运维难度,帮助企业跟踪和优化云的使用和成本,最终为客户提供一个安全可控的私有云运行环境和功能丰富的混合云管平台。

测试显示,CloudUltra® 4平台通过提供弹性计算,灵活快速响应业务运行需求,通过资源高可用、分布式资源调度等功能,使客户业务连续服务能力提升至99.99%;通过自动化运维能将运维效率提高数10倍;通过资源复用、服务整合、充分利旧,使得运维成本最多可缩减60%。

2. "云+超融合"助力上云提速

2019年被认为是5G商用元年,大带宽、低延时、广连接的信息基础设施布局,让"万物互联"的时代加速到来。"万物互联"时代,物联网传感器密集部署,数据量势必迎来爆发性增长,将数据梳理并挖掘出价值是物联网的核心所在,这就对大数据分析的底层架构——云计算的快速部署提出了更高要求。

聚焦云计算的快速部署,2018年6月,华云数据下出"先手棋",将云计算与超融合相结合,正式推出能够实现低门槛、快速搭建私有云的"云+超融合"架构——华云数据企业级超融合H2CI™,同时推出了与战略合作伙伴VMware共同打造的基于vSAN的企业级超融合产品和基于VCF的混合云超融合产品。

华云数据企业级超融合H2CI™经权威机构中国信息通信研究院测评,已经通过"可信云超融合评估",是企业业务上云产品选型的重要依据,是目前客户可放心、可信赖的超融合产品采购的重要因素。交通、制造、教育行业的多家企业已成为华云数据企业级超融合的首批用户,正在通过超融合实现云的快速部署。

不仅如此,H2CI™搭载的是华云数据自研的超融合软件H2CIUltra™,可以实现与华云数据私有云平台CloudUltra®的天然融合，在部署过程中实现无缝对接，能够轻松被纳管。H2CI™的硬件采用Intel Purley平台，这也就意味着用户买到最为"保值"的硬件，防止因Intel处理器迭代带来的投资风险。同时，最新的Purley处理器可以秒级创建云计算环境，满足企业的高性能体验。

在2018年9月世界物联网博览会上，华云数据企业级超融合产品H2CI™获物博会科技大奖。

二、专注深耕　提升行业穿透力

计世资讯（CCW Research）发布的《2018年度中国私有云市场现状与发展趋势研究报告》指出，政务云、制造业、金融云等私有云市场（三大行业市占率超过60%）的活跃，以及各地政府推动企业上云计划的实施，为中国私有云市场的发展提供了坚实的基础，预计到2022年，中国私有云市场规模将达到近1000亿元。

私有云市场不断扩展的过程，也是云服务厂商对不同行业深耕细作的过程。为了更好地满足不同行业和企业对云服务的差异化、个性化、定制化需求，华云数据从2017年开始深入拓展行业市场，于当年6月加入中国城市轨道交通协会，推广轨道交通云典型案例的部署；于当年8月成立大政府、大客户、运营商、轨道交通、能源电力五大行业销售部，着力提升服务不同行业的深度和精度。持续的专注深耕，让华云数据在轨道交通、教育、制造等行业领域打造了一批标杆案例，拥有了同业中出类拔萃的行业穿透力。

1. 服务"超级用户"

国家超级计算广州中心业务主机——"天河二号"超级计算机系统，是国家"十二五"863计划重大项目的标志性成果。然而要面向全国科研院校提供云计算服务业务，原有平台缺乏IT资源自动化交付能力、云计算服务运营能力和自动化的云运维能力。

华云数据CloudUltra®私有云平台助力超算中心在一个月内完成生产级别的云平台规划、部署、联调、测试、上线、试运行和培训等全流程服务。强大的服务能力保障超算中心512台云服务节点部署上线缩短至一个月，部署效率提升50%；支撑超算中心各业务系统安全、可靠、稳定运行，客户的图形渲染效率提升40%；助力超算中心对外提供7×24小时不间断按需的优质资源服务，实现业务的快速发展与模式创新。

在2019年丹佛OpenStack开源架构峰会上，超算中心项目惊艳亮相，成为亚洲唯一一家入围"超级用户大奖"的项目。未来，华云数据还将继续支持超算中心从横向和纵向两方面不断扩充平台资源、提升平台功能，为自身及客户提供更好的云计算服务。

2. 打通用户场景应用"全价值链"

华云数据为无锡地铁提供了完整的一站式上云服务,打造了地铁3号线云计算平台、便民服务云计算平台、自行车云计算平台,保障无锡地铁业务安全、快速的响应和稳定的运行。

特别值得一提的是,华云数据为无锡地铁打造了地铁"互联网+"应用,率先在国内推出APP移动支付的乘车应用,实现跨多城区、跨多场景、跨多终端的多维立体应用,满足用户工作、生活、娱乐、学习的全方位融合场景需求,一站式轻松穿行在城市各个角落并完成全场景应用,打通用户、场景、应用的"全价值链"。

在便民服务APP"码上行"上,手机扫码即可轻松乘坐地铁,告别传统卡片排队购票时代;即可使用公共自行车绿色出行,解决用户从家到地铁的短途打车或长时间步行"痛点"。用户在乘车期间,还可以在APP上实时观看喜爱的电视或直播节目,利用碎片化时间享受视频娱乐时光,即使在地铁隧道的复杂网络环境下,视频依然可达到秒级起播,无延迟,无卡顿。抵达目的地后,如果遇到下雨天气、携带超大行李、轮椅乘车、物品丢失等,还可以免费享有爱心借伞、行李运送、无障碍服务、寻物启事等贴心服务。

无锡地铁的一站式上云,将数据中心服务器资源利用率从30%提升到70%,降低成本25%,管理效率提升近3倍,地铁客流码出行比例占到40%左右,地铁内部售票机以及单程票使用率明显降低,地铁运维成本得到有效控制。

3. 助推"智能制造"

深圳劲嘉集团是中国生产规模最大、科研创新能力领先的现代化大型综合包装产业集团。公司于2017年9月正式启动集团工业物联网平台项目建设。面对现有IT设施无法满足业务快速上线需求、运维成本居高不下、企业并购产生数据孤岛等多个难题,华云数据基于云平台CloudUltra® 4构建应用云化的IaaS平台和数据云化的PaaS平台,提供弹性的资源共享池和集中的数据存储池,实现业务快速上线和弹性扩容;利用统一监控运维平台,提供云平台和业务层级的全局监控,实现自动化运维;建设包装行业服务云平台,提供面向集团上下游分子公司的运营服务。

上云效果立竿见影。借助华云数据量身定制的智能制造解决方案,劲嘉集团工业物联网平台将云计算技术与传统制造行业应用如MES、SAP等充分融合,实现业务大数据的集中和变现;减少传统IT模式下新应用部署和上线对运维人员的支持要求,提升运维效率10倍以上;实现从成本中心向服务中心的转型,向行业内上下游客户赋能,探索了劲嘉集团商业运营的新模式。

三、开放融合　造就生态整合力

2019年7月，国家网信办、发改委、工信部、财政部制定了《云计算服务安全评估办法》，旨在提高党政机关、关键信息基础设施运营者采购使用云计算服务的安全可控水平，降低采购使用云计算服务带来的网络安全风险，增强党政机关、关键信息基础设施运营者将业务及数据向云服务平台迁移的信心。国家政策的鲜明导向，显示出对自主、安全、可控的云计算、云生态的迫切需求。

方向既定，关键是如何聚沙成塔、滴水成涓，一步一步将中国的云生态构建起来。华云数据走进了舞台中央，打出海外技术并购、自主创新研发、产品兼容认证的系列"组合拳"，开始为中国云生态垒起一砖一瓦，让中国云生态的未来轮廓渐渐清晰。

1. 战略并购补技术短板

美国时间2019年3月1日，由华云数据主导的一桩并购在硅谷完成——华云数据斥巨资将美国领先超融合软件厂商Maxta, Inc.全部资产合法合规收购，从而独家拥有Maxta, Inc.包括产品技术、专利软著、品牌、市场在内的全球范围资产所有权。

Maxta, Inc.所擅长的"超融合"，是能够快速推进企业上云的一种方式，也是一个规模巨大并高速成长的市场。从国际分析机构IDC公布的2018年全球融合系统市场季度追踪报告公开数据来看，2018年全年超融合已经占有接近60亿美元的市场收入，比2017年同比增长高达近80%。这样的市场成长速度，在云计算、大数据、物联网等各领域中也非常突出。然而，超融合的领先技术大部分掌握在美国公司手中，从国际权威的Gartner魔力象限、Forrester Wave图谱中可以很明显地看到这一点。

因此，对于华云数据而言，这是一次具有战略意义的并购。它不仅开创中国云计算企业收购国际领先技术的先河，更填补了中国云计算产业中领先超融合技术的空白，对于中国云计算产业发展、中国IT产业升级都具有深远影响。补上这块短板，华云数据打造中国第一条自有企业级云操作系统的梦想，不再是一个遥不可及的梦想。

2. "安超"出世开中国先河

天下武功，唯快不破。2019年8月，仅仅在并购完成后五个月，华云数据就将Maxta, Inc.技术优势和自身产品体系相结合，重磅推出国产通用型云操作系统安超OS™。这是一款具有应用创新特性的轻量级云创新平台，依托国内雄厚资源和全球领先技术，支持国内外众多品牌服务器，全面适配国内外芯片、操作系统和中间件，能够让政府和企业客户通过简单便捷的操作实现云部署和数字化转型，推动数字经济快速发展。特别是在国产化与通用型方向上，安超OS™做了三个方面的重要演进。

它的"诞生",不仅兼容国产服务器、CPU、操作系统。安超OS™对代码进行了全新的架构扩展,创建并维护新的一套代码分支,从源码级完成众多底层的对国产服务器、CPU、操作系统的支持。而且,扩展了通用型云操作系统的易用性。安超OS™提供像服务器操作系统的光盘ISO安装方式,可以30分钟完成云操作系统的搭建,并具备一键集群启停、一键日志收集、一键运维巡检业务等通用型云操作系统所必备的易用性功能。更重要的是,它增强了国内行业、企业所需的安全性。安超OS™的所有源代码都通过了相关部门的安全检查,确保没有"后门"等漏洞,杜绝安全隐患,并通过了由中国数据中心联盟、云计算开源产业联盟组织,中国信息通信研究院(工信部电信研究院)测试评估的可信云认证。

相对于手机和PC操作系统,云计算操作系统更为复杂,是构架于服务器、存储、网络等基础硬件资源和PC操作系统、中间件、数据库等基础软件之上的,管理海量的基础硬件和软件资源的云平台综合管理系统。以云计算操作系统为核心,连接的是贯通IaaS、PaaS、SaaS等各个层级的整个云生态。

华云数据拥有了安超OS™,如同手握着开启中国云生态之门的钥匙。

2019年8月8日,华云数据国产通用型云操作系统安超OS™发布仪式

3. 融合创新,造中国生态

以云操作系统安超OS™为基础和核心,华云数据乘势而上,在构建中国云生态的漫长

征途上迈出实质性步伐。2019年11月,首款全国产云基础架构平台"安超云一体机"正式发布,其采用华为鲲鹏920处理器,支持包括银河麒麟等国产服务器操作系统,提供包括办公、核算、财务系统等各类应用,为政府和企业提供了完整的一站式安全上云解决方案和国产软件生态应用平台。

安超云一体机产品的快速落地,得益于背后生态的有力支撑。目前,华云安超OS™云操作系统与国产芯片、国产服务器、国产操作系统、国产数据库、国产中间件以及各种国产应用软件的全方位兼容适配工作,正在紧锣密鼓推进之中。在适配兼容方面,安超OS™完成了银河麒麟基于飞腾芯片的互操作认证,中标麒麟操作系统的互操作认证,与普华基础软件和深之度的互认证。在硬件方面,完成了与华为TaiShan服务器、海光CPU服务器、飞腾CPU服务器的兼容测试认证。相关测试结果表明,安超OS™兼容性良好、整体运行流畅且性能表现优异,可满足用户安全性、可靠性及关键性应用需求。

第三节 "华云崛起"的密码

大风泱泱,大潮滂滂。大到一个国家,小到一家企业,文化都是最底层、最根本的竞争力。

纵观华云数据的发展历程,对企业文化建设的重视一以贯之。为了全面精准地提炼企业文化,华云数据通过文献研究、问卷调查、中高层管理人员访谈、员工座谈等多种途径征集、梳理公司文化相关信息,公司决策层多次参与企业文化的提炼和讨论会,广泛征求员工意见,形成了独具华云特色的企业文化、使命、愿景和核心价值观。

这些独特的使命、愿景和核心价值观,融入华云数据的组织机体中、渗透到企业员工的一言一行中,对公司技术研发、产品创新、市场拓展、用户服务等各个方面的影响无处不在、无时不在、无所不在,构成"华云崛起"的隐形密码。

一、"客户至上"外化于行

不同的观念与文化相遇,正如海纳百川一样交汇融合,在不断的碰撞交流中,华云数据独特的企业文化逐渐形成——"客户至上、诚信为本;创新向上、学无止境;合作共赢、积极承担"。

"客户至上、诚信为本",就是一切以客户为中心,专注为客户创造价值,做客户背后的力量;言出必行、说到做到,以诚实守信赢得客户、合作伙伴、供应商和同事的信任与尊重。为了让这8个字落实落地,华云数据的运维团队十分重视客户体验,一年365天、7×24小时都在服务客户的路上,寒来暑往、从不间断,始终奋战在一线,为客户的各类产品服务保驾护航。比如无锡地铁"充值不排队,乘车不带卡"的优质体验背后,就凝结着包括质量工程师在内的许多华云人的汗水,以及无数个在客户现场奋斗的日日夜夜。

"创新向上、学无止境",就是以开放的心态不断学习,兼收并蓄,潜心深耕;敢于挑战保守陈旧,持续创新改进,保持行业领先地位。比如在北京云谷数据中心项目的服务过程中,华云数据团队在承接项目之时并没有部署相关网络架构的经验,团队成员迎难而上,运用已有知识,经过几个通宵的努力,摸清了设备部署、网络规划和相关配置,完成了数次的反复验证和测试,在后续的三个月内帮助客户通过一次次审查。

"合作共赢、积极承担",就是充满激情为了共同的事业努力拼搏,主动平等沟通,积极互相帮助,通过团队的力量达成共赢;责任在肩不怕艰难,深知时不我待,时刻保持紧迫感和危机感。以营销中心打造的益普索私有云托管项目为例,参与同事在深刻了解公司业务体系的基础上,利用公司积累的行业经验快速反应,向需求方提供托管私有云解决方案,并在签约过程中协同财务、法务、交付等多个部门,汇集众智、集聚众力,完成大量文字翻译、合同审核等工作,顺利完成签约。

2020年1月4日,安徽省信息技术应用创新产业联盟与安徽信息技术应用创新适配中心云计算实验室正式揭牌,华云数据董事长许广彬担任揭牌嘉宾

二、"中国心"造"中国云"

都言"人如其名",从名字中可窥一斑而见全豹。企业的名称,同样蕴含着有关企业特质的核心信息。正如"华云"中包含一个"华"字,华云数据始终与中国云计算产业发展、中国企业数字化转型进程紧密联结在一起,也一直以助力中国企业上云、助推中国云生态构建为己任。梳理一家企业与一个产业的发展脉络,可以清晰地看到它们与企业使命、愿景、核心价值观的同频共振、交相呼应。

以"推动中国企业全面上云"为企业使命,华云数据深入了解行业需求,提供行业定制化解决方案,做符合中国人使用习惯、最懂中国企业的云服务商,致力于成为中国以至亚洲云计算的代表。

以"做中国企业背后的力量"为企业愿景，华云数据愿做中国企业背后强大的支撑力，以科技带动产业，以服务驱动发展，为中国企业的创新与发展赋能，让中国企业成就世界梦想。

以"初心、匠心、中国心"为企业核心价值观，华云数据把不忘初心、专心专注作为起点和初衷，把工匠精神、细心用心作为现在和基石，把社会责任、爱国心作为未来和使命，形成了"以文化驱动公司发展，以公司发展促进产业振兴，以产业振兴推动国家强盛"的良性互动。

十年荡气回肠，十年海阔天空，十年如诗如歌。以"中国心"造"中国云"，华云数据已帮助无数中国企业踏上上云之路，获得了业务灵活性，拓展了业务领域，提升了企业价值。以"匠心"致敬"初心"，华云数据凭借过硬的产品质量和用心的企业服务，赢得了广大用户的好评和信赖，成为"私有云领导者""混合云专家"，在激烈的市场竞争中脱颖而出。

站在下一个十年启幕的全新起点，时间再度开始，华云再次出发。

[董事长专访]

以推动中国企业数字化转型为己任

——华云数据有限公司董事长、总裁许广彬

《样本》:"安超云一体机"从项目立项到产品发布,只用了不到三个月,效率令人惊叹。作为公司领导者,您如何调动与保持员工的奋斗激情和战斗精神?

许广彬:我希望把公司团队的每一位核心成员都当作创业合伙人来对待。早在五六年前,我就从个人股份里拿出10%,用于激励公司的管理层,这是物质层面的激励。除此之外,更重要的是价值观层面的认同。我希望公司团队里的每一个成员,都能对华云数据在做的事业保持初恋般的热情和宗教般的信仰。特别是在国际经贸形势复杂严峻的背景下,中国云计算的国产化替代势在必行。我经常和核心团队的成员说,要相信华云数据所进行的探索,意义不止于企业自身,更在于为中国云计算发展、云生态构建贡献绵薄之力。这种使命感才是更强的驱动力,驱动华云数据不断变革创新,更好地服务中国政企用户。

《样本》:您如何解读"创新"的内涵,于华云数据的意义有哪些?

许广彬:创新流淌于企业的血液中,让华云的成长充满活力和动能。技术创新是华云成长的关键要素,创立九年多,公司70%左右的资金都投入到研发中。在商业模式上,华云也紧紧围绕发展目标,根据市场的变化不断实现自我进化:从公有云到私有云,再到安超以及国产化商城。可以这么说,华云一直在走着一条独有的道路。我们也在不断地实践中总结发现,只有坚持不懈地围绕企业的发展战略,专心聚焦战略目标,在前进的道路上不断深耕,才能驱动企业持续不断地成长。

《样本》:如今,云计算市场技术迭代速度不断加快,用户需求纷繁多变,企业决策的风险不断增大,华云数据如何既保持决策灵活度、又控制决策风险?

许广彬:任何业务决策都会有风险,错了不可怕,可怕的是你不敢迈出那一步,因为你不迈的话永远不知道这一步迈出是对还是错。就像华云数据2013年时转型做私有云,当时很多人质疑,说全世界都没有这种模式,根本就是一个伪命题。但我们基于对中国客户需求的理解,基于中国云计算市场与海外市场差异的判断,认定私有云不仅可以做,在中国还大有可为。后来的事实也证明我们当时的判断是对的,如今中国私有云市场规模大于公有云。而对于华云数据来说,向私有云转型是发展历程中最关键的决策之一,为公司今后的发展奠定了扎实基础。关键是真正以用户需求为中心，敢于做出关键决策，并根据市场变化灵活调整。

《样本》：从私有云到超融合，从企业级云平台到国产通用型云操作系统，近两年华云数据产品和服务的创新速度进一步加快，这背后是用户需求的不断流变。您如何看待当前中国云服务需求总体的变化趋势？

许广彬：我们最初做私有云时，面向的主要是金融、教育、能源等行业的大型机构用户，单个项目合同金额往往在千万元以上。当我们的私有云满足了很多大型用户的云服务需求，之后如何进一步提高服务的广度和深度，面向广大的中小型用户，是我们重点研究的一大课题。他们之中不少还没有上云，还没有享受到数字化转型的红利。现在我们做"安超OS™"云操作系统，面向的主要就是这些中小型用户，他们可能只买一两套设备，但离不开我们的云操作系统。我们不依赖华云数据自己的销售人员，而是与硬件厂商深度合作，借助合作伙伴的销售网络，让华云数据的云服务覆盖更多中小型用户，让广大中小企业加快上云。

《样本》："安超OS"云操作系统的成功研发，开启了华云数据发展的新篇章。以云操作系统为核心，打通Iass层、Pass层、Saas层，云生态构建的步伐有望进一步加快。您希望华云数据在此过程中扮演怎样的角色？

许广彬：构建云生态是一个宏大的系统工程，并不是一两家企业能做的，需要很多企业共同参与、开放协作。对于华云数据来说，因为推出了"安超OS"云操作系统，事实上处在一个生态系统中承上启下的位置，向下可以适配各种服务器、芯片，向上可以承载各种基于不同行业、不同场景的应用。在这个过程中，正如"安超OS"云操作系统具有无厂商锁定的特性，我们希望华云数据能作为一个完全中立的第三方，与生态圈中的伙伴开展友好合作，共同努力把中国的云生态建立起来。我相信这需要久久为功、持续发力，华云数据目前还处在起步阶段，但我们会持之以恒做下去。

《样本》：您如何看待长三角一体化建设对华云带来的影响，华云将如何融入其中并发挥作用？

许广彬：国家支持长江三角洲区域一体化发展并上升为国家战略，着力落实新发展理念，构建现代化经济体系，推进更高起点的深化改革和更高层次的对外开放。这对长三角地区的每一家企业来说都是发展的机遇。华云在江苏、上海、合肥等地均有分公司。过去几年间，无论是在城市交通还是在智慧城市的打造方面，华云都积累了相当丰富的经验。2018年，华云利用云计算和大数据技术帮助上海临港打造了国内外首个城市级地理建筑设施融合的数据平台"智慧临港BIM+GIS城市大数据平台"，将临港打造成生活舒适、产城融合、智能高效的"未来之城"。华云也期待着，未来能有更多的机会参与到长三角的发展与建设中，与长江三角洲地区的企业与人民共同发展。

> 专家点评

"中国心"造"中国云"

熊彼特在《经济发展理论》和《资本主义、社会主义和民主》两部著作中强调，创新在经济和社会变迁中起着重要的作用。他一生目睹了许多伟大的发明和企业家的涌现。所以他提出，创新是发展的源泉。可以说，改革开放的中国，印证了他的话；而迈入深化改革的中国，迈入新时代的中国，所迎来数字时代的重大机遇与挑战，其实已经成为中国创新战略的重要内容和引擎。而云计算作为底层IT技术，已成为推动数字经济和社会事业发展的重要驱动力。

当上海、杭州、深圳等城市将数字经济作为城市支柱产业和重大发展战略之时，蓦然回首，云计算随着大数据的大规模应用竟然已经走过十来个年头。也由此推动华云数据的诞生，并成为中国云计算产业创新变革的参与者、推动者和引领者。

无论是定制化私有云、混合云解决方案，还是提供大数据、超融合产品、公有云和IDC转云等服务，或者是完善产业链生态，与合作伙伴共建云生态圈，总体上在多领域多行业齐头并进，在政务、产业、城市公共事业还是金融等领域协同开发共建等，华云所实施的战略与发展模式，是中国头部数字公司的共有特征，也是我们今年所考察尤其是选择的数字企业样本的共有特征。所以，华云所具有的自主创新精神、战略聚焦和路径多元的发展思路，都是符合时代趋势的。抓住时代脉搏，洞察先机，是领先者的必备才智。

而保有一颗爱国心和使命感，也是今年样本企业家们最大的共性，却更是华云数据创始人许广彬先生给我最大的感受。所以，我能够感受到他在采访中不断表达的心声："我希望公司团队里的每一个成员，都能对华云数据在做的事业保持初恋般的热情和宗教般的信仰。"

持续十几亿元研发投入，打造关键核心技术，累计获得500多项知识产权。让自主创新，关乎国家兴衰，也关乎企业存亡的坚定信念，直接转化为企业生产力，也让个人的家国情怀有了极佳的阐述。而政务云、制造业、金融云等私有云市场的活跃，以及各地政府推动企业上云计划的实施，为中国私有云市场的发展提供了坚实的基础。华云数据快速进入私有云市场并着力提升服务不同行业的深度和精度，也反映了企业对中国企业和中国市场的独到之见，以及强大的建设能力，才拥有了出类拔萃的成绩。

另外,华云数据的成功,还基于一切以客户为中心,专注为客户创造价值的使命必达。协同创新不停止,合作共赢不放弃只是价值观的践行与体现。应该说,有这份为顾客的初心、打造产品的匠心和对中国发展与强大的爱国之心,才有华云今日之地位和令人自豪的荣誉。

还是如许广彬所说的:华云数据所进行的探索,意义不止于企业自身,更在于为中国云计算发展、云生态构建贡献绵薄之力。这样一种使命感才是更强的驱动力,驱动华云数据不断变革创新,更好地服务中国政企用户。

蒋　斌　上海长三角商业创新研究院秘书长

《长三角商业创新样本》出品人兼总编

第八章
国货升级的先行者

——杭州网易严选贸易有限公司

- **楔子：** 品质生活新篇章
- **企业概况：** 网易"严选"，回归专业主义
- **创新解读：**

    第一节　助力新时代

    第二节　打造"品质+服务"核心竞争力

    第三节　中国好货致敬商业未来

- **董事长专访：** 礼续文脉，筑实品牌之基
- **专家点评：** "质"造，经济转型变革的起点

楔 子

品质生活新篇章

不知从何时起,我们已经习惯了保持视线水平向下的姿势,手指在方寸之间的荧幕上来回滑动。对许多人而言,一年间,我们的手指在手机屏幕方寸间游走的距离,甚至超过双脚走过的路程。只要轻触手机屏幕,一件电器已经寄给千里之外的父母,一辆专车即可如约而来……随着移动互联网与我们生活的不断融合,我们的生活方式也在悄然改变。

2016年4月,立志要为中国消费者甄选天下优品的网易严选诞生。在网易品牌的背书下,网易严选"脱胎"于网易公司邮箱事业部,背靠10亿流量,来自网易全业务矩阵的引流,以及专业的渠道铺设与供应链管理……网易严选继承了网易一贯的品质基因,凭借多项业内首创举措,成为彼时电商市场中最抢眼的一匹黑马。

新的商业模式暗潮涌动,互联网改变着人们的生活方式,时代的车轮滚滚向前。在快与变之中,在速生与速朽之间,那旋转的万花筒,有一个坚定稳固的内核,它们经历时间的淬炼,依然散发出不变的灼灼光芒:对商品经济更发达、国人生活更美好的向往,对诚信与仁义的信奉,对更符合人性与人类发展方向道德律的坚守。

> 企业概况

网易"严选",回归专业主义

成立20多年来,网易公司先后推出了门户网站、在线游戏、电子邮箱、在线教育、电子商务、在线音乐等多种服务。在这一过程当中,"逐利"从来不是公司CEO丁磊最关心的事情。亦如其旗下电商品牌网易严选,产品不在多,而在精,要做就做到极致,供应具有工匠精神的特色国货精品,引导品质消费需求升级。

一、为国人甄选天下优品

1997年网易公司成立,次年1月开通免费电子邮件服务。

2016年4月,基于邮箱业务孵化的网易严选正式面世,其首创的严选模式,以直连制造商和消费者的方式,除去品牌溢价和中间环节,致力于为国人甄选高品质、高性价比的好产品。

成立三年多,网易严选已拥有10个大品类,力求满足人民生活所需的方方面面。凭借创新性的核心价值,形成了独特的"严选模式",顺应了中国经济供给侧结构性改革,深刻影响了中国的商业格局,也创造了巨大的社会价值。

作为致力于打造零售业新标杆的电商品牌,网易严选在筹备阶段,即执行电商行业最高标准,将退换货期限放宽至30天,远超国家规定的7天标准。在电商各类促销活动进行得如火如荼之时,网易严选反其道而为之,2016年"6·18"与"双十一"期间,这个新兴电商提出"三件生活美学"概念及"限购"措施,三件以内的商品可以享受八折优惠,而超出部分一律不打折,将"简单就是美"的生活理念传递到购买行为中。

除了电商渠道,网易严选不断进行线下零售业态的试水和跨界尝试,在发展新零售的探索上不断前进。2017年,将触角伸向了酒店、书店等多个零售业态。2017年8月,第一家"亚朵·网易严选酒店"落成,之后与万科合作"严选HOME",探索酒店民宿的异业合作;2018年7月,网易严选专用货架及商品出现在内蒙古安达便利店;2018年12月,在杭州开出第一家线下品牌店;2019年1月,联手实体书店文轩BOOKS,推"新中产的书房";2019年1月,联手屈臣氏设立"Watsons+网易严选"联营店。

杭州龙湖西溪天街店

二、领跑新消费

自2016年4月上线以来,网易严选已拥有居家、餐厨、配件、服装、电器、洗护等10个品类。

网易严选并不崇尚"消费主义"至上,不宣扬铺天盖地的"买买买",不需要把大把的时间和精力花费在挑选商品样式上,而是"需要的时候严选已经帮我选好了"。"当产品符合我的生活方式和价值观,且设计感强,价格适中,那为什么还要去其他电商花费巨大精力甄别呢?"

2017年11月,网易公司CEO丁磊首次提出了"新消费"及"严选模式"。他提出,当今新消费时代的内核是消费需求和消费观念的升级,消费者们更"注重理性消费""注重自我价值""注重简单时效""注重生活美学""注重环保健康",他们期待更优质的商品、服务和体验。其中,打破线上线下的界限正是实现新消费的方式之一。网易严选也顺应了新时代的变化,打通线上线下,不断尝试新零售的种种可能性。其核心理念是:依托自身对供应链各环节的强把控能力,以大数据为驱动,提升商品品质和消费者体验为目标,整合资源,灵活调度,实现开发—生产—销售全链路的整体效率升级。

对网易严选的消费者而言,买一件商品不是为了炫富,而是为了符合自己的内心需求，回归物品使用价值本身，追求其实在好用。这种反消费主义最终形成了新的消费符号——"普通人用得起的优质品牌"。

为消费者提供价优物美的消费体验，不求大求全，而是求精细、求品质，以输出好产品、好服务为己任。在中国互联网电商的澎湃大潮中，网易严选不是万吨巨轮，却是破浪前行的竞发者，承载着中国制造、中国好货的梦想驶向远方。

创新解读

随着中国经济的发展,国人对产品质量的要求越来越高,中产阶级的崛起,让具有工匠精神的企业才能活得下来。而在中国经济供给侧结构性改革的大趋势下,网易严选旗下的国产好货正在书写着从"中国制造"到"中国质造"的新商业故事。《2019中国品牌发展报告》相关数据显示,在中国品质电商类新国货口碑中,网易严选以52.32的得分位居榜首,而在消费者的消费意愿和推荐意愿中,网易严选以31.4%的占比高居榜首。

第一节 助力新时代

艾媒咨询《2019年中国电商半年度发展全景报告》显示,2019年上半年,中国网络零售总额195209.7亿元,占社会零售总额的24.7%,预计2019年年末,中国移动电商用户规模将达到7.13亿人。我国世界第一大网络零售市场地位进一步稳固。然而随着网民数量增长的趋缓,电子商务也面临着总体增速趋缓、市场竞争加剧、线上成本攀升的发展环境。国内消费变革大潮涌动,消费升级、品质升级、个性化需求崛起,消费需求反向指导生产应运而生。在新一轮市场竞逐中,传统产业带动制造优势依旧明显。如何在产业互联网时代让传统制造业的生产更精准,成为很多制造厂商需要思考的问题。

一、打开中国制造蓝海

随着我国经济发展,居民收入快速增加,中等收入群体持续扩大,消费结构不断升级,消费者对产品和服务提出更高要求,更加注重品质,讲究品牌消费,呈现出个性化、多样化、高端化、体验式消费的特点。

伴随中国制造业的崛起,很多迷恋国外制造的人逐渐发现,他们辛辛苦苦从海外淘回来的商品上印着"Made in China"。中国制造在国际上的位置,早已从生产便宜的、次级品的定位上离开。中国制造在各方面领先全球,在设计、工艺、生产、管理各方面都达到了一流水准:中国好货,需要一个更大的展示平台。另外,中国制造也遇到了发展困境。

比如，很多优秀的中国制造工厂面临国外品牌不断压价、同行恶性竞争导致订单流失、账期太长带来资金周转困难、大品牌制造基地向国外转移等问题；同时，由于长期代工，制造业对最终端的消费者需求和市场变化缺乏足够了解，转型升级无从下手。

凭借互联网的技术优势、人才优势、资金优势，网易严选在供给侧结构性改革的浪潮中兴起，在助力优质制造商成长的同时，为中国制造提供了无限可能。

二、搭乘电商升级的顺风车

从2009年第一个"双十一"至今，电商购物节已走过了10个年头。各大电商平台快速圈占领地，便宜成为电商的主要关键词，与此同时电商的缺陷逐渐显现，商品质量良莠不齐、物流缓慢、售后无保障……10年间，电商的购物流量红利逐渐褪去，电商平台促销、限购和抢购等价格战方式的效应开始减弱，纷繁杂乱的商品展示越发臃肿，购物节之后理性消费的声音逐渐强烈。电商净营收增速逐渐放缓，开始步入竞争显著加剧的瓶颈期。

据电子商务研究中心监测数据显示，2013年至2018年，中国人均GDP由43852元增加至64520.7元，增长率为47.1%。人均可支配收入也由2013年的18311元增加至2018年的28228元，增长率54.1%。居民收入的增长，使得居民消费也由生存型消费向享受型消费转移。消费者变得更加"精明"和"挑剔"，消费理念发生了很大变化，他们已经从单纯的"买得到"过渡到要"买得好"和"买得放心"。对于商品的追求更高，维度更多元，生活格调的重视程度进一步提升。而现有的主流电商模式，生产者和消费者之间还存在着信息不对称的问题，市场和需求常常脱节。消费者虽然"买得到"，但"买得好、买得放心"的需求未能得到很好地满足。

消费诉求的转变促使电商的转型升级，传统电商平台市场竞争同质化严重，无法满足消费者的多元化需求。陈旧的问题需要解决，新的机遇也等着被发掘。在此背景下，品质电商快速崛起，在一定程度上满足了居民对商品品质的追求。

通过流程再造，网易严选重塑了电商的品质和服务标准，为广大消费者提供放心的购物体验和质优价廉的商品，从而更好地满足人民群众对美好生活的追求。

三、引领理性消费潮

法国哲学家让·鲍德里亚（Jean Baudrillard）在《消费社会》一书中曾提到，符号消费不止于解决温饱问题，它其实是消费者的"自我实现"，是为了体现"自我价值"的消费，也可能包含炫耀性因素在内；在鲍德里亚看来，消费不仅是购买消耗品的暂时性行

新时代体验馆

为，也体现着消费者的选择和个性。这一观点同当下新时代中国的一些新中产的消费观念不谋而合，这部分群体的一个最大的特征就是，消费理性化倾向明显。同时这种新消费观念还有两个特点，第一是不再注重价格优势，对商品的品质、服务有了更高的要求，由此愿意为品质和服务买单；第二是在精神层面的消费支出越来越大，也就是自我提升的需求增加。

随着经济的不断发展和人民生活水平的日益提高，我国新中产消费群体开始进入一种简单、平衡的生活状态。这类群体以80后、90后为主力军，25~40岁的人群占比较高；他们有着良好的教育背景，多居于国内一二线城市，追求有品质、有态度的生活。在日常消费时，他们不再过分炫耀物质，转而追求以"商品美学"为内涵的精神消费，注重生活美学和商品原创设计的体验，同时具有强烈的社会责任感和环保意识。对他们而言，消费是删繁就简的过程——更加注重商品品质、美感，消费者把消费行为和生活态度、精神需求相联系，而非简单的生理需求满足。不是越贵越好，而是这样就好——消费行为的变化加速了网易严选的崛起。新中产这种回归理性的消费观同网易严选所倡导的简约精致的生活态度相契合，企业自然而然地将受众锁定在这一群体身上——秉承实用主义，推崇优质但不过度。

网易严选在互联网人口红利优势减弱之时，找到了电商的突破口，并先于其他电商，推出了适合中国消费市场的品质电商品牌。

第二节　打造"品质+服务"核心竞争力

在网易严选的大楼里，随机选取20个员工询问网易严选最大的竞争力在哪里，他们都会不约而同地回答：产品本身就是竞争力。网易严选的员工对自家产品有着发自内心的执着和热爱，也有着克服困难、精益求精的价值取向。这种精神引领着企业不断向前，也推动着中国制造业的进步和革新。

在必需品消费时代，物美价廉是最优选，消费者更关注商品价格，价格是否低廉是购买的主要决定因素；进入品质消费时代，消费者开始更注重商品品质，这也是消费者青睐品牌商品的原因；而体验消费时代，商品的功能价值须让位于体验价值，如何在购物时彰显个性化，获得极佳的购物体验才是消费者最关心的。

一、直采：从工厂到消费者的"一步之遥"

网易严选寄托了网易CEO丁磊的一个梦想，那就是挖掘传统制造业中最优秀部分，然后通过严选与市场需求相连，让传统制造业获得新的生机，创造更大的社会价值。

网易严选采用工厂直供模式，严格筛选每一款产品，去除中间环节，使得产品具有超出期待值的性价比优势。网易严选是上游制造工厂和下游消费者之间的唯一环节，通过互联网企业与制造业深度合作，改造价值链的各个环节，减少中间环节，去除层层溢价，优选精品，形成突出的质价比以及特定的消费理念，与其他电商形成差异化。这其中还包括线上线下的无缝融合，全新的零售经营方式、管理方法及商业形态。

网易严选考察了广东、浙江、江苏、山东等多地的3000余家企业，与其中500多家建立了稳定的合作关系，让中国消费者与中国制造完美对接，商品主要销往北京、上海、浙江、广东、四川等省市，覆盖贵州、新疆等西部省份及港澳台地区。

浙江东方百富袜业制造有限公司是网易严选的供应商，也是CK、POLO、NAUTICA、ADIDAS等国际知名品牌的战略供应商。与传统大牌合作时，每笔订单从设计到生产，再到正式售卖，这一流程至少需要120天。与之相比，网易严选最初与百富的合作订单量并不大，而是在上线后根据销量反馈来决定后期商品规划以及订单量，这样大大解决了库存积压问题，且中间多个环节被去掉后，生产流程可大幅缩短至30天。对百富而言，也可以更好地感知市场，更有预见性地安排生产计划。

再以茶叶为例。茶叶是初级农产品，整个市场头部品牌非常少，整个农产品加工工艺参差不齐，消费者很难筛选到好的茶叶，而知名品牌的价格超出一般用户的承受力。网易严选找到业内知名工厂，从原产地采购，严格品控，定期抽检，严格标明原料等级、产地，为用户提供低价优质的产品。

网易严选雷山店

二、流程再造，缩短产销环节

雷山县位于黔东南苗族侗族自治州西南部，那里的苗族建筑、服饰、习俗、歌舞、乐器、工艺等仍保留着传统、古老、原汁原味的丰富文化内涵，是活生生的"苗族历史文化教科书"，却因其民族特色产品的知晓度不足而导致销售受阻。

网易严选通过对苗族文化历史及传统苗绣等艺术进行挖掘，将蝴蝶纹、鸟纹和龙纹等带有浓郁民族特色的ICON运用在手工艺品、文创商品中，以系列化的方式，达到品牌文化赋能效果。通过挖掘背后的故事进行传播，让更多的消费者熟识银饰、蜡染、刺绣等中国传统手工艺产品；通过对当地供应的特产商品进行改造，让香猪油辣椒、手撕腊肉、雷山鱼酱、醉美人红茶、银球茶等地方美食走出大山。

三、把脉：感知消费者需求

"通过数据了解客户是电子商务的核心。"大数据的应用成为必不可少的环节，在此基础上进行的数据归纳整理和得出的分析结论往往最具参考价值。供应商凭借网易严选大数

网易严选上海兴业太古汇店

据平台,可以在系统中看到商品在平台的销量、最新的库存状况以及平台的备货计划等。供应商可以主动评估用户需求量以及自身的生产力,及时备货进行生产。供应链管理部门会基于过往网易严选的数据表现、品类销售特点等,多方参与确定平台下一步的销售预测,并在此基础上制订库存计划。供应商可据此提前备料。以袜子为例,常规生产周期大约是90天,其中供应商备料约需要45天,生产入库约45天,通过提前备货,可以将供货周期缩短至30~40天。

未来,网易严选还会将系统开放给更多的供应商,实现供应商和严选的协作共赢——充分发挥渠道及营销优势,将用户的商品偏好及问题及时反馈到供应商处,进行产量调整和设计改良,实现柔性供应,能够让制造商快速感知市场,解决传统供需间存在的信息错配及产能垃圾。另外,制造商也能根据消费者的喜好进行个性化定制。

在销售产品时,网易严选会把商品背后的故事、背景、工艺通过详细的产品介绍告知消费者。相较于传统电商"商品丰富但质量参差不齐"的特征,网易严选在商品质量方面有着自己的把控体系,通过优质厂商和平台的双重背书,为用户甄选出高品质、高性价比的优质商品。随着电商行业标准化水平和成熟度不断提升,"劣币驱逐良币"的现象不断减少。互联网电商平台同质化也将推动电商竞争由"价格为先、质量差异化"向"服务为先、性价比差异化"竞争模式转变。

市场决定价格、价格决定成本、成本决定利润、利润决定生存和发展。价格作为调节资源配置的无形之手，上涨可以带动资本投入，下跌则形成淘汰机制，促进市场重新洗牌。在电商激烈的竞争市场中，有的电商平台拼命压低成本，大打价格战；有的电商制定眼花缭乱的优惠政策……其实这些都是表象，真正的成本领先战略，并不是追求成本越低越好，而是要突出创新驱动，依靠管理创新、品质把控、售后服务等环节提高经营效率。

四、管控："大质量"推动服务升级

与电商巨头商品供应自第三方、商品高度同质化不同，网易严选的商品是自有品牌，从消费需求的调研把握，到选品设计、筛选工厂、细节沟通，生产层面的试产量产、质检把关，然后再到上架销售、物流配送，以及售后服务，从起点到终点的闭环，网易严选一手把控，由此，得以绕过比拼价格的同质化竞争深渊。"精品"的背后，是严选从源头上全程严格把控商品生产环节，从选商品、选制造商、生产、质检、仓储、销售到售后服务，全产业链监控，并承诺承担全部责任。

丝丝入扣夯实质量根基，深耕精耘唱响严选品牌。网易严选秉持"产品质量首先是设计出来的"这一理念，在产品设计阶段即介入品控，进行设计端风险评估，产品可靠性验证，新品送第三方专业机构（SGS，ITS等）测试等诸多环节多角度评估商品风险。在产品生产监管方面，在供应商处生产线跟产，以确保质量符合要求。针对试产问题总结改善，制定过程控制措施，确保生产质量稳定性。网易严选建立并健全多维度抽检体系。具有完善的不同维度的抽检规则，在供应商处、生产线、仓库等各维度抽样检测产品，实施监控，确保产品质量始终符合企业的要求。对于国家标准还未完全涉及的产品，网易严选同生产商及质检机构一起探讨，

网易严选上海正大店

致力于制定自己的企业标准控制产品质量。目前已完成生活日用品及杂件等4项企标的建立，明确产品质量性能要求，填补了部分产品无标准可依的空白。

五、智胜：抢占新零售市场

以跨业态合作的方式延伸至线下，将品质体验向生活实景渗透。2017年12月起，严选HOME与万科·泊寓展开深度战略合作，杭州文一社区店、北宸社区店率先亮相。网易严选根据各个项目的空间大小、租住人群等特点，定制化打造风格不同的样板间，同时面向租客推出一整套的"严选软装包"，为他们省去繁复的软装购置过程，提供真正的"拎包入住"体验。此后，网易严选分别与碧桂园孵化的互联网家装品牌"橙家"及携程旗下品牌"有家民宿"合作，成为首选全屋软装合作方。2017年8月，网易严选与亚朵集团合作的酒店开业，推出了严选品牌房，倡导一种新的生活方式，严选生活美学实现线下延伸。酒店里的严选房由网易严选采用自己的商品设计陈列而成，这是国内首家实现"所用即所购"的场景酒店，成为住宿行业的"新零售"代表作，更是电商与线下场景消费相结合的新样本。2018年12月，网易严选首家线下体验店在杭州解百正式亮相，将品牌的互联网风格，以场景化带入体验，提供一个有品质、购物决策简单、购买动线流畅以及支付便利的购物环境，提升物流效率和整体消费者购物体验。通过打通线上线下，建立流量壁垒，打通生产与消费的融合，打造严选IP店铺。

2019年10月18日，网易严选上海首店正式亮相兴业太古汇，门店囊括线上1000+款热销单品，覆盖家居、个护、饮食、户外等产品品类，并设置了专门的标签，展示严选用户对商品的线上评价。除了延续杭州品牌店的风格与智能化零售体验，对店铺的空间呈现、购物体验等方面做了进一步升级，还承担起严选IP商品、热门新品的首发任务。

第三节　中国好货致敬商业未来

在肯尼亚首都内罗毕的街头，中兴、小米手机随处可见；刚果（布）布拉柴维尔体育中心就出自中国之手；2017年10月16日，由中国制造的美国地铁正式亮相；2018年10月26日，华为Mate 20和苹果iPhone XR同时在中国举行售卖会，华为门店一机难求；英国广播电台（BBC）在今年首次使用5G进行电视直播时明确表示，因为使用华为设备，他们才得以使用5G进行电视直播。除了高精尖产品，日用百货更是在世界商品舞台占有一席之地，国货美妆品牌百雀羚，2016年品牌零售额高达138亿元，销售额排名全国护肤品品牌之首，在行业中排名第四；西湖龙井深得欧美人青睐……"国货"走出了凭借廉价的劳动力优势，依靠组装赚取微薄加工费的时代。

一、时代造就工匠

长期以来，我国知名品牌企业不论是在数量还是国际影响力上都与发达国家存在较大差距。网易严选通过建立自主品牌的方式，在中国企业走向高价值品牌的道路上前进了一大步。为了找到一款优质、舒适的拖鞋，网易严选从东到西横跨福建、广东、广西等多省考察，对照着行业内工厂的排名名单，一间间工厂、一条条生产线考察；为了寻访一床真正符合手工要求，丝长、蓬松度等都达到要求的蚕丝被，网易严选足迹遍布浙江、四川等地，走访了全国十几家机织蚕丝供应商的原材料基地……正如丁磊所说："一个公司和产品想要长寿，靠的是认真，是热爱，是精益求精的工匠精神。"

对于网易严选的团队而言，商品不论大小，只要是消费者所需，就不能降低标准。这种理念潜移默化地夯实着中国品牌的实力。诸多产品开发细节，都可看出企业对于品质的执着。为了开发出更健康、风味更好的绿茶，网易严选组建专门团队深入供应商研发中心，组成20人的测评小组现场试样；在新品立项阶段，至少进行了10次修样，在风味达标的基础上，进一步开展内部专项测评，并在最后的产品打磨过程中，避免无糖绿茶饮料存在的茶香味不足、苦涩感强的行业痛点，与研发专家、工厂生产人员多次研讨配方及工艺，并上机试产，最终采用适当烘焙提香、旋转椎体柱蒸馏等工艺，风味得到极大提升，形成以磐安有机绿茶为原料，低温萃取、无菌冷灌装的茶饮。

极致、专注、严谨、创新、精益求精……从青铜文明到科技时代，坚守"工匠精神"是推动社会进步的重要力量。网易严选寄托了为客户供应高质量中国好货的巨大理想，坚守"工匠精神"正在带动一批中国未来的百年制造企业。

二、为用户期待而生

网易严选创立至今，仅用了短短三年多时间就成为一个备受青睐的国民消费品牌。对于品牌而言，从人性上，它是诚信正直的。从商品的角度来说，它又是朴实的，纯粹的。消费者在这个平台上买东西，不需要担心会不会买贵，也不需要担心是不是安全。对于无论身在海外、在农村还是在城市的消费者而言，网易严选的东西或许不是最好的，但一定是最合适的，它不是奢侈品，却是"我想要的"。在平凡中坚守，在执着中超越。将品质与服务转化为企业发展的内生动力与消费者的忠诚信赖，是网易严选人三年探索下来的成果，也是中国制造不断变强的历史见证。

与国内很多传统电商仍将很大精力放在各种营销花样上面相比，网易严选更多聚焦于产品本身。产品足够优秀，势必会得到消费者的认可。网易严选追求货真价实的高质量，产品给人以严谨的做工态度，追求品质之余将"舒适"融入产品，虽然风格极简，但却是对生活、物质欲做了减法之后保留下的高端品牌认知。艾媒咨询《2018中国新消费专题研究报告》显示，网易严选是新消费时代消费者最认可的品质电商品牌。品牌是企业走向世界的通行证，是满足人民美好生活需要的有力支撑，更是国家形象的亮丽名片和国家竞争力的重要体现。

一个企业和产品够不够好，时间会给出最好的答案。或许，在新消费的浪潮里，网易严选能依靠其对消费者的理解，对商业理想孜孜不倦的追求，跨业态的创新尝试，探索出一个消费主权时代的品质零售发展之路。这条路上承载的不仅是对新消费理念的践行，对新零售模式的丰富，对企业成长的期待，还有所有国人对品质生活的向往。

董事长专访

礼续文脉，筑实品牌之基

—— 网易严选

《样本》：如何看待当今中国的制造业市场？网易严选从中能获得哪些启示？

网易严选：从出口产品情况来看，中国的制造业水平远远超出了当前收入阶段对应的国际平均水平。中国制造在各方面领先全球，在设计、工艺、生产、管理各方面都达到了一流水准。随着中国制造业的崛起，很多迷恋国外制造的人逐渐发现他们辛苦淘来的东西标注着"Made in China"。中国制造在国际上的位置，不再仅仅是生产便宜的、次级品的地位了，很多中国制造的东西，水平很高。另外，中国制造业也遇到了发展困境。比如，很多优秀的中国制造工厂面临国外品牌不断压价、同行恶性竞争导致订单流失、账期太长带来资金周转困难、大品牌制造基地向国外转移等问题；同时，由于长期代工，制造业对最终端的消费者需求和市场变化缺乏足够了解，转型升级无从下手。网易严选在做的，就是为这些优秀的中国制造，提供一个更大量级的平台。

《样本》：网易严选能成为中国品质电商的开拓者，并收获消费者的青睐，"秘诀"是什么？企业秉承什么样的价值观？

网易严选：我觉得做生意，最重要的是两件事。第一，按时付给别人工钱，不拖欠，不推脱。第二，把好的东西卖给消费者。我对网易严选的商品非常自信，我们员工休闲时吃的零食，就是我们卖的食品。甚至有政府领导来考察，休息时招待来宾的食品、饮品都出自网易严选。品牌的最高境界是信仰，即价值观的认同。企业价值观的取向对于企业规范性的提升有着重要的影响。想要建立百年品牌，企业必须拥有被广泛认可的商业理念。我们认为，品牌的成功在于坚持并传播共同的认知价值。一个企业没有信仰，就好像一个人没有灵魂。这种义利兼修的价值观就是网易严选发展的"土壤"，土壤肥沃了，长出的果实才更丰硕。我们一方面希望通过网易严选高质量的商品引领加速中国品质消费升级，另一方面也希望通过这种方式实现传统文化价值观的传承。"搭台育匠人，圆梦筑匠心"，这正是我们所追求和倡导的。

《样本》：长三角一体化发展具有极大的区域带动和示范作用，要紧扣"一体化"和

"高质量"两个关键,您怎么看待中国未来的高质量发展,具体到网易严选,如何抓住这一机会?

网易严选: 中国品牌、美好生活、传统制造业升级……当下所有这些大家最关注的关键词,其实都是我们网易严选一开始就在倡导的东西,(我们本身就)嵌入了这样的基因。所以,现在政府再次提出这些内容的时候,对网易严选的助力是越来越大。举个最简单的例子,前不久浙江省常委会讨论中美贸易对浙江省制造业的影响的时候,我们是领导提到的唯一一家对制造业有帮助的企业。这个不是给自己贴标签,而是我们本身的特质符合国家的需要。很多领导都对我们提出了一个要求:"不要只提中国品牌,要再加两个字,中国制造品牌。"他们觉得我们不只是一个传统的品牌,他们觉得我们是跟中国制造相关的一个品牌。很多人会觉得我们现在跟工厂没有太大的区别,工厂是把很多原材料组装变成一个产品。而网易严选其实也是这样,把各地的材料收集起来,再发送给消费者。只是说在品牌上、设计上,在对消费者的把握上,我们都多做了一步。

《样本》: 品质和价格,始终是一个矛盾的共同体,需要进行平衡。品牌在快速扩张时,如何对这种高品质进行保持和把控?

网易严选: 忠于品质始终是第一原则。举个例子,你去意大利购物,你在农村里买和去市中心买,产品都可以让顾客放心,因为产品品质都是好的,在价格上不会宰你。无论在乡村还是在城市市中心,你买东西,都不需要顾虑价格、安全这些基本问题,我觉得是一个文明社会应该具备的一个能力。但是现在国内有些地方,你在农村里买的东西,有很多至少不敢给自己的小孩子吃。在网易严选,我们自己的商品,我们也是买了自己吃。我们经常说商品不要以次充好,不要有假货,这些其实都是最核心的商业本质。所以,最本质、最核心的东西一定要保护好。

另外一个,就是要善待(消费者与合作伙伴)。不能因为多数用户是这样,你就可以去牺牲少数用户的利益。其实很多时候,做研发也好,做市场也好,很重要一点就是你不能牺牲用户的利益。用户可以不选择你,但是你不能把现有用户的利益牺牲掉,这是两个不同的概念。

《样本》: 网易严选在许多方面进行了创新,让它成长为除淘宝、京东之外的新模式探索,开辟了电商新路径。最鲜明的特点就是真正深入制造业和产业链中。这其中企业有怎样的考量?2020年,企业的重点布局将在哪里?

网易严选: 网易严选自诞生以来,一直致力于推动互联网和传统制造业的深度融合,实现用户、平台和企业三方互惠共赢。随着中国从"制造业大国"向"质造业大国"的转变,中国的消费也在逐步升级,消费者对品牌和产品质量都提出了更高的要求。在这一过程中,网易严选作为互联网消费品牌,已经成为制造商与消费者之间直接联系的"纽带"。2020年,产业互联网将进一步加速中国零售业的变革。我们将持续专注于品质零售,在品牌提升上发力,在保证用户体验的同时,呈现一个品质化、有活力的品牌形象。网易严选将持续用自己的方式推动互联网和传统制造业实现深度融合,同制造商一道推动中国制造业发展,构建数字化的供应链以及价值链,从而推动整个零售业朝着更好的方向迈进。

> 专家点评

"质"造，经济转型变革的起点

"我国经济已由高速增长阶段转向高质量发展阶段，正处在转变发展方式、优化经济结构、转换增长动力的攻关期。"这是进入新时代以来，经济方面最重要的特征。拥有14亿民众的消费大市场，是我国实现高质量发展的一个重要潜力。如今无论是物质文明还是精神文化的消费者，都已逐渐趋于理性——消费观念变化促进消费行为升级，消费变得更加理性——最终决定消费需求的，是内容和产品本身。

质量是品牌的基础，这也就意味着，生产质量的提升在中国制造转型升级中的位置至关重要。从2016年创立至今，网易严选仅用了短短三年多时间，就成为一个备受青睐的国民消费品牌。对于品牌而言，从本质上来看，它是诚实可信的。从商品的角度来说，它又是朴实的，纯粹的。消费者在这个平台上买东西，不需要去担心会不会买贵，也不需要担心是不是安全。对于无论身在海外、在农村还是在城市的消费者而言，网易严选的东西或许不是最好的，但一定是最合适的，它不是奢侈品，却是"我想要的"。在平凡中坚守，在执着中超越。将品质与服务转化为企业发展的内生动力与消费者的忠诚信赖，是网易严选人三年探索下来的成果，也是中国制造不断变强的历史见证。

这背后的本质是网易严选在电商领域十来年默默探索的积累，才有跨境回归的战略落地。既有对中国市场的坚定深耕，也有对中国国产浪潮趋势的信心与认同。所以，网易严选的思维，不仅展现了电商发展模式的新路径，也从一个侧面印证了中国供给侧改革的路径是符合发展方向的。

顺应数字经济时代逻辑成长，与产业经济密切互动并真正形成价值链，是电商互联网平台形成再造优势，占领话语权的法宝。就像网易严选所做的，依托自身商业模式对各环节的强把控能力，以数据为驱动，以提升商品品质和消费者体验为目标，整合资源，灵活调度，实现开发—生产—销售全链路的整体效率升级。在中国经济供给侧结构性改革的大趋势下，网易严选旗下的国产好货正在书写着从"中国制造"到"中国质造"的新商业故事。

数字经济加快推动制造业的转型升级。在撬动广阔内需市场的过程中，以数据为核心驱动力的互联网平台帮助制造企业以更稳、更准的姿态"落地"。与此同时，在被数字经济重构的生产、消费关系中，互联网平台对市场的"感知"通过消费端及时传导回来，企业能够更直接洞察消费者需求，对市场的反应能力也更快。提升工厂对消费者的深入理解，是网易严选的专长。平台让市场更好地看到消费的实际需求，成为开拓内贸市场的强劲动力。通过严选洞察到的消费需求和解决方案，也为制造企业积累经验，打造中国品质、中国品牌和中国服务。

综观国内市场，国民经济持续稳步增长，制造业技术升级、创新实力提升，消费者品质观念的形成，新国牌的诞生推动了国内消费市场的转型升级。在这波潮流中，以网易严选为代表的新消费时代互联网电商是"敢于吃螃蟹的探路者，更是脚踏实地的工匠人"。他们所塑造出的品质零售新国牌，也将继续助力传统制造业供给侧结构改革，进一步影响国内商业格局，创造更大的社会价值。互联网企业的注意力已经转移到品质上来，中国制造业转型升级正当时，电商叱咤风云，智慧零售兴起，竞争还要继续，这也意味着创新不止，且拭目以待。

齐晓斋　上海市商业经济学会会长

第九章
价值为纲,打造美好商业新标杆
——浙江衢州东方集团股份有限公司

- **楔子:** 大道至简,大行至朴
- **企业概况:** 传统零售转型成长的品牌典范
- **创新解读:**

  第一节　城市商业服务的中国式探索

  第二节　重构城市服务价值链

  第三节　打开边界,拥抱共生

- **董事长专访:** 做受人尊敬的百年东方
- **专家点评:** 商业就是人业

楔 子

大道至简，大行至朴

老子《道德经》有言，"万物之始，大道至简，衍化至繁"。

这句话，同样适用于解读浙江衢州东方集团（以下简称：东方集团）董事长潘廉耻的商业经营哲学。在他看来，无论商业潮流如何多变、商业趋势如何更新，遵循商业规则，才是经营本质。因此，东方集团在建设城乡消费服务生态，为顾客创造价值，实现各利益相关方共生共赢的企业使命指引下，坚持价值为纲，文化赋能，打造美好商业生态体系。而这，也伴随着企业成长为浙江乃至全国连续3年进入新三板创新层为数不多的企业之一。

正因为秉持着这样的文化价值理念，秉持着对经营的热忱与专注，东方集团始终牢牢把握每一个发展的节点，并一以贯之地执行、落地。于是，在实践里，创新性地开发了基于企业自身优势及"品牌价值"最大化运用的资产运作模式、有了贯通产业链的农产品"五统一"绿色供应链体系建设，并持续以数字化升级赋能的新战略，更引来了阿里巴巴与银泰百货进行战略性投资，共同探索建设新时代新零售，成为他们在区域零售企业战略投资中的特殊案例。

"企业越来越大，担负的责任也越来越重，我们必须时刻清楚企业经营中的难点在哪里，企业能承担的最大风险多大，才能更好地认清自己往前走的路"。大道至简，大行至朴。东方集团在城乡美好生活的创造、服务及引领上，以行践言，潜心前行。

作为2017年的创新样本，时隔一年，东方集团再次入选，是因为中国传统零售数字化赋能和融合共建的成功者稀少而让企业独树一帜，特别耀眼；更重要的是，在供给侧改革的战略实施中，能够充分利用和整合重要股东的优势，并充分发挥互联网+的创新应用，与战略合作伙伴共建共享。无论对于电商巨头，还是一直在探索实践线上线下融合发展的传统零售的中国军团，作为一家区域商业公司，东方集团的创新落地和转化故事，的确值得学习与分享。

> 价值为纲，打造美好商业新标杆——浙江衢州东方集团股份有限公司

企业概况

传统零售转型成长的品牌典范

浙江衢州东方集团股份有限公司始创于1994年，2015年8月28日在新三板挂牌上市（东方股份，股票代码：833374），是衢州市首家新三板创新层企业。集团始终坚持以"做百年老店"为愿景，紧紧围绕吃、住、行、游、购、娱、健康等消费要素，不断深化互联网+多元业态+创新发展，市、县、乡镇三级立体网络密集布局，大旅游战略，打造以顾客需求为导向的三四线城市消费服务的生态系统。

东方集团总部

一、区域商业的中国榜样

东方集团目前拥有包括衢州东方商厦有限公司等在内的23家子公司，其中包含11家连锁酒店、10座购物中心、48家连锁超市及食品加工、物业管理、中央厨房、配送中心、洗涤中心等综合性消费服务生态系统；集团连锁经营网络外延进入杭州，是浙江省西部地区最大的旅游商贸流通企业集团之一。目前，集团正在以独有的战略布局方式，立足衢州，深耕区域市场，在稳健的发展中成长为中国区域商业的榜样。

2017年年末，阿里巴巴和银泰这两家在中国极具影响力的战略投资者入股东方集团，共同探索建设新零售业态。与世界一流互联网企业的合作，标志着东方集团线上线下融合发展进入新的阶段，以更好应对新零售下的机遇与挑战。

在创始人的带领下，经营团队的努力下，东方集团一路走来，荣誉不断。集团及下属公司先后获得：全国文明单位、全国五一劳动奖状、全国精神文明建设工作先进单位、中国饭店金星奖、中国商业服务名牌企业、全国青年文明号（公司团委）、中国商业创新型企业、中国商业名牌企业、全国信息化建设先进单位、"十二五"浙江省商贸百强企业、浙江省服务业重点企业、浙江名牌产品、浙江省重点商贸流通企业、2011年度衢州市政府质量奖、全国绿色商场、连续十四年衢州市市长特别奖（社会贡献奖）等百余项国家、省、市级荣誉称号。

二、价值聚合、逆势增长

东方集团的销售收入，从1995年的909万元到2018年的12.98亿元，增长了143倍；税利从1995年32.1万元到2018年1.57亿元，增长了489倍。净资产收益率连续多年保持30%以上，毛利率30%左右，平均存货周转率达到20次/年，2008—2018年入库税收5.3亿元，各项财务指标在同行业内处于领先地位。

2017年，东方集团挖潜增效，颠覆原有采购模式，开拓创新，深化城市商业服务链，打造以顾客需求为导向的消费服务生态系统。实现归属于挂牌公司股东净利润审计数超过5000万元。2018年，集团积极构建城市商业服务生态链，保持企业快速、健康、持续发展。实现归属于挂牌公司股东的净利润93141916.46元，与2017年同期相比增长26.06%。

2019年，集团持续推进企业文化打造，深挖企业价值，并打开边界，创新探索多元商业合作模式；在深耕衢州，构建城乡美好生活生态与体系的同时，借助于不断优化的商业资源与供应链体系，走向更广阔的市场。

创新解读

第一节 城市商业服务的中国式探索

一、从"产品下乡"到"服务下乡"

根据国家统计局数据显示，2018年我国社会消费品零售总额实现38.1万亿元，较上年同比增长9%，增速较上年同期略有下降；2018年消费支出对经济增长的贡献率为76.2%，继续稳居经济增长的第一驱动力，消费市场继续保持稳定、弱复苏态势；网购和农村市场保持较快增长，2018年全国实物商品线上零售额增长25.4%；农村地区消费环境持续改善，消费潜力持续释放，2018年乡村市场消费品零售额比上年增长10.1%。

2019年，我国消费市场运行总体平稳，规模稳步扩大，结构持续优化，模式不断创新，消费对经济增长的基础性作用进一步巩固。前11个月，全国实现社会消费品零售总额37.3万亿元，同比增长8.0%，预计全年社会消费品零售总额将首次突破40万亿元。消费对经济增长的贡献率超过60%，连续6年成为经济增长的第一驱动力。这其中前三季度全国居民人均服务性消费支出增长10.2%，服务消费占居民最终消费支出比重为50.6%；乡村和中西部增速领先。前11个月的乡村消费品零售额同比增长9.0%，增速比城镇快1.1个百分点；消费品进口快速增长。

随着农村居民收入水平的不断提高和供给侧结构改革的不断深化，县镇市场呈现出了前所未有的生机与活力。尤其是得益于国家重点扶贫项目的精确推进，以及国家交通运输部、国家邮政局、中国邮政集团公司联合印发了《关于深化交通运输与邮政快递融合 推进农村物流高质量发展的意见》，为乡村振兴战略的实施提供了更加坚实的服务保障。让广袤的农村逐步构建起畅通便捷、经济高效、便民利民的县、乡、村三级物流服务体系，推动高品质商品、服务的输入和优质农产品的输出，进而实现整个县镇市场的消费升级。由此，得以产品升级的市场，逐渐激发了对服务的需求，并呈现快速增长的态势。

2014年开始，阿里巴巴实施农村战略，通过新零售、新金融、新技术、新农人工作，推动数字时代新乡村基础设施建设，逐步形成"农村新战场"的业务驱动，用平台带动农民增收并促进消费升级；近日，苏宁董事长张近东发布苏宁公益十年战略"乡村振兴521

计划",其中最重要的是未来十年要在县镇市场布局10万家零售云店,逐步打响服务下乡新计划。

从"产品下乡"到"服务下乡",中国的三四五线市场在政策与技术的双重推动下,正快速实现自身的升级迭代。

二、数字与商业的新命题

2019年,零售业格局大洗牌:大量的零售巨头进行并购、调整门店等大动作——苏宁入股家乐福中国业务、物美控股麦德龙中国业务、乐购宣布正在对亚洲业务进行战略评估,包括考虑出售泰国和马来西亚业务的可能性,而沃尔玛则恰恰决定继续加码其在中国市场的发展。这样的一进一退,让业界看到,新时代数字化运用带来的商业新增长路径。

根据沃尔玛2019年第三季度财报显示,其第三季度营收为1279.9亿美元,与去年同期相比上涨2.5%,略不及市场预期的1286.7亿美元,净利润为32.9亿美元,同比上涨92.28%,大大超出了市场预期。沃尔玛将净利润上涨的主要原因归结于物流的完善和电商的发展。这也恰恰显示了,在商业经营中,数字化运用已经从终端应用层面发展为整个供应链与门店终端的深度协调。

习近平总书记早在2017年就曾指出,要构建以数据为关键要素的数字经济。当数据成为新的生产要素,数字化建设就成了必然的课题。无论是以消费者需求为核心的数字化

"三衢味"产品展示

体验，还是以商家经营需求为核心的供应链数字化改造，其核心方向都是借助新技术将零售的每一个环节实现数字化，提高生产效率，实现零售价值再创。如何有效利用数字化加速赋能新零售，成为政府和企业的新课题。

数字化时代零售的创新与运营和绩效提升更密切相关，商业的全面数字化在四大要素上进行运作：第一是场景覆盖，第二是全链条联通，第三是线上线下全面的一体化，第四是数字化的平台。因此，商业竞争越来越归集于对零售商业本质的思考、对新技术合理化运用的探讨，在支付、运营场景等方面实现变革性的探索。由此，以数字化驱动全流程变革成为大势所趋。

数字化建设与商业的共同促进，不仅仅作用于企业层面。随着政策推动，政府利用数字化建设推动城市商务建设与智慧治理，也形成了新的趋势。以浙江衢州为例，实现了智慧商务的多项建设意见与项目，持续推进"电商换市"，促进电商与产业深度融合，推动商业形态新零售升级。2019年1—9月，衢州市电子商务网络零售额158.2亿元，同比增长37.1%，增速位居全省首位，高出全省平均20.0个百分点；居民网络消费135.5亿元，同比增长24.4%，实现顺差22.7亿元。与杭州市、宁波市同时上榜浙江省新零售标杆创建城市。

2019年12月20日，在中国连锁经营协会发布的《重塑增长——2019中国零售数字化力量》一文中指出，在传统依靠门店和品类扩张的基础上融入技术要素，数字技术的"指数级"效应和创新模式的融合，将驱动传统零售企业突破增长瓶颈，实现创新增长。加速数字化是方向，也是目前的行业大趋势，更是商业前进的一大关键。但数字化显然已不单单是一个信息工具应用，而是上升为企业战略层面进行的商业模式、运营体系以及企业文化的系统变革。企业如何在趋势大潮中保持自我优势，利用数字化实现产业链的价值增长，成为新的命题。

第二节　重构城市服务价值链

2019年10月28日，衢州东方集团25周年庆典隆重召开。在现场，企业对外发布了其"专注服务领域，打造三四线城市居民生活消费服务的生态系统"的企业战略，以及"互联网+生态链+创新发展战略、跨区域市、县（区）、乡镇立体布局战略和大旅游战略"的发展战略。

这一年，企业继续走向升华生态系统，创建城市商业服务链之路：利用数字化，加快对产业链闭环对接，加快各个业务单元之间的融合；夯实供应链，实现跨区域立体布局、互联网+多元业态+创新发展的高效建设；实施大旅游战略，进一步深拓对衢州城市文化与旅游资源的耕作；实施组织改革，以文化价值为纲，推动体系内的流程再造，促进机能焕新。而在对整个商业服务的生态网络建设中，东方集团则继续以中央厨房为依托，以供应链为根基，以数字化为纽带，强化品牌建设和价值建设，集中供应与物流配送，有效连接各项业务，实现集团价值链的深耕与重构。

一、纵深供应链建设，驱动产业机能新生

"我们坚持探索如何满足不断变化的消费需求，预见性地进行商业模式的转型和创新，打造了一个为顾客创造价值、为利益相关方创造价值，倡导'安全、放心、不贵'消费理念的城市消费服务生态系统，形成了涵盖连锁百货购物中心、连锁酒店、连锁超市、物业管理、食品加工、中央厨房、旅游服务、教育培训、康乐运动等业务模块的完整链条，全链路满足居民生活性消费需求，通过生态系统扩大消费群，导入客流以及链路上的相互渗透，实现资源互通与共享，降低成本，提高核心竞争力。"在2019年度工作会议上，东方集团如是描述产业的竞争优势。

具有巨大潜力的市场开发、产业链上关键环节价值的深化及关联价值的开发、对顾客需求的深度挖掘与趋势引导，是东方集团市场战略的重点。基于新零售的趋势，依托网络化资源和产业化优势基础，运用中央厨房现代化、专业化、集约化的经营管理体制，将农产品加工与配送有机结合，成立衢佬大和东江东方农产品配送两家全资子公司，打造全新的商业运作模式，驱动产业机能新生。

东方集团25周年庆大合照

东方集团早于2015年启动中央厨房计划，打造"五统一"模式和"三个中心"建设，将原本分散的人力、物力、财力进行精减整合，在新增门店的同时有效缩减用工约百余人，打通中央厨房、酒店、超市之间的渠道，提高自身竞争力和盈利能力。此外，还与衢州市天泽农业、吉林公主岭、黑龙江密山市等五家企业完成对接。通过完善的农超对接、中央厨房和冷链配送三大体系，降低生产与流通成本，实现产品标准化、产业化生产。2018年4月开始，集团旗下酒店的用工成本从30%下降到22%，毛利率从51%提高到63%，利润也增加超过1300万元。2019年，为进一步纵深推进供应链能力建设，东方集团组建了供应链委员会，希望通过组织变革增强供应链能力、增加供应链资源，以及自有、自营、自采商品建设，提升商品竞争力，让供应链运行更简单、直接、透明。

于此，东方集团持续发力——以低价格、高品质的集约化模式进行运营探索：为酒店、超市、企事业单位提供食材加工和即时零售的配送；自行研发、合作开发"衢佬大"系列产品，获得了浙江省连锁业优秀"自有品牌"荣誉，并进入集团各大体系运营销售；在衢州市政府统一领导下，由衢佬大公司的中央厨房具体实施"便民、利民、惠民"的放心早餐工程，建立健全从源头的生产到流通环节的监管机制，完善整个流程的可追溯体系，运用各网点，辐射全市各个住宅社区。

以基地自采业务与"海超对接"为例，2019年，东方集团采购团队直接到舟山海港码头和渔民船老大对接，现场验货、发货，直接将市场零售价下降了3成出售，而且实现了从海边到桌上只要1天的新鲜物流供应。在基地建设上，还深入山东、山西、福建、甘肃、延安等果蔬基地采购，辅助农户的同时，提升了自身体系对市场的占有率。

除了供应系统驱动机能，企业在品牌商业价值运作方面，更是进一步优化所推行的

"重资产的轻资产化"投资策略。东方集团能够较长时期实现资产高收益率和增长率的秘诀,是充分创造和利用品牌、商誉与信用的价值,这也是企业保持长效经营的秘诀,这也是其资产价值得以增长的核心要素。衢时代、龙游湖镇志城东方广场、江山商业街等项目有序推进,大大强化了集团在区县及异地市场的扩张与布局,实现了对企业的高速发展的支持及机能的有效促发。

二、文化加码,深挖品牌价值

东方集团倡导建设"学习型"组织,其最核心的宗旨是在实践摸索中成长,将企业自身经历的每一次"市场竞争"当作学习提升的契机。多年来,在衢州这块大地上,默默耕耘、逐步发展,生长出独属于自己企业特质的文化因子。

随着企业的快速成长、企业组织的不断扩大,继续依循原有"人带人"等方式显然不太现实。2018年,深感于企业组织高效管理课题的东方集团,希望借助第三方力量,重新梳理过去的优良文化传统、挖掘指引未来的文化基因。更希望以文化思想和价值观管理企业,打破固有的经营边界,重新界定快速成长起来的经营方向,在更好地发展企业的同时,亦能更好地协同共建伙伴的发展,实现共同发展。这样的魄力和前瞻性认知,在中国的零售企业里,尤为难得。

东方·红党群服务中心

2018年筹备，2019年上半年推进并实现基本完成。东方集团联手浙江汉歌文化创意公司，基于扎根的衢州土壤、企业发展的历史和未来规划、企业领导人的精神与经营理念，以及团队与员工的普遍认知，合作伙伴、业界及社会对企业的认识与期盼等方面的推进工作，经过半年多时间的调研、访谈与提炼总结，最终形成了《东方文化典章》。

在《东方文化典章》中，对东方集团的企业文化提炼如下：文化是东方集团持续稳健发展的核心原动力。东方集团始终秉承"经世济用、义利兼修"儒家文化的精神基因，也始终坚持浙江文明中"亦儒亦商、以儒立商"的文化精神。这种文化基因，包含思想道德、知识、服务、管理、体制等建立在公平、奋斗与共好基础之上一切促进企业成长的显性和隐性因素。

在此基础上，企业双线并进，以文化与机制共同推进组织变革，塑造卓越团队，推动集团持续健康发展。集团党委以"党建引领、文化传承、党员凝聚、关爱服务"为理念，全力建设"东方·红"党建品牌。并在集团旗下衢佬大食品有限公司设立政委，探索企业管理政委制的新模式。

与此同时，东方集团不断完善人才培养机制、建立有效的激励机制以促进组织变革的确实有效。一方面积极筹备创办党校和管理学院，进行文化传承和党员干部能力建设，为集团快速发展提供组织管理、人才发展等方面支撑；另一方面建立集团人才库，开展内部轮岗，2019年共轮岗192人，其中51人得到晋升。截至目前，还开设2期超市店长班，提升店长及储备干部的管理技能和职业素养。为快速推进项目的运作与落地，公司实行专班工作制，集聚有利资源，为专项攻坚任务提供重要组织保障，先后成立了江山项目专班、龙游项目专班、粮电园专班和衢佬大等专班，形成最大合力，让专项工作决策更加科学、协调更加高效、执行更加有力。在一定程度上，利用项目的实践运营，快速培养了一批骨干人才的成长，为企业的长期持续发展积蓄新的机能。

除此之外，东方集团创新考核制度，激发员工动力。据悉，企业目前已针对各个岗位推出了多项确实有效的激励机制，仅在衢江、开化、南湖等片区推行工程人员统一管理、班次优化、岗位梳理等，工程人员薪酬有了显著提升，调幅7%至23%，管理成效明显。

东方集团坚持一切产品的开发、商业的经营和服务成果，既是创始人企业家精神和经营智慧的外在体现，也是东方人集体勤劳的汗水和智慧锻造的主体文化观。由此，除了在组织体系内不断强化企业文化建设，还不断将文化外化于形，应用于商业空间运作及产品品牌打造的探索中。

江山东方文华饭店是东方集团打造的衢州首家大型特色文化主题饭店，于2019年9月28日试营业。饭店按"金鼎级"文化主题饭店标准建造，以仙霞古道商旅文化为背景，挖

江山东方文华饭店

掘、展现仙霞古道相关的线路、集镇、货品等元素，并将这些元素融入饭店的设计和布局中，是"以文化引领旅游，以旅游展示文化"的集中展现。先后接待了全国智力运动会、中国登山户外行业大会、全省旅游协会等大型活动、会议，成为集团旅游业板块的新亮点。

于东方集团看来，随着酒店业竞争的加剧及衢州文化旅游资源的深度开发建设，"文旅"产品的开发，正是应时应景，未来的酒店体系将根据区域特色进行文化体系系统打造。

东方集团发挥"中央厨房"优势及三衢味区域公用品牌的整体力量，形成整体上借力打力的商业运作模式。充分利用自身的商业空间、渠道资源优势，集合衢州特色的优质农产品实施产品打造计划，并借力城市"文化"品牌优势进行整体性推广。一方面借力政府渠道和区域文化品牌，快速构建新品牌的公信度与品牌地位；另一方面快速实现文旅与商业层面的有机结合，让地域性品牌走向全国。2019年8月26日，2019"南孔圣地·衢州有礼"城市品牌大连推介会召开，集团旗下衢佬大食品在推介会期间开设了"美食特色专区"，邀请大连各界代表品尝了衢佬大卤味等风味菜肴，并通过这场"舌尖上的衢州"盛宴，更好传递了"南孔圣地·衢州有礼"城市品牌，实现产品商业价值和文化价值结合的有效探索。

中央厨房项目外景

2019年9月5日，在"第二届浙江省智慧连锁与品牌发展创新峰会"中，衢佬大食品荣获浙江省连锁业"优秀自有品牌"奖项。9月25日，"三衢味"亮相2019云栖大会，成为现场一道亮眼的风景线。衢州市副市长田俊对此次"三衢味"品牌能挤身亮相云栖大会表示肯定，对东方集团此次活动的组织策划能力也给予了高度评价。通过各类活动，衢佬大销售额2019年与2018年同比增长了21.87%。

通过文化对组织内部的激活及文化和商业的有机结合，提升商业空间的体验、产品品牌的快速成长，东方集团不断革新，不懈努力着。

三、数字赋能，构建智慧零售"强支撑"

沃顿商学院教授大卫·贝尔曾表示，数字化能够帮助零售企业提升运营效率，提升顾客服务体验，获得更多投资回报。新技术在零售行业的运用一直处于不断升级之中，中国零售企业开始看见并相信数字的力量，围绕着数字进行价值的深度挖掘，实现自身新增长线的开发。

作为传统零售企业，东方集团的主要销售额源于线下销售，线上业务处于待兴盛状态，同时还面临着渠道分散、消费者体验不一、成本上升、利润空间压缩的困境。因此，在力求通过大数据、人工智能、物联网等现代信息技术应用，完成生活消费服务为一体的智能信息系统，积极构建城市商业服务生态链，实现企业快速、健康、持续发展的大愿景下，东方集团积极拥抱数据、拥抱新零售。

零售的本质是数据，人即数据，加强线上线下数据的交叉互动，加速线上线下经营模式一体化，才能实现企业"全渠道"式销售。因此，东方集团在加强基础运营的同时，强化了数字在企业的全链路深化运作，从实际运营、内部建设中挖掘数字化运作的价值，强化企业成长力量。

2018年，东方集团提出"变革服务体系，融合数字经济、打造东方生态链"的发展新战略。借助战略合作伙伴阿里巴巴、银泰百货、网易等进行内部数字化改造，包括"钉钉"办公系统的全集团运用，以及财务管理系统、人力资源管理系统、要货系统、智能云仓等的改造，大大优化业务流程，强化了风险管控，提升了集团的业务效率。2019年，又专门成立智慧零售委员会，实施组织变革，围绕顾客体验和供应链需求，聚焦服务集团全链路数字化工作并以此推进全体系的改造升级。

在实际运营中，东方集团更是紧跟数字经济前沿技术，推进企业管理信息化、客户体验智能化、经营效果数据化。因此，企业加深与数字经济领军企业的合作关系，与阿里巴巴、网易、银泰百货等实现了技术共享、数据共享、资源共享，合力打造智慧新零售。2019年10月，企业移动端购物APP——多点正式上线。截至目前，智能购收银设备覆盖了17家大门店，既支持机器自助收银也支持手机扫码购。目前实现的功能有自由购、自助购、电子卡、线上电子钱包等，方便快捷。同时通过多点采集消费数据，生成消费者全息画像，找到消费需求偏好，精准营销，为下一步消费体验优化升级、实现有效转化做准备。

不仅如此，东方集团还通过丰富商品品类、创新营销工具、产业协同等一系列举措，构建更为紧密的用户连接及交流的新营销模式——实现客户体验的持续提升，促进线上业务的快速发展。例如，探索社群经济，通过"群"功能线上订购，以社区门店为前置仓，线下进行物流配送或分发，养成消费习惯，锁定消费群体。2019年8月初，东方集团正式启动社群营销。截至12月31日，在衢州地区已建立百余个社群营销点位，共发起拼团152波，总销售额200.67万元。在提升消费者体验上，企业还推出人脸识别系统、刷脸支付系统、易收银系统等，是浙江省首家全系引入刷脸支付设备的零售单位。此举，强化终端服务的同时，也利用数字化信息实现了更加科学合理有效进行会员管理的目的。

此外，东方集团建设了智能云仓管理平台，在维修配件上实现了资金无垫资、常用耗材零库存。目前，全集团已完成云仓备货，以南湖酒店为试点先行推进智能报修平台，可线上报单、实时跟进进度，提升了维修效率。

在产业链建设的推进上,东方集团与天演维真合作,在田头基地配备环境一体式监测、视频采集、农残速测仪等设备,对基地环境的生态环境关键指标及产品安全进行长期监测,实现全过程信息化、精准化动态管理,从田头到菜场,实现扫码追溯,知货来源。通过数字化运作,深入推进农产品全链质量追溯体系建设。确实做好从源头到终端的全链路保障,切实推进供应链系统的效应。2019年,衢州天演供应链管理有限公司完成"衢州市农产品全产业链追溯与监管体系项目",并通过了衢州市农业农村局组织的专家组验收。通过一期项目的实施,顺利中标二期"农产品全程可追溯示范样板项目"。

以数字化赋能,构建智慧零售"强支撑",是东方集团在数字化建设上始终牢牢把握的要点和重要发展策略。这样的前瞻性,也让企业一直踩住数字经济发展的每一个节点。

第三节　打开边界，拥抱共生

从打造城市商业服务生态系统到构建城乡美好生活；从传统物流到"五统一"供应链的贯通；从全资控股到共建模式的探索；从单纯的产品销售与服务到自行研发产品、打造产品品牌……东方集团开始逐步释放自身的开放属性和平台属性，通过不断的变革与转型，不断打破内外部边界，实现自我革新，以应对不断变化的市场环境和竞争环境，以及不断发展的顾客价值创造的需求。

当行业边界、企业组织边界以及生产者与消费者边界的打破已成为一种现实，拥抱共生成为新的商业共赢的不二选择。

一、"四进"战略谋未来

2019年年初，东方集团制定了"进杭州、进工厂、进社区、进农村"的"四进"战略规划，突破区域界限，不断外延经营触角，争取更广阔的市场，落地2018年提出的"打造东方新生态"的战略目标。

策略制定的基本依据在于，其经营团队认为，目前一二线城市消费需求主要集中在价格、效率、品质方面，生鲜超市、社区超市、便利店开店迅速，而三四线城市消费需求集中在品种丰富度和价格方面。身处其间的衢州东方，具有先发优势，以应对各大零售巨头在三四线城市的规模布局带来的剧烈竞争。

企业的底气还在于，随着产业布局的扩张，在商业服务系统布局的深化以及供应链的完善，在衢州区域的零售系统更具有"议价能力"及品牌号召能力。

为进一步推进供应链系统资源的最大化开发和利用，东方集团开启了上至源头下至终端的业务革新计划。依托于自身在衢州的品牌价值和渠道资源，企业将"食堂"承包模式输送到各大工厂和单位。并且，成功拓展衢州市政府单位食堂，实现冷柜自助购净菜，又与浙江省政府成功达成合作，并完成首次农产品配送服务。此外，成功拓展义乌、龙游、衢江、柯城、江山、开化教育系统的招标项目。中标后按区域就近服务原则，充分利用东方门店覆盖广的优势确保为客户做好服务。并通过与第三方合作，成功入围浙江省第二监狱、浙江省临海监狱、浙江省乔司监狱、丽水之江监狱等单位，实现了跨区域发展。

2019年，东方集团将战略版图触角伸及杭州，开启利用供应链优势探索新增长路径的征程。旅业事业部进驻杭州海创园园区餐厅后，集团第二个板块超市事业部业务延伸至杭州——2019年9月29日杭州市民中心店顺利开业。不仅如此，"衢佬大"系列产品已开始在银泰体系内进行试水运营，进一步开启产品品牌渠道建设的新通路。

浙江省政府工作报告提出"启动实施数字湾区、'万亩千亿'新产业平台、未来社区等标志性项目，提高杭州湾经济区能级"。东方集团积极探索建设未来社区，以环境宜居、服务便捷、设施智能、治理精细为目标，利用现代信息技术打造标准化基础设施、协同化政府服务、智能化社区管理、网络化公共服务、集成化社区服务，最终使居民生活现代化，让人民群众有获得感、幸福感。

二、共建共创新探索

东方集团坚持与战略投资者共同探索建设新业态零售和商业生态，在新零售、物流、社区服务、集采、市场拓展以及酒店业务等方面开展多层面的战略合作和资源共享，竭诚维护投资者利益，坚持利益与价值共建共享的原则。为快速实现集团资源的转化及价值提升，企业不断打开边界，与更多的合作伙伴共建商业合作新模式。

2018年6月15日，东方集团粮食产业园顺利开业。在实践过程中，产业园除了积极落实市委市政府"活力新衢州、美丽大花园"建设和农业绿色发展战略，加快推进绿色食

开化县第二座旅游综合体（凤凰东方广场）

品、放心农产品规范化、体系化建设外,还推进跨界融合,接洽东海交易所,洽谈成为优质农产品商品交易所区域服务商的合作项目,提升产业园在本地优质农产品流通领域的产业领先地位。

东方集团通过业态孵化、品牌培育、标准构建等,打破"1+N"系统内各项资源瓶颈,促进资源优化整合。截至目前,已经开拓放心农产品基地25个,范围覆盖衢州各市县,并向周边省市辐射。园区全年实现线下交易46.22万吨,交易额15.34亿元;粮网线上成交量77.43万吨,成交额18.35亿元。在粮食业界首创了货物集中管理模式,全年物流仓储服务作业量15万吨。2019年,产业园荣获新兴产业成长奖。

2019年11月29日,衢州东方商厦与衢州市城市资产经营有限公司"开启4.0版菜市场新模式,签订打造智慧、安全、绿色'菜篮子'工程"战略合作——共同经营管理南湖、荷花、东门、美俗坊、巨化九号桥、斗潭(在建)、新湖七个市区菜市场,实现传统菜市场转型升级,将其打造成智慧、安全、绿色,符合市民需要的放心菜市场。合作的签订,标志着东方集团走向打造智慧化、开放并统一运营的菜市场新模式,助力优化集团供应链,也是集团发展新的增长点,也将共建模式探索开发新的可能。

2019年12月12日,由衢州东方商厦有限公司与衢州市供销社兴合资产公司共同出资组建的衢州"三衢味"品牌发展有限公司正式揭牌成立。"三衢味"公司建设、培育和推广"三衢味"农产品区域公用品牌,它的成立使集团具备更大的优势汇集整合衢州优质农产品资源,助力集团供应链体系进一步升级以及衢佬大产品的做强做大。

未来,东方集团将牢牢把握历史性发展机遇,计划2020—2024年实现销售收入40亿元以上,利税4亿元以上,并向A股市场进军;继续坚持"四进"战略,进杭州、社区、工厂和农村;实现"一出"目标,集团发展走出浙江。

董事长专访

做受人尊敬的百年东方

——浙江衢州东方集团股份有限公司董事长潘廉耻

《样本》：在零售竞争越发激烈的当下，诸多区域零售企业经营越发困难，频频发出"抱团取暖"的呼声。衢州东方集团连续多年保持着两位数的增长，请与我们分享企业脱颖而出的秘诀。

潘廉耻：这些年来，成本意识和供应链打造，是我一直强调的重心，也是引领东方集团走到现在的两大要素。零售商业的核心，最终归于商品的性价比。为了实现核心竞争力的打造，我们多年来一直努力且专心地进行供应链各个环节的布局与建设，如今终有小成，且逐步发挥了效用。

当然，我所说的具有成本意识，并不是指在实际运营中一味地把商品的成本降低了，而是通过流程改造实现整体资源利用的最大化。对源头的基地、供应商、制造商，我们必须保留其科学成长上应有的价值余地，才能促进双方的共同成长。东方集团在经营的过程中充分发挥规模效应，商品的需求量越大，成本可以降得越低。现如今在生鲜冷链的推广下，企业的供应区半径小，规模大，将运输的效率发挥到最大，这也是东方集团和其他连锁企业相比之下竞争力的核心。因此公司全面深入推进中央厨房改革，打造统一采购、统一加工、统一配送、统一标准、统一管理的"五统一"模式及研发中心、采购中心和营销中心的"三个中心"建设，深度改造原材料供给端，打通中央厨房、酒店、超市之间的渠道，对产业链进行完善与升级，有效降低成本，提高自身竞争力和盈利能力。

另外，公司持续推行"重资产的轻资产化"投资策略。我们的物业资产多位于黄金商业区位，购入成本低，变现能力强，成为公司资产运作的有效支撑，降低经营风险。

《样本》：关于"创新"，您赋予的含义是什么？

潘廉耻：创新是一件收益伴随着风险的事，尤其是越到后期创新的风险越高。我对于创新的态度就是在鼓励的同时管控它的风险，就比如东方前几年进行的收购，大收益的同时也伴随着高风险，关键就在于怎样进行风险的管控。

《样本》：东方集团在风险管控上一直做得很好，您有何心得体会可以分享？

潘廉耻：做任何事情我们都必须提前设想到它的最差结果，不能以赌徒心态去面对风险，而是尽可能的将最差结果改善，做好一个兜底准备。现在很多企业将前途看得太光明，没有考虑到隐藏的陷阱和危机。东方集团在应对可能存在的风险时，永远是先考虑这个风险是不是现在的经营情况能承受的，当经营成果能覆盖风险成本的时候，我们才能更好地规避创新所带来的风险。创新是企业市场经营必须走的一步，东方不会守旧也不能守旧。与此同时，我们还是会强化对创新的风险管控，保障创新有效落地。

《样本》：2018年、2019年企业推行流程再造，在人事架构上进行了重大调整。从目前观察来看，调整过程中集团的氛围依旧融洽，各部门秩序俨然。在企业管理中，如何有效践行"改革"呢？

潘廉耻：伺机以待，乘势而为是基本原则。在花团锦簇、快速前进中进行改革，推动力最强、阻力最小。这两年，企业的发展速度相对稳定，给予的发展机会相较之前更多。因此，在充分的市场竞争环境下，进行组织体系的充分梳理，更能激发活力和动力，让集团整体焕然一新，积蓄能量向前奔跑。

《样本》：您如何看待长三角一体化的建设与推进？这对东方集团的战略发展带来怎样的影响？

潘廉耻：衢州市紧紧抓住长三角一体化发展上升为国家战略的重大机遇，按照"大湾区的战略节点、大花园的核心景区、大通道的浙西门户、大都市区的绿色卫城"四大战略定位，全力打造长三角的大花园、后花园。东方集团作为土生土长的衢州企业，深深扎根于衢州的土壤中不断成长，将借助于长三角一体化建设的契机，在进一步深化产业链的同时，紧紧围绕吃、住、行、游、购、娱、健康等消费要素进行服务和场景的深化，倡导"安全、放心、不贵"消费理念的城市消费服务生态系统，进一步构建并引领城乡美好生活体系，站上高质量发展的风口。

《样本》：未来，东方集团将会面临哪些机遇与挑战？

潘廉耻：东方集团会以衢州市场为基础，慢慢地对外进行探索。经过20多年的打磨，企业在衢州拥有了完整的产业链，形成了独有的低成本运行、资产规模的竞争优势。但是走出去到外市经营，优选轻资产运营模式，以品牌价值助力产业的整体发展。不能让外面的风险威胁到衢州大本营的发展。我们希望通过整体的努力，让东方集团成长为一家受人尊敬的百年企业。

> 价值为纲,打造美好商业新标杆——浙江衢州东方集团股份有限公司

专家点评

商业就是人业

经过25年发展壮大的东方集团,是一家长期立足衢州发展的商业企业。过去这些年,传统商超企业出现增长乏力的不利局面,但衢州东方集团却逆势增长,净利润和净资产增长幅度、净资产的回报率等皆遥遥领先同行业。

我去过东方集团多次,与董事长潘廉耻认识多年。他不仅是省级、国家级劳模,他所领导的企业也屡获市长奖,并荣获国家五一奖状。在他25年如一日的耕耘和努力下,东方集团已经成为一个成功的商业企业集群,是一个集吃、住、行、游、购、娱等生活性消费于一体的服务平台。耀眼的成绩,让企业对成为卓越的人民生活性消费服务供应商的愿景充满自信。

东方集团曾经是2017年浙江商业创新的样本,凭借出色的供应链改革逆势增长,成为浙江省商贸服务行业的标杆。近年来,可以说,上门考察学习的人一拨又一拨,足以令人感到自豪。

东方集团在2015年启动的中央厨房计划,经过三年探索,让企业旗下酒店的用工成本从30%下降到22%,毛利率从51%提高到63%,整个供应链的体系价值得以完全显现,让企业竞争力和收益双幅大增。

如企业自身所强调的:坚持探索如何满足不断变化的消费需求,预见性地进行商业模式的转型和创新,打造了一个为顾客创造价值、为利益相关方创造价值的城市消费服务生态系统,以满足人民生活性消费需求为目标,为人民创造美好生活。所以,东方集团的战略就是通过这个经过多年培育构建的生态系统,扩大消费群,导入客流以及链路上的相互渗透,实现资源互通与共享,降低成本,提高核心竞争力。从近几年的数据来看,它的确是做到了。2018年,东方集团提出了"变革服务体系,融合数字经济、打造东方生态链"的发展战略,也是完全符合商业创新与升级的趋势与要求的。所以,进行组织变革,围绕顾客体验和供应链需求,深度整合股东资源,提高数字化能力,聚焦集团全链路数字化并以此推进全体系的改造升级,打造全生态供应与服务网络,结果卓有成效也是理所当然的。这个背后,是战略创新、技术创新和组织创新的充分融合与协同的成功,也是共建共

享理念创造的价值。

另外,和任何一家优秀的企业一样,文化是东方集团持续稳健发展的核心原动力。董事长潘廉耻秉承"经世济用、义利兼修"儒家文化的精神基因,为东方集团奠定了质朴的企业性格、敬业精神和精打细算的管理文化特征。一个领导人与一个企业长期融为一体,造就了东方集团独特的竞争优势和企业基因。

我认为,商业是一种有组织地提供顾客所需的商品与服务的行为,其行为是建立在人与人之间交流与合作的基础之上,从这个意义上讲,商业就是人业。当今时代,科技发展日新月异,市场行情瞬息万变,顾客需求日趋多样化、层次化,向商业企业提出了更高的要求。作为优秀的商业企业家,要理解商业的本质,遵循商业的逻辑,抓住市场的机遇,发挥企业的自身优势,培育企业团队的创新精神和学习力,应用前沿的商业信息技术,提升企业的协同力和创造力,不断改革创新,不断满足人民日益增长的美好生活需要,并引导他们创造新的生活方式,从而更好地推动经济和社会的创新发展。

作为一家长期扎根一个地区并且是传统经营的商业企业,在今天这个时代,依然与时俱进,确实不易。无论是供应链还是数字化,深层次里还是企业创业时所奠定的"人脉","经世济用、义利兼修"文化价值所起的灵魂意义。

人的源动力,是创造世界的基石。

吴德隆　浙江省商贸业联合会资深会长

第十章
打造新国货品牌生态圈样本
——浙江达品网络科技有限公司

- **楔子**：新国潮时代，让情怀落地
- **企业概况**：社交零售赛道的领先者
- **创新解读**：

    第一节　重塑生态格局

    第二节　活化国民品牌

    第三节　传承中再焕生机

- **董事长专访**：世界多变，初心未改
- **专家点评**："去中心化"重构互联网时代的价值

楔 子

新国潮时代，让情怀落地

珠江之滨。1957年，第一届中国出口商品交易会在广州拉开序幕，一扇大门由此打开，全球市场见证"中国制造"的巨大潜力。

塞纳河畔。2019年，在巴黎举行的服装和纺织业国际博览会上，来自中国的1100多家参展商为全世界带去了从基础产品到高端创意面料等种类丰富的产品。曾被戏称为"世界工厂"的中国已摇身变为全球时尚引领者，成为创新、时尚和品质的代表。

改革开放40多年，一个流动的中国，充满了繁荣发展的活力。中国民众从追求温饱的消费逐渐过渡到了追求品牌、品质的消费，消费者对品牌、品质、实用性等因素的关注持续提高。需求与技术的双重驱动，赋予了国货在同等价格下，创造出更加物美价廉产品的可能性。带有"中国文化"元素的商品日渐成为新生代消费者彰显自我个性、打造个人属性的方式。所幸，这些中国品牌也愿意以开放的态度迎接互联网，用"创意+质量"收获了大量年轻消费者的青睐。借助全球化与互联网的力量，中国品牌得到越来越多的认可。

在国潮复兴的当下，达人店以原创设计和工匠精神，为时尚与传统并行的新生国货品牌提供广阔平台，赋予新国货时代意义和鲜活生命力，代表民族品牌向世界发出更强而有力的新国货声音。

> 企业概况

社交零售赛道的领先者

一、新时代零售的风向标

2013年，我国化妆品销售额达800亿元，其中国产化妆品集群（约50个品牌）的网络销售总额达到105亿元。中国国产品牌阿芙、御泥坊、自然堂等化妆品品牌在网络销售占比高达40%。服饰、美妆产品成为互联网销量增长势头最旺的类目。在化妆品行业市场中，刚成立不久的"尚妆网"拥有着得天独厚的优势：便捷与便宜。网络空间的无地域化让消费者省去花费大量时间与精力去实体店购物，而网店里化妆品亲民的价格又为它争取到了众多女性消费者的青睐，巨大的价格优势对于女性购买者产生极大吸引力。"保证正品品质是一切的前提。"尚妆坚持正品自营，首创依照用户肤质特点进行选品推荐的美妆网购APP问世后获得了极佳的用户口碑，通过自主研发的皮肤检测系列专利智能硬件设备，结合大数据分析技术，为用户提供前所未有的精准护肤解决方案。在前有聚美优品，后有天猫、京东的战场上，尚妆凭借品质保证，在网络消费战场中突出重围。

2016年7月，尚妆网旗下用户活跃度最高、盈利水平最佳的达人店频道独立，成为基于电商模式下的新型微创业平台。借助尚妆网的优质品牌资源，达人店更加注重用户体验反馈，依托线上线下一体化平台获得大数据信息，并将信息高效、精准、及时地反馈给生产企业，精准满足消费者个性化、差异化、定制化需求。

手机下载APP，个人开店当老板——达人店在成立初期致力于轻创业，为创业者搭建了社交电商平台。依托尚妆网原有强大的美妆类目优势，平台很快吸引到了优质国民化妆品品牌合作。此后借助微商和全民创业的东风，采用S2B2C模式，逐步建成了完整的IT系统、仓储配送、内容包装、精准培训、专业客服的链路。通过平台直接供货形式，直达百万级店长，通过百万级店长再触发千万级消费者。无须囤货、无须发货、无须售后的运营优势脱颖而出。

对新国货潮流的追捧，既表现为对产品品质要求的提升，也包含消费者对文化、生活、情感等多方面的诉求。通过社群交流互动，引发情感共鸣从而带来快乐和美的享受，成为达人店销售国货的突破口。2016年年底，成立半年有余的达人店很快崭露头角，用户量已达3万人次。2017年元月，达人店在"全球CEO梦创盛典"活动中一举荣获2017年度"未来独角兽"荣誉称号。2018年，全年销售额达42.51亿元；截至2019年7月30日，APP日活跃用户量达35万人次。

二、帮每一种才华赢得赞赏

帮每一种才华赢得赞赏，是达人店全力以赴践行的理念。爱好摄影的人可以把一组组精美的街拍发到达人圈、擅长文字的人会认真记录每一次购物体验并分享出去、善于营销的人甚至可以把线下实体店搬到平台上来售卖产品……达人店囊括了诸多多才多艺的店长。为了帮助更多在达人店打拼的特殊群体，达人店推出"爱心关怀"奖励政策，为最可爱的店长送去666元梦想鼓励基金，同时推出"孝亲津贴"，为一线优秀销售店长的父母送去一份慰问。自达人店成立以来，孝亲津贴发放总额达762万元。2018年，"达人店"逐渐把运营决策交给业务能力出众的店长，平台则致力于打造一个真正落地可运用的"去中心化"新零售体系。截至2019年7月底，达人店店长数量已达251万人，未来，每个人的销售潜能都能在"达人店"的平台得到激发，成就每个有商业梦想的人，与越来越多的竞争对手相比，真正打造"买得省，赚得多"的平台，巩固"达人店"在社交零售赛道的领军地位。

为了帮助部分群体，让购物变得更加有意义。平台曾在2016年推出免费开店公益版APP，推广新零售魅力，体验分享经济。APP上每1笔成交单，都会把爱心与健康带给孩子们。平台也推出"爱心助农计划"，2018年引入张家口市万全区当地农特产品，帮助万全地区贫困户发展产业、增加收入；此外，还积极解决河南省清丰县农民红薯滞销难题，促进农民脱贫增收，为地区经济发展做出积极贡献。企业更是多次深入物资匮乏的高原地区，为西藏甘孜地区的学校捐赠基础生活用品以及御寒物资。不论精准扶贫，还是公益助学，达人店在帮助店长增加财富的同时，也希冀将品牌的人文关怀以及向上、共享的理念传递给更多人，成为一家有温度的企业。

> 创新解读

第一节 重塑生态格局

2014年，微信注册用户超过7亿人次。

7天连锁酒店利用微信在一个月内使得会员从30万人次激增到100万人次。

2019年，某社交电商平台以24小时销售近60万斤土豆的成绩，成功创造中国首个扶贫助农的吉尼斯世界纪录……

从微商到网红，社交电商已经逐渐形成了一套完整且成熟的体系。社交电商、小程序、短视频等电子商务新模式新业态的快速发展，满足了消费者多层次、多样化的需求，在激发中小城市和农村地区消费潜力方面发挥了重要作用。移动端的随时随地、碎片化、高互动等特征，让移动端成为纽带，助推网购市场向"线上+线下""社交+消费""PC+手机""消费+分享"等方向发展。随着5G时代的到来，消费购物会更便捷，消费爆发力也将更为惊人。

社交电商产业正迎来茁壮成长的新春天。

一、走出身边看世界

2016年，"下沉市场"这一概念对于商家来说还是一片人口规模巨大、却又常常没有多少话题感的广袤天地。所谓"下沉市场"，一般用来指代三线以下城市及农村地区的市场。而彼时在城市中发展得如火如荼的天猫、京东等传统搜索型电商平台，却是这些市场无法企及的。原因很简单，这些市场规模与增长潜力巨大；而高质量供给又相对欠缺，居民特别是年青一代的需求远未被满足。

作为一种新业态，中国社交电商发展方兴未艾。中国互联网协会发布的中国社交电商行业发展报告显示，过去5年我国社交电商市场复合增长率为60%，2019年成交额达1.2万亿元。目前，我国社交电商消费人数已超过5亿人，从业人员规模超过4000万人。通过分享、内容制作、分销等方式，社交电商实现了对传统电商模式的迭代，成为电商创新的主力军。

与传统电商相比，社交电商拥有体验式购买、用户主动分享、销售场景丰富等独特优势，用户既是购买者，也是推荐者，深受年轻人喜爱。社交电商的发展，在降低企业营销成本的同时，也使消费者得到更多实惠。然而随着行业竞争加剧，社交流量投入带来的用户增长边际效应也在逐步降低，这对社交电商平台精细化运营、个性化发展及供应链能力提出了更多要求。

2019年10月，达人店CEO李伟在济南大学"乡村振兴理论研究与模式探索研究班"授课，学员就社交电商公益助农如何带动产业发展进行了讨论

这一需求的存在，直接推动了以社会关系链为基础的微商以及社交电商崛起。从乡村到城市，人们突破天花板，开创新天地。拼多多、云集、爱库存……在这个趋势下应运而生。

二、价值回归助推新国潮

2017年，浙江省政府工作报告提出：大力发展信息、环保、健康、旅游、时尚、金融、高端装备制造业和文化产业，推进各产业融合互动、业态创新，加快形成以八大万亿产业为支柱的产业体系。时尚产业已成为融合先进制造业与现代服务业、具有高附加值的产业，是未来带动经济发展的重要力量。

于诞生之日起就带有时尚基因的达人店而言，借力政策，引领浙江省时尚产业的发展升级，成为企业新时期义不容辞的历史使命。在创新中国品牌的同时，传承中国审美，以传承创新时尚文化为核心，实现文化审美自信，打造"快时尚"网络品牌。2018年，达人店与BABOCARE合力打造了便携式洗衣液，一改洗衣服要整体扔进洗衣机的旧方法，以黑科技般的神奇效果推出局部快速清洁的微洗衣概念，产品一经上线销售，即成为被各方达人强烈推荐种草的新宠。2019年，达人店与美国著名时尚品牌赫斯特·芭莎达成战略合作，助力达人店开辟中高端市场，共同打造值得信赖的平台形象。达人店携手芭莎，打造达人店x芭莎联名T恤，并在店长当中海选联名T恤代言人，在增强用户（店长）黏度的同时，带动了三线以下城市的时尚产业发展。

达人店为时尚超人搭建平台，集聚资源，无形中帮助产品找到升级的机会。

达人店携手美国著名时尚品牌芭莎，打造达人店&芭莎联名T恤，并在店长当中海选联名T恤代言人

三、社交+商务+利益共享

物质上的富有，是通过对物质的私人占有来实现的。信息则不同，拥有信息的乐趣体现在将其传播、与他人共享。因此，在信息社会的不断发展中，人们更倾向于通过交换信息这一行为本身来获得快乐。这种从利己主义到利他主义的发展也影响着零售形态的演变。从最初的单渠道零售发展为多渠道零售、跨渠道零售、全渠道零售、新零售，最终共享零售模式得以产生。

达人店以互联网、大数据为技术支撑，通过去中心化的思维打造出系统共享、利益共享、人货场共享的新型零售商业模式，其核心是"社交+商务+利益共享"。社交电商时代，"门店"被重新定义后，延伸出更加多元的场景——"朋友圈"。达人店利用这些"场景"，将零售、娱乐、创新科技的基因整合在一起，聚集了千千万万有个人魅力、善于销售表达的店长。通过推动"店长"这一消费群体作为核心KOL，用多级分销、口碑传播的形式拓展更多的消费者，并通过营销活动，实现品牌传播。只要创意够好，定位精准，就可能激发用户互动参与，形成自己的需求和流量，再通过内容运营让消费者产生购买意向，利用社群引爆产品，实现商品交易量迅速增长。2018年，达人店销售额达42.51亿元，其中国货产品在美妆个护类别中占比达52.33%，国货美妆产品销量为5.8亿份。

社群经营需要物质和温度的结合，让大家感觉到既有利益又有趣味性。在达人店平台，即使是一些日常琐碎的产品使用心得，或是一组炫酷的潮人街拍，只要发在达人圈，就会有人点赞，就会赢得共鸣，甚至两个素未谋面的人可以成为圈内好友。一款并不知名但很好用的护肤品，通过达人分享，形成口碑相传的社群营销影响力，也可以获得不错的销量。达人店走的是新共享路线，人们在这里可以轻易地进行利他行为，通过共享每一位达人的影响力，以利益分享为核心，将越来越多的消费者吸引到平台。

第二节　活化国民品牌

从沉寂了几乎半个世纪后回潮的百雀羚，到巴黎时尚周大秀上赢得喝彩的李宁；从实力圈粉的小米、华为等国货担当，到凭借设计与工艺接轨世界的中国家居产品；从"新国货回潮"到"新国货出海"，国潮的复兴与国货的圈粉，既见证了国民文化自信的崛起，也刷新着世界对中国制造的固有印象。随着国人物质消费水平的提升，西方品牌所具有的独特象征意义已经不复存在。国人自信心的提升与民族自豪感的增加，为国货品牌的复苏提供了肥沃的土壤。新国货，不只是产品品质上的保证，更重要的是其被赋予的使命和精神。"新国货"之新，根本在于供给侧的创新与升级。

一、KOC——将社群凝聚

有这么一群人，他们有着某领域的专业知识积累、极强的社交能力和人际沟通技巧，且积极参加各类活动，善于交朋结友，是群体的舆论中心和信息发布中心，对他人有强大的感染力，我们把这群人定义为"小微达人"。将这些游离的"小微达人"聚集起来共同发力，从内容上、黏度关系上捕获他们周边的购买需求，会收获可观的市场。若将客户变成自己的团队成员，还能产生扩散性效益。以母婴产品为例，如果社交网络育儿意见消费者（KOC）作为一名普通的母婴用品消费者对某类母婴用品的消费比较感兴趣，对这类消费进行钻研，广泛比较不同产品信息，甚至购买大量同类不同品牌和形式的产品使用和比较，并无私地把自己的研究结果与使用心得分享给社交网络上的其他母婴用品消费者，那么他就拥有更多、更准确的产品信息，其他母婴用品消费者对其信任度和消费追随程度也会增高。

平台形象地诠释着"人以类聚，物以群分"。达人店就是通过人的圈层与社群，锁定相似的一群人——店长，为消费者提供精准、有温度的个性化服务，以口碑传播代替市场广告，以黏性触达、用户关怀代替显性购买需求。达人店吸引各领域小微意见领袖成为店长，店长只需要在了解自己辐射范围内用户的需求基础上去达人店平台选品、进行线上线下营销，至于后台技术支持、进货发货、客服咨询等一条龙环节全部交给"达人店"包办，交易成功后，平台会支付给店长佣金及奖励。

社群的魅力在于生命力，人们会基于对社群的认同感、归属感和对生活方式的一种共性，去产生相似的购买、选择和推荐行为。达人店的"达人圈"，让不同社交范围内的人看到类似的人在这样一个范畴里面是怎样的状态，从而产生信任和认同，逐渐建立起一个社群的凝聚力。

二、复兴新国货

2018年，阿迪达斯在全球的营销费用达到31亿欧元，品牌每年选用当年年度最火的艺人为其代言。现在，达人店通过口耳相传的口碑传播种草模式，不需要广告成本，让很多国货品牌在市场上走俏。在外形、质感对标国际大牌的同时，很多国货性价比高的"传统美德"并未丢失，相比进口品牌，国货在三四线城市和年轻人中要更受欢迎。达人店通过达人圈、店铺街等频道反向整合资源，推动传统制造业的产品升级，打造日常用品的好物集合地。以线上线下相结合的方式进行贩售，深得消费者青睐。

1. 品质护航，千万市场待发掘

达人店致力于通过平台影响力扶植新品牌成长，平台已成为连接优质品牌与消费者之间的桥梁。杭州胡庆余堂国药号，国内生姜洗护领导者品牌卓蓝雅，设计师服装品牌清筱莲，知名家居品牌浪莎，都是达人店的合作伙伴。

"达人店"同时负责挖掘并孵化优质新国货——"达品牌"。2018年，达人店携手正在热播的古装宫廷大戏《如懿传》推出新国货美妆品牌"达瓦卓玛"。"达瓦卓玛"宫廷古方滋养系列美妆产品以"润而不伤，养而不怠"的滋养理念来平衡东方肌肤的水润和肌理健康。浓郁的藏元素包装设计，纯天然的植物原材料，在让每一位用户轻松享受纯天然护肤体验的同时将传统的东方式审美理念传递给消费者。面膜上架以来总销售额412.8万元。再如"达人店"销售火爆的"吉祥阿胶"，质量经得起推敲，然而由于缺乏宣传推广销量一直不佳。"达人店"买手对产品进行深入了解后，组织十几位骨干店长去该阿胶生产基地进行考察，经过大家一致认可后上架，上架初短短两个小时就实现了2000多盒的销量。

2019年5月，"达人圈"进行"最美汉服照"线上评选活动，其灵感取自歌手李玉刚舞台剧《昭君出塞》中的服装。活动一经上线就得到店长的广泛参与，并引来众多粉丝进行热烈投票。通过对舞台剧衍生服装产品的开发，致敬中国文化，复兴传统礼仪，是引领国人对传统文化溯源，也是消费者在寻根历程中的一场回归。

2. 达人带货，回应你的需求

"让年轻人喜欢是国货转变最明显的特征，也是'国潮'兴起的关键。"中国服装设计师协会主席张庆辉曾说过，以90后为主体的"国潮青年"正成为新国货的消费主力。对于自幼接受西方物质消费文化的年轻人而言，一双经典的回力鞋更能张扬个性，凸显自己

2018年，达人店携手正在热播的古装宫廷大戏《如懿传》推出新国货美妆品牌"达瓦卓玛"

与众不同的品位，他们凭借服饰、日用品上的与众不同引领自己的复古时尚。

国货不仅"潮"在产品，更"潮"在走进生活的方式。达人店通过建立达人圈、店铺街，分享短视频、网红"带货"等体验式消费方法，实现供给创新，在满足年轻人对品质、文化、个性等需求的同时，也加速国货走进年轻人的视野。

在达人店平台店铺街板块，店长可自由发布商品供消费者购买，从源头提升产品采购便利度，并为后续店长拓展业务奠定基础。首批"店铺街"入驻店长包括：时尚穿搭博主Kimi，凭借自己的影响力吸引粉丝逾80万的独立女装品牌创始人；文化部文化产业创意创业人才库成员皮皮鲁，曾凭借出色的创意手绘登上央视舞台；民宿经营人、民宿设计师云长君，擅长将四合院改建成禅意浓厚的汉代风格建筑。

这些时尚达人的效应不容小觑，分享体验的内容会大大提升转化率。一边是商家强烈的卖货诉求，另一边则是承接消费者的购买需求，两者在供需中形成强互补，时尚达人资源为营销活动开辟了新的道路，从而达成供需匹配的方式。卖家、明星及网红达人在直播间主播的身份，满足了年轻消费者对于真实性和互动性的需求，从而更快地建立导购和购买的效率。

今天的"国潮"二字，承载的是新时代消费者对于国货的认可，以及希望更多国货品牌走出去的期望。达人店店长们身体力行为国货品牌宣传，也用实际消费行动支持着国货。

三、优化购物路径

店长无须囤货，无采购、仓储、物流等产销环节，是消费者在达人店开店的一大优势。不仅如此，达人店还通过旗下品牌APP达卡，与传统电商平台合作，帮助天猫、淘宝等平台进行商品推广。

达卡是尚妆网旗下的一款集线上电商导购、线下商店优惠、VIP私人助理服务为一体的会员制APP，旨在为达人店店主及更多用户提供愉快实惠的购物体验。顾客在网络营销中的忠诚主要表现为习惯性地浏览电商平台网页，对某一些产品或者店铺进行反复浏览购买，对该商家或者电商平台产生情感上的依赖感和忠诚度。通过电商平台了解商品促销信息，浏览属性大于购物属性，购物行为存在试探性和偶然性，销售转化难度大，销售规模不确定，顾客与商家难以建立稳固的商务关系和信任感。达卡借助达人店背后的亿万用户资源，深挖客户画像，解读客户需求，帮助商家成功实现客户精准引流，优化消费者购物路径，并通过不断扩展更多高价值的效益来升级消费者体验。

达卡于2019年7月上线，目前日活跃用户量8万人次，在达卡购买天猫、淘宝的商品更加优惠，且自购省钱，分享赚钱。对于品牌方来说，与达人店合作一方面可以扩大产品的辐射范围，另一方面可以借力社交电商平台消费群体的消费习惯和消费特点，更精准地投放产品，优化供应链管理，建立供应链协同、信息共享、开放数据，让供应链上、下游企业能及时跟踪销售信息和市场信息，从而实现降低库存的目标。

把B2C的社交零售赋能于淘宝店，或者是代购，甚至是小餐馆和社区便利店，用社群化的运营方式打开大家获得流量的渠道。用社交传播代替付费广告，共享百万流量，真正以内容带动销售；用户可以在达卡海量的高津贴、优惠券中寻找到适合自己的一款，这种模式在加强消费者同平台互动的同时，帮助优化传统电商的库存结构，进而保证资金的正确流向，及时调整同供应商的合作关系。

四、构建良性社交商务生态圈

移动互联网极大地改变着人们的生活方式，促使消费者朝着更加多元化、个性化的趋势发展，这些也促进了人们赖以生存的商业生态系统不断演进。传统的生态系统是以价值链为基础，上下垂直发展，而新的商业生态系统则是横向协同发展。在新的商业生态圈中，共创共享模式取代了竞争攫取的模式，持续发展取代了成长衰落模式。

在达人店，商家之间不仅是单纯的竞争关系，更是一群志同道合的人聚在一起学习交流。在新零售战略下，达人店重塑生态圈各方角色，激活个体活力，释放个体优势，最终形成共创分享的生态。达人店为普通人搭建了一个自我提升的平台，在达人书院，用户可以接收到最前沿的商业动态，甚至可以参与到品牌建设之中，在这个过程中分享品质、分享乐趣、分享礼仪，最终达成店长、消费者和企业的共同增值。

2019年5月，达人店在洛阳市成功举办雷明亲子会。会上，重磅推出雷明亲子卡年

2019年5月，达人店在洛阳市成功举办雷明亲子会

卡，邀请权威亲子教育专家、国家发改委中国人力资源开发研究会常务理事、中国科学院大学客座教授雷明老师进行亲子讲座，推广以科学的育儿方法教育出品质卓越的孩子。企业同时设立雷明亲子会奖学金，鼓励教育知识的执行落地，为学习持续发力。通过一系列贴近用户的社群活动，使用户不再是单纯的产品受众，而转变为积极的平台参与者和价值创造者。在达人店，交易并不是商务活动的结束，更是社交关系的开始，社群成员的线下活动、口碑分享传播成为达人店的重要依托，由此导致的流量分配也跟随传播方式变得"碎片化"。从这个意义上来讲，基于社群的达人店不仅打破了"中心化"的流量分配机制，也展现了一个有别于传统电商平台的全新的、去中心化的社交电子商务生态系统。

第三节　传承中再焕生机

麦克卢汉关于人的延伸理论，是我们思考人类文明新的维度。在麦克卢汉看来，世界不管发展成什么样，技术不管进步到何种状态，人类不管繁荣到什么程度，本质上都是人类的延伸——就是人的肢体器官的延伸和替代。

回望人类文明史，之所以能够传承至今，不仅因为文明本身有其内在的严谨性、自律性、共认共在性、民族性、包容性、延续性等特性，更因为人作为独一无二的个体对价值传承规律的沿袭和尊重。商业文明亦是如此，让商品回归价值，让商业回归传统，就是对历史最崇高的敬意。

一、重新定义创业者

下村治在1962年《日本经济增长论》中这样写到，没有贫穷和不幸的社会，通过国民自由发挥创造力来取得雄厚的经济实力，并由此实现国民福祉和建设国民文化生活的社会。要想使这样的社会变为现实，只要我们愿意努力，就一定能够梦想成真。对于普通劳动者来说，要实现梦想就要不断奋斗，用劳动创造价值。每一个奋斗的人生都令人充满敬意，每一个劳动者的贡献都是用平凡写就。

而对于创业，达人店则给出了更加宽广的定义。创业者不单单是拥有公司，随时准备融资上市的人，只要试图不断地提高自己的认知，试图努力达成更新颖的合作模式，试图做成一件前所未有的事，就是在创业。

秉持新机遇、新消费、新思维的理念，平台依靠丰富的内容生态及社交电商平台优势，吸引了一群有态度有个性的内容创业者。他们中有年轻的00后、热爱二次元的90后、成熟的80后甚至白发苍苍的60后，有些人刚开始甚至只有两三千元的月薪，随着不懈的坚持在达人店迅速积累了大量粉丝，实现月均稳定收入。2018年全年，达人店共创造社会兼职岗位40万个，不论是在校大学生还是全职妈妈，每一位店主都有自己的团队，只要拥有足够的影响力和独到的品牌采购眼光，将好口碑扎根用户群体，由店长向更高级别发展不是梦想。

达人店也为中小企业品牌设计师提供了广阔的创作发挥空间。据中国服装协会发布的

《2018年中国时尚消费趋势红皮书》显示，每三个人中就有一个人偏好原创设计师，设计师品牌越发受到年轻消费者的重视。对国际潮牌的追逐逐步转向对"国潮"的关注。调查显示，52.3%的消费者更加青睐中国风的设计。达人店将店长的点评分享反馈给品牌设计师，品牌方根据消费反馈对产品做出更为贴近市场的调整，让产品保留设计精髓而又适应市场需求。

追求更加纯粹的设计理念，回归商品本身，同时与市场和消费者互动。在这个过程中，设计师、平台与店长，通过不断更新观念，使用更加富有传统文化内涵的产品，对美学的感知也迈向了一个新的台阶。

二、与世界共享中国品牌

随着我国国内整个消费和交易模式的升级，"新零售"迸发出惊人的市场裂变能力。自中国"一带一路"倡导以来，正在复兴的丝绸之路给中亚地区国家带来了参与地区分工与协作、国际经贸与投资、第三产业发展的新机遇，也带来了新的经济与实业增长。2018年9月，全国政协率企业团赴吉尔吉斯斯坦进行考察，达人店作为本次考察团唯一一家中国零售企业受邀同行。双方曾就中吉双边快销品贸易及在中亚建立社交零售体系的可行性方案进行了深入交流与讨论。

2018年9月，全国政协率企业团赴吉尔吉斯斯坦进行考察

达人店CEO李伟带领达人店考察团远赴吉尔吉斯斯坦，正是积极响应了习主席"一带一路"的倡导，旨在与吉尔吉斯斯坦企业之间建立一条互利共赢的合作渠道，为新数字丝

绸之路建设贡献微薄之力，也为中国品牌走出国门走向世界搭建高速通道。

回望过去50年，中国品牌曾经无比兴盛，也曾经百般落寞。20世纪70年代前，国人的生活空间几乎全部被中国品牌覆盖，一批老字号、老品牌不仅是生活必需品，还是几代人的成长记忆。改革开放后，中国品牌在市场经济的大潮中起伏。永久自行车、牡丹电视机、雪花冰箱、海鸥相机……一批老国货渐渐地消失在人们的视野中。大约有20多年的时间里，中国的本土品牌缺乏自信和骄傲。一些国产品牌缺乏创新创造，一味地复制模仿，致使其在全球产业链中长期扮演跟随者的角色。中国品牌陷入缺乏认同的怪圈之中。

经过改革开放40年的高速发展，新"国潮"的时代已然到来。中国已成为世界第一制造业大国，221种产品产量居世界首位，是世界上唯一拥有联合国产业分类中全部工业门类的国家。华为、海尔、大疆等一批中国企业已经走出国门，以优秀的产品赢得了世界的青睐，在全球范围内成为中国制造新的代言人。

消费升级的浪潮推动产业升级。"一带一路"的政策东风为达人店指明了未来的发展方向。90后、95后渐渐成为新一代的消费主力军，盲目崇外已经成为过去时。中国品牌正在经历着前所未有的变革和机遇。许多中国品牌价值正在日益提升，为中国制造平添机遇，也平添了自信。

国货自强，未来可期。

> 董事长专访

世界多变，初心未改
——浙江达品网络科技有限公司（达人店）董事长李伟

《样本》：如何看待由消费升级而带来的当下零售业变革？

李伟：中国的消费市场已经进入了"双轨"并行的时代，一边是中产阶层以及上层中产的快速崛起，他们的消费需求升级倒逼零售业全面转型；另一边是伴随着互联网成长的具有极强消费实力的80后、90后、95后（新兴消费群体），消费个性化以及便捷娱乐性的特质成为新的消费增长引擎之一。

就零售业的变化而言，首先是用户的变化，消费升级和分级让用户群体本身变得多样和多变化；其次是零售的场景和体验发生着变化，原来用户去商场货架上买东西，现在不仅可以在淘宝等APP上买东西，还可以在微信里买东西，不仅可以购物，还可以发小视频，发个人动态，进而再获得其他人的回复互动……未来不同业态、线上线下还将不断融合；正因为用户、场景都变了，零售模式也要变，我们需要主动推送，让商品更智能地匹配用户需求。

《样本》：您创办达人店的初心是什么？

李伟：创立初期，在同店长沟通时，我们看到三四线甚至五线城市有那么多有才华的人——有的人摄影技术特别棒，有的人口才很好，有的人具有明显的销售才能……这个（三线以下）市场是非常广阔的。我觉得我们应该为这些人做点什么，每一种才华都值得被肯定，每一个努力的人也都值得被认可。公司成立之初，我就是单纯想为这些人提供一个展示自己、发挥自己才能的平台。

以共同的兴趣爱好为出发点的社群黏性非常高，在达人店这个平台，大家拥有共同的话题，社群里有温度和归属感，通过社群成员相互之间信任、共享去实现商品交易。现在达人店帮助百万级店长身边的那些零售店、便利店、小超市，甚至是小餐馆，帮助他们获取客源和销售，甚至是一些有才艺的人写字、画画、收藏文玩，也可以把作品上传至达人店去销售。这就是我们的初心，我一直倡导的精神——帮每一种才华赢得赞赏。

《样本》：如何看待共享经济影响下新零售生态圈的发展？

李伟：任何一个生态系统的运行都离不开外部环境对它的影响，离不开内外部因素的互动融合，共享经济时代下新零售生态圈的形成本身就是社会经济升级、产业转型升级的一种形态。而新零售生态圈的进一步创新发展，又会对零售业自身以及其他产业产生促进作用，并影响整体经济的转型升级。对于共享经济下的新零售生态圈来说，进一步提升共享价值，优化客户资源、物流资源、服务资源、渠道资源等核心零售生态资源的合理共享，重复性使用，最终提升企业运营、消费者沟通效率等，是促进新零售生态圈进一步创新的路径之一。

《样本》：下一步达人店布局的重点会在哪里？

李伟：如果说上半场我们是跑马圈地的游牧民族，那么下半场所有的社交平台和电子商务公司，拼得更多的是专业化的运营能力和正规团队的战斗力。为了顺应营销环境的变化和客户群体的要求，达人店会以"国货"为切入点，以5G时代直播、互动式电商为途径，提升产品和服务品质，让更多国内甚至国外用户选择中国制造、中国服务。

中国经济发展具有强大市场空间和广阔的韧性。2019年，是新"国潮"的崛起之年，越来越多的国货品牌通过挖掘品牌传统文化与历史，以全新的姿态走进大众的视野，展现出令人惊叹的市场爆发力。中国已经进入了一个品牌经济的时代。达人店接下来要做的就是帮助更多的中小型企业原创品牌打开国内国际市场，帮助本土中小型企业原创设计师们实现理想。

《样本》：《2019年中国消费者趋势》报告显示，78.2%的消费者经常购买国货，基于这样的消费基础，"国潮"之风愈演愈烈。如何看待"中国好货"这一概念？

李伟：我认为新国货兴起也好，传统文化回归也好，都是国家综合实力提升的一个表现，也是一个符合中国社会发展规律的必然现象。随着我国消费结构的升级，品牌引领经济高质量发展的作用也在显现。越来越多的人有走出国门看世界的机会，他们把外国货同国货对比之后发现，可能差距并没有想象的那么大，甚至很多日用品，国内生产的产品更好用，更适合国人的生活习惯。当然这也同近两年中国产品质量和创意设计、营销推广手段的提升都有关系。但本质上，它反映的是中国制造的变革。技术水平的提高，促进了产品精准研发以及个性化定制服务水平的提升。

> 专家点评

"去中心化"重构互联网时代的价值

改革开放40余年,中国人不断投入世界怀抱、放开全球视野,物质生产制造在差距中进步,精神审美志趣也在丰裕中提升。过去,前辈们苦苦探寻"与国际接轨",而如今的"千禧一代",生来就在经济全球化的合作与竞争中成长,以他们为代表的新兴消费群体,对品质和体验的要求越来越高,而这正是今日中国科技和服务生发的土壤。

达人店以互联网、大数据为技术支撑,通过去中心化的思维打造出系统共享、利益共享、人货场共享的新型零售商业模式。与传统电商相比,社交电商拥有体验式购买、用户主动分享、销售场景丰富等独特优势,用户既是购买者,也是推荐者,深受年轻人喜爱。社交电商的发展,在降低企业营销成本的同时,也使消费者得到了更多实惠。2018年,达人店销售额达42.51亿元,其中国货产品在美妆个护类别中占比达52.33%,国货美妆产品销量为5.8亿份。社群经营需要物质和温度的结合,让大家感觉到既有利益的同时也有趣味性。即使是一些日常琐碎的产品使用心得,或是一组炫酷的潮人街拍,只要发在达人圈,就会有人点赞,就会赢得共鸣,甚至两个素未谋面的人可以成为圈内好友。一款名不见经传但是很好用的护肤品,通过达人分享,口碑相传,也可获得不错的销量。达人店走的是新共享路线,在这里人们可以轻易地进行利他行为,通过共享每一位达人的影响力,以利益分享为核心,将越来越多的消费者吸引到平台。

传统电商模式中,商家依靠中心化平台,通过搜索和运营来获取流量;去中心化的社交电商,依靠内容、社群、分享网络等诸多方式建立起的流量是属于商家自己的"资产",不仅可以多次互动使用,同时还有流量裂变的功能。不管是传统电商还是社交电商,产品品质和消费体验永远都是留存转化最关键的一环。由强调产品数量向强调产品质量转变,由突出要素成本的竞争向突出产品附加值的竞争转变。促进内外销的产品"同线同标同质",甚至比国外标准更高,让质量硬起来。

而达人店对时尚产业的推动,让我印象十分深刻。商业终端平台,通过与消费者的直接对话、互动和合作,实现对消费市场的深度洞察,从而构建自我优势。电商巨头们近年也出现了这种对潮流引领的趋势,实质上也是希望通过对消费市场的引领,塑造平台品牌影响力和话语权。对上游制造与供应链的重塑，显然已经成为新的商业竞争战略，从某种意义上来说，恰恰是平台的战略价值。而这正是传统电商所缺乏的，也是我对达人店印象最深刻的方面。

互联网时代，商业模式逻辑下的新元素正在逐渐形成。互联网的世界是通透的。信息获取变得容易，但信息如何选择似乎变得很难。消费选择亦如是。空间上的距离不再是阻隔市场的障碍，人与人之间的互动变得密切，电商平台重塑了中国品牌全产业链，互联网+中国品牌前景可期。随着互联网时代向智能传播时代演进，社交电商在中国品牌的发展过程中扮演了一个至关重要的角色。而达人店本身就是快速成长的中国品牌缩影，也可以说体现了新经济时代商业品牌的典型特质和价值基因。

裴　亮　中国连锁经营协会会长

第十一章
创建中国精准医疗价值链
——南京诺源医疗器械有限公司

- **楔子：** 隐形卫士
- **企业概况：** 世界精准手术技术领航者
- **创新解读：**

    第一节　下好"先手棋"

    第二节　自主创新，激活全产业链

    第三节　破混沌，从空白走向领先

- **董事长专访：** 精准医疗，成就人类健康梦想
- **专家点评：** 善建者成

楔　子

隐形卫士

从学会制作、使用工具的那一刻开始，人类就迈向了与其他动物完全不同的发展道路——创建文明。其后，工具成为人类生产生活不可或缺的一部分，举目皆是，随手可及，担当着一个个角色。

在医疗诊疗活动里，医疗器械作为多学科交叉、多科技领域协同的产物，形形色色，各显神通——它们是医生的"潜望镜""助听仪""探雷器""把脉线"，担当着隐形卫士的重要使命。

今天，"手术荧光影像系统"的问世，引领着实体肿瘤手术的临床方向；成功开启了口腔癌、食管癌、乳腺癌、肝癌、肺癌、结直肠癌等多种适应症的临床科研研究，在国际分子影像史上写下属于中国人的骄傲。

与此相关的背景是，权威资料表明目前肿瘤手术未切净率超过40%；口腔癌五年生存期仍徘徊在60%的水平，多年来没有大的改善。而手术荧光影像系统的问世，协助医生在术中实时以超高灵敏度"看到"肿瘤，让肿瘤切除从经验走向科学，使手术的切净率达到90%以上。

于企业而言，6年多潜心科研终有所成，实现了我国实体瘤术中导航设备从"无"到"有"的突破，引领术中导航设备的发展和进步；于医生和患者而言，拥有了更好的生命守护卫士，让"谈肿瘤手术"不再"色变"，为生命和生活带来新的希望；于国家而言，实现了我国术中导航高端医疗设备与发达国家的并跑、领跑。

企业概况

世界精准手术技术领航者

南京诺源医疗器械有限公司（以下简称：诺源医疗）成立于2011年，注册资金2500万元，是一家集医疗器械研发、生产和销售为一体的创新型企业。作为一家科技型民营企业，诺源医疗始终秉持"创新"理念，努力成为"世界精准医疗技术领航者""国内首台中大型手术医疗设备的原创者""产、学、研、医、检、金六位一体融合的实践者""由国际、国内专家引领的平台交流协同的执行者"。目前，公司已进入全面发展新阶段，将建设成为荧光影像系统、微创腔镜机器人设备、液基细胞宫颈癌AI筛查技术及微波热消融系统工程的产业化基地。

一、突破核心技术，抢占制高点

诺源医疗致力于精准医疗影像设备研发及生产，承担国家、省级多个重点研发攻关项目，与国际国内多所著名大学合作建立了联合实验室或技术中心；并与母公司——生命源医药实业公司牵头的国家重点攻关项目组全程协作研发"荧光影像手术导航系统"，是相关国家攻关项目的唯一产业化单位。

2016年，诺源医疗团队从工程样机起步，到中标国家"十三五"数字诊疗专项，成功完成多家医院科研临床，最终获得国家医疗器械注册证。"手术荧光影像系统"核心技术实现了完全自主知识产权，其关键技术、核心器件、光路设计、图像融合已获得全节点专利产权保护。

作为针对肿瘤组织成像的荧光检测系统，该系统可实现在肿瘤手术中通过高清可见光、荧光影像及光谱定量分析，为术中肿瘤定位、安全切缘评估、阳性切缘查找、微小病灶探测、淋巴示踪提供实时、可视、准确的诊断信息，对提高手术效率，提高肿瘤切净率，降低术后复发率、转移率，有效延长病人的生存期具有革命性的意义。

同时，基于采用了国际公认的ICG示踪技术应用，通过原研的高灵敏度识别系统查找示踪剂，结合各适应症独特的时间之窗，该系统实现了肿瘤手术的实时、高敏、精准、多模、智能。尤其是在口腔颌面—头颈部肿瘤手术中，上海交通大学医学院附属第九人民医院、南京大学医学院附属口腔医院、蚌埠医学院第一附属医院的专家们通过该系统辅助口腔鳞癌外科切除的多中心研究,取得重要突破。手术荧光影像系统产品的成功发布,成为企业迈向"世界精准医疗技术领航者"征程中的重要标志、问鼎国际领先地位的重要里程碑。

二、融合转化,拆除产业"篱笆墙"

作为国家"十三五"重点攻关项目和国家重大科学仪器研制项目的唯一产业化单位、江苏省关键核心技术揭榜攻关项目的唯一产业化单位、江苏省科技攻关项目(3项)的承担者,诺源医疗自出生起,就带有天然的使命感:紧紧贴合市场需求进行产品研发,以创新实现"质"的突破。

鉴于疏通应用基础研究和产业化连接的快车道,促进创新链和产业链精准对接,加快科研成果从样品到产品再到商品的转化,把科技成果充分应用到现代化事业中去是创新科技的最终目的。在拆除产业篱笆墙,实现快速融合转换的研究上,诺源医疗进行了多项协作机制的探索与研究。截至2019年11月,诺源医疗"手术荧光影像系统"FLI-10系列获得国家医疗器械注册证并成功上市;"液基细胞宫颈癌人工智能筛查仪"设备定型;"内窥镜荧光影像系统"FLI-20系列定型;"4K及3D腹腔镜影像系统"定型;"机器人精准手术系统"定型等。

作为一个对标国际化发展的精准手术平台型企业,诺源医疗计划将在未来2~3年成功登陆国内科创板。因此,诺源医疗在未来拓展中,对于全球化的创新技术和项目引进、仿创结合、孵化及并购扩张等方面将予以紧密关注,以构建企业战略发展布局,实现企业的高质量发展。

资深院士陈洪渊、王学浩及"荧光分子成像技术"开创人聂书明教授不定期与诺源研讨

> 创新解读

第一节 下好"先手棋"

近些年来,我国健康产业持续向好发展,产业规模稳定增长。2018年,我国健康产业的市场规模已达近7万亿元。《"健康中国2030"规划纲要》指出,预计到2020年,我国健康产业总规模将超过8万亿元,到2030年,我国健康产业总规模将达16万亿元。

在发达国家,健康产业增加值占GDP比重超过15%,而在我国,仅约占GDP的9.8%,甚至低于许多发展中国家。医疗器械作为健康服务业的基础支撑行业,显示出巨大的发展潜力和空间。随着市场需求的扩张,我国医疗器械行业尤其是长期依赖进口的高端医疗器械设备产品,亟须加大科研投入与品牌打造,下好"先手棋"——以科技强化创新,以创新提升国际竞争力。

一、高端市场,下一个发力点

当前,我国医疗器械行业市场规模高达5000多亿元。据艾媒咨询报告显示,中国医疗器械整体市场规模已由2014年的2556亿元增加至2018年的5304亿元,年均增速保持在20%左右,营业收入及净利润均保持高速增长态势,处于医疗器械行业发展黄金期。预计到2022年,中国医疗器械市场规模将超过9000亿元。随着人口老龄化的进展、人均可支配收入增长和政策的大力支持,未来医疗器械行业的成长空间更加广阔。中国有望成为继美国之后的第二大医疗器械市场。

虽行业前景美好,发展趋势结构也趋向优化,但其中的挑战依旧严峻。相比全球医疗器械市场,我国医疗器械行业发展结构严重不平衡。据艾媒咨询报告表示,目前中国诊断类医疗器械市场总体呈现低端市场增长放缓、中端市场迅速扩大、高端市场逐步开拓的格局,形成一个"橄榄型"的市场结构。目前国产诊断类医疗器械市场占有率超过70%,已经基本完成进口替代,是过去5年的黄金细分市场。但是高端产品市场中,外资品牌占据绝大部分,尤其是在医学影像设备如CT机、磁共振设备、超声波仪器等技术壁垒较高的领域,这些外资品牌的平均市场占有率超过80%。

在中国,医疗器械生产企业规模、数量虽都在不断扩张,但大部分企业科技成果转化能力薄弱。基于经营的压力，许多企业甚至只能通过仿制或生产中低端、具有价格优势的常规产品，包括中小型器械及耗材类产品，仅有部分产品如监护仪、麻醉机、血液细胞分析仪、彩超和生化分析仪等足以和进口医疗器械相抗衡，总体水平与国外仍存在较大差距。

国家《"十三五"医疗器械科技创新专项规划》提到，我国医疗器械产业竞争力不强，高端医疗器械主要依赖进口的局面仍未改变。加快推进我国医疗器械科技产业发展，促进医疗器械产业转型升级，是应对国家全球竞争战略的重大策略。且"十三五"期间我国医疗器械产业将重点发展五个领域，包括数字化诊疗设备、组织修复与可再生材料、分子诊断仪器及试剂、人工器官与生命支持设备，健康监测装备这五大方面。其中，在高端医疗影像产业化方面，高质量、高分辨率、多功能的全新影像设备和影像引导技术是国家关注的重点。诊疗一体化是重要趋势。高端医疗市场，已然成为下一个发力点。

随着国家政策的扶持、不断扩大的市场需求、中国人口老龄化加速以及医疗器械行业的技术发展和产业升级，医疗设备将有望继续保持高速增长的良好态势，实现从中低端市场向高端市场进口替代的愿景。

二、去"GPS"，迎接国产化浪潮

中国医疗器械行业之痛莫过于在高端医疗器械领域失去阵地。长期以来，MRI、CT、PET-CT等技术高度密集的设备，以及从高端、大型三甲医疗机构到低价位、县级医疗机构的客户占有方面，几乎被通用电气、飞利浦、西门子三家（简称"GPS"）跨国企业垄断。

因核心技术和品牌力的缺失，在早期中国医疗器械市场中，中低端产品占据了将近70%的比例，高端产品比例不到30%。且进口医疗设备因各种因素普遍价格偏高，使用率及普及率并不高，不能很好地满足国内日益增长的需求。类比于我国创新药研究的四步走战略，我国医疗器械的研发策略也逐步从"仿制"到"创新"。追溯我国已经实现进口替代的器械细分领域的成功经验，技术、品牌、性价比、渠道都是国产企业的制胜法宝。打破"GPS"垄断，加速国产化进程显然势在必行。

在国家"十二五"规划中，直接把医疗器械纳入战略发展规划。自2013年以来，国家发改委、卫健委等部门陆续出台了产业相关政策，大力支持加快医疗设备国产化进程。政策力求引导医疗卫生机构尤其是三甲医院装备使用国产设备，同时重点推动医院采购数字化X线机、彩色多普勒超声波诊断仪和全自动生化分析仪等高端设备。这也直接推动国产医疗器械尤其是高端器械实现中短期内市场份额快速提升。

到了"十三五"期间，医疗器械行业已经呈现蓄势待发趋势。以器械审批程序政策为例，为科学简化流程，加快产研的融合转化运用——2016年国家出台《医疗器械优先审批程序》，

受邀参加"2019年度中华口腔医学会第一届全国口腔颌面—头颈肿瘤学术大会",诺源医疗"手术荧光影像系统"在众多医学专家的关注下,荣耀上市

2018年11月又发布了《创新医疗器械特别审查程序》,完善了适用情形、细化了申请流程、提升了创新审查的实效性。随着研发实力的增强,部分省市开始逐步将目光更多聚焦于国产设备上,在医疗器械产品的采购遴选指标上进行了相应的调整。目前,第一批优秀国产医疗设备产品遴选工作、《创新医疗器械特别审批程序(试行)》等措施陆续出台,鼓励企业加快创新,这尤其加快了中小企业的创新进度,利于行业自主创新、加快产业化进程。

在"政策积极支持、医院观念和行为转变、企业研发实力提升"三重因素叠加作用下,行业在市场规模和尖端科技上双轮并行,迎来稳定的增长。2018年,中国医疗器械市场规模超过了5300亿元。国产医疗设备在多项技术上突破壁垒,实现了进口替代,比如植入性耗材中的心血管支架、心脏支架、人工脑膜、骨科植入物中的创伤类及脊柱类产品等;大中型医疗设备中的监护仪、DR等。

随着行业发展的加速,近年来企业间横向或纵向一体化的兼并、联合、重组速度也在逐步加快。其中,高端器械的研发、生产在资本、资源、政策等多方因素赋能下,向大型医疗器械企业集中,中小企业则更加集中精力专注于自身优势产品的开发,年平均交易额高达上百亿美元。如此一来,资源得到了有效整合,行业的集中度得到了大幅提高,使产品逐步满足人民群众日益增长的医疗需求以及对美好健康的向往,并促进医疗器械行业长期、健康、有序发展。

庞大的市场需求和神圣的健康使命,刺激着中国医疗器械行业自主创新,以更具活力的姿态、更严谨的科学态度、更强大的实力投入到这场市场竞争变革中。

第二节 自主创新，激活全产业链

2019年12月21日，国家"十三五"重点攻关项目产品——手术荧光影像系统REAL-IGS上市发布会在上海召开。作为针对肿瘤组织成像的荧光监测系统，该系统可实现在肿瘤手术中肿瘤定位、安全切缘评估、微小病灶探测和淋巴示踪提供实时、可视的诊断信息，提高肿瘤切净率，对延长术后生存期具有重要作用。

当然，诺源医疗的产品体系显然不仅止于此。在其2019年商业计划书上是如此描述产品获证预估的：诺源医疗正围绕荧光影像产品技术，探索了一条独有的成果转移转化的有效路径。足见在过去6年多的研发过程中，诺源医疗为自己的成长积蓄了源源不断的"动能"。而这一切，则得益于董事长蔡惠明教授带领的团队，在实践中摸索出一条独属于自身体系的"产、学、研、医、检、金"六位一体的运作模式。

一、专家引领，搭建全领域交流协同

专家引领机制，始终贯穿于诺源医疗"六位一体"的运作模式中。

在诺源医疗核心团队成员中，首席科学顾问、科技委员会主席聂书明教授作为学术大拿——国际分子影像及纳米技术开拓者、美国UIUC大学教授、美国科学促进会会士、南京大学现代工程与应用科学学院国际院长、2018年度"世界最具影响力科学家"、2017年世界分析化学家"纳米领域"排名第四等，成就斐然；公司核心团队董事、首席科学家王毅庆教授是江苏省特聘教授、南京大学教授，同时也是REAL-IGS首席科学家；而诺源医疗董事长蔡惠明教授则师从中国药科大学著名药物化学家彭司勋院士，有二十多年成功创业和企业管理经验，曾是"南京医药股份"上市五人领导小组成员之一等经历。团队内每一位成员无论在医药专业或战略管理或营销及财务等方面，都是行业中的佼佼者。

在此基础上，诺源医疗在研发模式设计之初，就邀请了诸多国际国内的顶级专家加入：首席国际临床顾问是宾夕法尼亚大学医学院精准手术中心主任苏尼尔·辛格（Sunil Singhal），而他同时也是REAL-IGS美国临床研究负责人；首席技术顾问是2014年诺贝尔化学奖获得者、美国两院院士威廉·莫纳（William E. Moerner），而他同样也是REAL-IGS超解析荧光显微技术应用的专家；首席国内临床顾问是南京大学医学院附属鼓楼医院名誉院长、

2017年度中华医学会唯一终身成就奖丁义涛教授，而他的另一身份则是注册临床研究的总负责人。从公司聘请的每位专家的学术地位上就能看出，诺源医疗始终围绕"临床实践"这一要点，务实推进对研发产品顺利诞生的运作，将每一种问题与难题，在研发之中及时规避与解决。并且，还组建了多院士协同创新实验室，内有5名中国工程院院士，分别承担肝癌、肝移植、口腔癌、放疗等临床研究，1名诺贝尔奖获得者及1名中国科学院院士，承担新设备、新探针的研制。

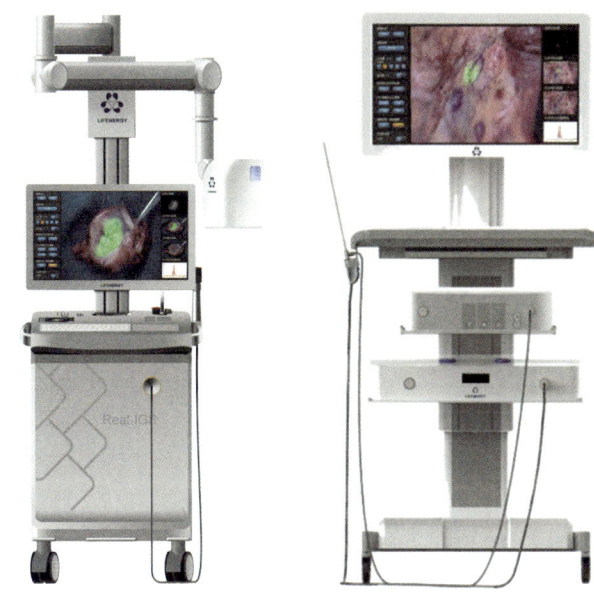

荧光影像系统FLI-10系统　　荧光影像系统FLI-20系统

与此同时，诺源医疗与国内外著名大学及机构建立战略合作关系，协同创新发展。截至2019年12月底，诺源医疗挂牌成立了"中国药科大学-诺源医疗"——"分子影像实验室""南京航空航天大学-诺源医疗"——"图像处理技术联合研究中心""中科院长春光机所-诺源医疗"——"3D荧光技术联合实验室及转化基地""UIUC（伊利诺伊大学厄巴纳-香槟分校）-诺源医疗"——"精准肿瘤手术技术实验室""江苏省高新技术创业服务中心"——"南京生命源医疗器械孵化基地"等。上述研发组织架构，大大推动了公司对研发成果的及时跟进，独特的CRO自有模式带来的专业化和高效率，在诺源医疗得以淋漓尽致地体现。

除此之外，诺源医疗还建立了广泛的专家团队网络。在临床试验过程中，与国内肿瘤外科领域的许多专家建立了良好的合作关系。包括口腔肿瘤领域的邱蔚六院士、张志愿院士、张陈平教授、胡勤刚教授，肝癌领域的陈孝平院士、王学浩院士、丁义涛教授、钟林教授，乳腺癌领域的王水教授、姚永忠教授、俞乔教授，胃肠肿瘤的管文贤教授、丁永斌教授，食管癌的李印教授，等等。这些专家在国内肿瘤治疗水平最高的医疗机构任职，由他们指导临床试验可有效保障新产品上市后在中国市场上快速推广应用。

从技术研发到临床应用，诺源医疗在每一个环节中都安排各具专长的专家成员参与其间，实现全领域的交流协同，让产品在一遍遍的实际打磨里，契合最一线的痛点与需求，尽量减少学术与需求不吻合带来的研发成本上升，让成品能够在临床使用上实现无缝对接、落地、开花。

二、知行合一，构建产业发展新路径

科技成果的转移转化，一直是一个充满期待的话题，也确是全社会各行业的共同难点。这也是诺源医疗在竞争纷繁的市场中享有一席之地的核心关键。

2019年年底，企业进行第二轮融资计划。其首轮领投机构江苏天汇红优投资董事长袁安根曾表示，看好诺源医疗的重要因素之一，在于团队具有突出的融合转化能力，善于将科研成果转移转化，这是企业得以快速成长的关键。"诺源医疗在临床上可以做到与多家大型三甲医院开展学术及临床合作，能够有机会听取他们的宝贵意见，打造真正满足临床需求的、解决临床问题的优秀产品。比如上海交大附属九院张陈平教授先行开展了几十例临床验证，特别是最近一例中国航母工程的外籍专家乌克兰病人'左下牙龈癌'的手术中，应用公司产品发现术野新阳性切缘，取得重大突破，彰显了诺源医疗产品推动精准医疗在头颈部肿瘤的应用和发展的能力。"

众所周知，每一件产品的诞生，都凝聚着无数人的心血、也凝聚了无数人的日夜。因此，人才建设尤其是专业人才的培养和积蓄、产品研发的创新路径显得尤为重要。诺源医疗以"知行合一"的方式，构建探索了产业发展的独特路径。

医疗器械行业，对人才的专业知识要求较高。作为一家原创性科研企业，诺源医疗深切体会到知识时代谁掌握了核心技术，谁拥有更多的人才，谁就能抢占先机，拥有主动权和竞争力。因此，公司时刻将人才建设作为第一要务，以人才兴衰关乎企业兴衰的理念，大力营造"聚天下英才而用之"的良好氛围，抢抓机遇以强有力的人才队伍为企业发展提供支撑。有鉴于此，企业在坚持把"人才第一"作为企业发展的第一战略的同时，摸索出一套独属于自身的科研"专才"培养方式，快速建立"适配"性强的企业人才建设体系。

诺源医疗基于自身的研发合作模式及行业资源，坚持与高校和研究机构的博士、硕士培训院系或课题组合作。公司项目组成员从研究生选题开始，就与企业的研发项目紧密挂钩。由此，既开拓启发研究团队的成果应用转化，又让企业自身储备了所需的研发人才。不仅如此，公司还将国际国内大学合作的资源进行整合，主动出资让相关研究生横向交流，促进国内学生到国外访问交流培训，同时资助海外学生或研究人才到国内高校交流游学。通过一系列的超前人才预培养，使被资助的研究生毕业后进入公司就可以轻车熟路独当一面。通过实践磨炼的"汰选"以及双向的项目磨合，积蓄了一批又一批的人才，从而造就了公司所需"专才"的充足供给。通过这样的"前置式"环节设置，诺源医疗进一步化解了科研成果转化过程中的"人才适配度"带来的难题，让科研转化的效率大大提升。

在产品研发及转化转移过程中，诺源医疗更是将"知行合一"进行到底，建立了一套以"临床"为基础的产品研发机制和体系。蔡惠明董事长认为："在成果转移转化过程中，公司坚持一定要在临床应用上反复验证。即使成品已经上市，也必须进行不断优化。改进的依据除了法规或者测试中技术指标需要提高之外，更重要的是听取临床医生的意见。一个产品不但要在临床上能解决问题，还要符合中国医生们的使用习惯。产品之所以成功，除了拿到药监局的批文、注册证，更重要的是让更多的医生主动乐意使用，才能更高效解决问题。"对诺源医疗而言，好产品的标准第一是安全，第二是好用。所以在研发之初，对研发人员提出了新的要求——"当设计的时候你可以用顶尖的科学家思维去畅想、架构，但展现在医生面前的产品，一定要像傻瓜机一样好用"。以获得专利授权的光谱测量为例，由于传统的脉冲激光测距仪的精度取决于时间测量的精度，电子器件固有的对信号响应的延迟制约着时间测量的精度下限，因而其对于短距离激光测距只能在30—200厘米内保证准确。而荧光影像系统的手持式激光探头工作距离只有数厘米，为此研发人员开发了一种利用监测CCD实时测定激光探头与被照射面间距离和角度的方法。该方法利用激光光斑成像的大小和形状信息，结合预先测得的探头激光光源本身的发散角和出光口光束半径等硬件参数，计算出激光探头与被照射面间的距离和角度，实现实时提供距离和角度参数的作用，给荧光导航手术中信号可靠性判断提供依据。这样化繁为简的研究，让医生在操作过程中，更便利更具判断力与准确性，实现更好的诊疗效果。

内外合一谓之道。诺源医疗正是以独有的企业文化在科研成果的转移转化中，牢牢把握"知行合一"的理念，不断探索、践行，才成功攻克国内数字诊疗设备研发的技术瓶颈——"手术荧光影像系统"的问世，向世界证明了中国医疗技术的崛起。

三、技术导向，探索"智"造未来

作为一家坚持"科研创新是第一生产力"的医疗器械企业，诺源医疗自创立起就将技术创新和新品的研发视作企业发展的生命线。多年来，总共投入2亿多元进行研发。截至2019年年底，公司共申请专利25项，获得专利14项，已申请美国发明专利4项。

"企业要真正实现突破，在世界上形成独有竞争力，就必须进行自主创新。"蔡惠明董事长如是道。在研发过程中，通过面对痛点、难点进行解决突破的案例非常之多。常常一个产品的诞生，需要牵涉方方面面的课题。以荧光影像系统为例，实现了灵敏度国际领先、大面积光源均匀激发、相机集成化、近红外荧光显微镜、光谱测量等多个方面的技术突破，造就了产品在国际上质的突破，填补了相关空白。再以核心竞争力超高灵敏度的实现为例。美国食品药品监督管理局（FDA）和国家药品监督管理局（NMPA）目前批准的、适用于荧光造影的成像染料只有吲哚菁绿（Indocyanine-green，ICG），国家药品监督管理局（NMPA）规定ICG的静脉注射剂量不得超过2 mg/kg，在此注射剂量下，ICG在肿瘤组织内的浓度值的数量级通常在10^{-7}M甚至更低。为达到这一检测线，研发人员经过长期的摸索和试验，把荧光从激发、传输、收集到显示的四个过程彻底分析透、研究通，自主设计出一套高激发、低损耗的荧光光路。该光路采用特定中心波长的近红外激光激发ICG，经过多个高光学密度滤光片组合，利用光学玻璃镀膜技术减少因空气-玻璃界面反射引起的荧光耗散，荧光信号最终到达高量子效率、高增益的CMOS相机。由此，大大提高了荧光收集效率，实现了对ICG 10^{-8}～10^{-9}M的检测极限，比同类产品提高2～5个数量级。

类似上述案例，不胜枚举。随着科学技术的不断推进，创新科技在医疗器械研发中的整合应用越来越广泛。医疗器械尤其是大型医疗设备走向智能化、智造化，势在必行。诺源医疗也积极参与其中，以多模分子影像融合与智能分析算法研究关键技术突破为例，该技术针对宽场图像、激光激发图像与荧光图像的常规融合算法存在融合实时性差、边缘鬼影、融合错位、显示失真、目标遮盖等一系列问题，提出实时透明梯度快速融合算法。该算法融合了高斯金字塔、自适应配准及三通道梯度边缘算法实现了像素级融合，融合显示帧率高达30帧/秒，实现透明显示，边缘过渡自然无马赛克，三通道图像匹配准确，具有清晰分辨细微结节等优势。针对部分区域成像清晰度不足等难点，通过研究图像模糊成因机理创新性提出超分辨图像盲去卷积算法实现细节分辨率的极大提升。针对当前使用的300万荧光像素图像，基于深度学习的超分辨重建算法可以实现1200万像素的实时动态显示，满足当前医疗领域对4K高清显示的需求。另外，诺源医疗研发了病变区域的动态勾画功能，通过构建病变区域识别训练集与分类宏，基于人工智能算法，实现不同病变区域的智能勾画，该功能可以精准提醒临床医生切缘位置，进一步降低手术风险。如此一来，产品在市场中的应用空间与竞争力大大增强。

诺源医疗在"智"造的探索上，远远不止于此。据悉，公司研发的"液基细胞宫颈癌筛查仪"工程样机已完成。该设备将是世界上率先在宫颈癌筛查中采取"人工智能"（AI）技术，基于大数据分析和图像融合，可大幅提高筛查效率，提高判别的准确率，对我国降低宫颈癌的每年约十万例的死亡率具有重要意义。此外，在新时期的规划中，将全力推进"机器人腔镜控制系统"的注册检验、临床研究和注册申报，以促进AI技术在医疗器械中的作用。与此同时，公司还将深化推进企业与全球著名大学、科学机构以及世界一流制造企业的深度合作。例如与世界著名机器人机器臂生产企业达成一致，坚持多方向合作相结合的方式，由"诺源医疗"生产销售具有国际先进水平的手术用机器人和机器臂。以此，促发产品的更新、优化，形成更具竞争力的人类生命健康解决方案。

以技术为导向，在实现人类健康梦想的道路上，一往无前。诺源医疗在中国的土壤上，以自己的智慧构建全新的运行机制，进行科研成果的转化融合及卓有成效的探索，走出了一条属于自己的"精准医疗，成就健康梦想"之路。

第三节　破混沌，从空白走向领先

"诺源医疗所有的创新和应用，起点和终点都在临床。"蔡惠明董事长表示。医学的研发突破，从来都是基于患者的需求，基于现实的痛点。由此为出发点，以自己的前瞻性和专业判断，致力于激活中国医疗器械行业自主研发的原创力量。诺源医疗荧光影像系统产品的开发与临床应用，在一定程度上破除了国产高端医疗设备研发与发展的迷茫，是中国大型高端医疗器械的突破性发展转折点，也预示着在高端大型医疗设备领域，中国正走向世界一流行列。

一、激活中国原创力量

诺源医疗的"手术荧光影像系统"产品，采取了基于中美欧同步注册的市场梯度拓展策略。在研发进程中，公司战略性地实施了全节点中国专利和国际专利保护。此举源于企业自身拥有技术高端的底气——以国际一流技术水平，对自己高要求，以推动技术转化后对整个世界市场的强力冲击。这，是中国技术创新的新动能、新势力、新力量。

在中国医疗器械行业，中国原创从起步时一无所有，到如今的全力奔跑，走过了漫长的一段历程。实现高端医疗器械的国产化，迫在眉睫。这是使命，也是出路。唯有如此，整个行业才能帮助国内患者享受到与国际同步的高性价比的医疗服务，中国医疗器械企业也才能真正在国内外市场中占有一席之地，能够挺起腰板说话。

如今，这股原创的力量，在行业里掷地有声，"声"入人心。以近红外荧光显微镜为例。随着近红外荧光成像技术的发展，理论的研究越来越深入，研究者希望看得更细致更清楚，因此迫切需要一种能够研究近红外荧光物质（尤其是吲哚菁绿及其衍生物）微观分布的手段，并且可以与可见光下的生物结构信息进行对照，为研究荧光物质的分布提供基础。目前，解决这类问题的近红外荧光显微镜大多是采用近红外光谱仪和光学显微镜联用的系统，但这类手段成像速度慢，数据流量大，对目标荧光物质检测的灵敏度和特异性不高，且国内仍缺乏对近红外荧光物质显微观察的有效设备。诺源医疗研发人员开发了一种高灵敏的可见-近红外双通道激光荧光显微镜的装置设计及其成像方法。该方法将激光面光源作为荧光物质的激发光源，利用其单色性极大地提高激发效率，使用多个高光学密度滤光片，提高荧光与其他波段光（尤其是强烈的激发光）的分离效率，从而实现对目标荧光物质的高灵敏度、特异性检测。该显微镜结构设计采用从物镜入射激光的激发方式，激发光照明半径随物镜倍率切换而变化，以适应不同倍率情况下的激光照明要求，同时物镜倍率的增加使激发光能量集中，进一步增强显微装置的高灵敏度。基于该设计的显微装置可实现可见光和近红外荧光通道之间的快速切换，可以对同一样本区域进行可见光-近红外双通道观测，进而可以建立荧光物质空间分布与生物结构信息之间的联系。该技术实现了新的突破，并在产品中应用，让荧光影像系统产品如虎添翼。为了攻克这一个个难题、一个个关隘，诺源医疗团队成员们尝试、探索各种合作机制，以协调更多的资源与力量。日以继夜心志不坠，苦心人天不负。2019年5月20日，"荧光影像手术导航系统（REAL-IGS）"入选第二届江苏发展大会暨首届全球苏商大会"江苏经济和社会发展成果展"重点实物展品，成为全省遴选的14台套产品之一，也是唯一入选的医疗器械展品。

医疗器械在中国的快速发展，势在必行。为进一步推进国产医疗器械设备的研发，鼓励更多有志之士投身创新研发，国家出台了一系列措施，维护良好的营商环境，保护促进中国原创力量的迸发。以医疗器械设备采购为例，依据国家工信部最新发布的2017年版《首台（套）重大技术装备推广应用指导目录》，共有32种医疗设备产品可以享受到"首台（套）"推广应用政策的扶持，其中包括超导磁共振医学成像系统、开放式超导磁共振医学成像系统、一体化正电子发射/磁共振成像装备（PET/MRI）等产品。为了促进首台（套）产品的示范应用，2018年发布的《关于促进首台（套）重大技术装备示范应用的意见》（以下简称该《意见》）明确提出，在政府采购中优先、鼓励采购首台（套）创新产品。该《意见》明确规定，纳入首台（套）目录的产品投标时，招标单位不得对其提出市占率、使用业绩等的要求，不得对其套用特定产品设置评价标准、技术参数等，不得以不合理条件限制或排斥首台（套）产品参与投标。

这一切，只为让以诺源医疗为代表的国产原创医疗器械设备，能在激烈的市场竞争和营商环境中更加主动地锻造企业的成长能量。诺源医疗在产品上市后，基于产品推广思路更是基于对市场稳扎稳打深耕的考虑采取了深入临床合作、在实践服务中逐步建立产品品牌的接地气式的市场营销策略。为此，诺源医疗在销售策略上除了借用母公司原医疗资源体系进行市场拓展外，还启动了"行业、专业论坛及峰会"的深度"路演计划"，通过参与高端的专业学术交流和行业活动，以更高频率向更多的专业人士传播最新的研发成果、展示产品的使用性能。让新技术与新产品，在聚焦里、实践里洗礼，在更多的临床应用里不断完善与优化。

未来，在公司品牌建设上，蔡惠明董事长和他的团队更希望在独有优势的产品上，建立一套完整的体系及解决方案，让患者和医生对公司产品足够信赖和安心。

二、敬畏生命，大爱大责

履行社会责任已不仅仅是一股潮流，也是企业品牌和核心竞争力的重要组成部分和显著标识，更是企业自身健康永续发展、基业长青的根本保证。医疗企业本身即是一个具有相对特殊性的企业群体——提供的产品与人民群众的生命安危、身体健康息息相关。因此，作为医疗器械生产及服务供应商的企业，因其产品在履行社会责任上的特性，和其他非医疗企业相比，既有共性，也有特性。

优秀的企业，必然是价值充盈的。怀着对生命的高度敬畏，医疗企业除了应和其他企业一样切实履行企业的基本责任、法定责任和道义责任之外，理应更加注重产品的质量。诺源医疗表示"既要把品质卓越、疗效确切、安全可靠的医疗器械提供给临床专家，同时也把传播绿色健康的理念、提供满意的服务当作其社会责任的重要部分"。

将"生命工程是等不起的建设工程"理念深植于心的诺源人，把对品质的极致追求与虔诚信仰融入血液之中。于他们而言，尊重专业、尊重品质，就是尊重与其联系着的每一条生命。所以，才会有做"荧光探针"过敏反应皮试时，诺源医疗的三名90后观察员自愿撸起袖子参与的勇敢、执着与奉献，也才会有公司员工通宵达旦完成一份常规需一周完成的综述性的临床研究数据材料的担当与效率等案例。

随着企业进入乘势腾飞的关键发展阶段。诺源医疗更是把这种大爱大责化为"四大"纪律，融入企业所有体系中。守规矩——明边界知敬畏，任何时候都不越边界、不踩红

2014年诺贝尔化学奖获得者威廉·莫纳多次来诺源指导交流

线、不碰高压线。在这里的守规矩,基于对生命敬畏的前提下,心守安全底线,眼盯发展高线,纪律过硬、规章制度细化并贯彻到每一个实处;勇担当——强化守土有责使命感。在企业里,每一位员工都必须是一位"担当者",拿出奋发有为的状态、苦干实干的斗志,扎扎实实干事创业;善作为——弘扬攻坚克难钻研精神,即要求坚持不懈持续推进对研发的投入与机制优化工作,在与更多高精尖企业合作中,实现自我的跨越式成长;扬正气——营造追求卓越良好氛围,强化全公司"一盘棋"思想,提倡"奉献者"精神。

医药健康产业是跨越经济周期、永不衰落的朝阳产业,是具有高成长性、强关联性和带动性的朝阳产业,是我国重点发展的战略性新兴产业。在巨大的人口基数和老龄化加速(我国目前60岁以上老年人口已达2.5亿人)、居民消费结构升级、医保商保机制优化和制度体系逐步完善、医药医疗新技术与新模式创新能力不断提升等背景下,我国健康产业呈现出勃勃生机。诺源医疗在扎实推动科研创新及融合转化中,成功走出了一条将样品转化为产品再转化为商品的诺源模式与机制,迎来了新的挑战与机遇。在未来的实践中,诺源医疗规划在国内外市场一起抓的开拓思路中,坚持"市场为先导,销售为龙头",在国内尽早且按节点推进可覆盖全中国市场的高效营销网络;在世界主要市场进行长期的规划和布局,全面启动相关的注册和市场拓展工作;抢抓机遇,竭尽全力,争取与世界一流公司达成长期合作关系;全力以赴,持之以恒,努力达成与世界更多高尖端企业的深度合作,共同促进美好医疗生态、美好生活建设工作,让精准医疗成就健康梦想。

董事长专访

精准医疗，成就人类健康梦想

——南京诺源医疗器械有限公司董事长蔡惠明教授

《样本》：在您心中，诺源医疗是怎样一家公司？

蔡惠明：名医之所以是名医，是因为他们胸怀神圣的医学使命，心怀患者，竭尽全力打破疾病的桎梏，匡助于患者，为患者带来福音。诺源，愿意成为医生的助手，致力于让诊疗技术更先进、更精准，以安全、好用的产品服务于临床，为更多人服务，造福于人。以精准医疗，成就人类健康梦想，这是我们的使命，也是我们前行的不竭动力。

《样本》：截至2019年年底，诺源医疗一共进行了两轮融资。请谈谈如何平衡资本的"快"与研发的"稳"？

蔡惠明：医药健康产业是跨越经济周期、永不衰落的朝阳产业，同时也是一个具有高成长性、强关联性和带动性的产业，是我国的战略性新兴产业。所以，愿意投资的基金和机构，基于对这类产业的深刻理解，对企业的期待值天生与众不同。

作为一家备受关注的原创型企业，诺源医疗自诞生以来的大部分资金投入，都源于自身的运作和政府部门的支持。2017年，我们引进有资源的战略投资者，最大的目的在于产品即将上市前能引进更好的机制。长久以来，我们集中于研发，需要外部的刺激打破原有的工作惯性，借助更专业的力量给予团队成员不一样的压力与前进的动力。这样一来，更能促使团队提前学习、适应角色的变化，游刃有余面对未来的挑战。当然，我们取得的成绩也让基金方非常满意。从2017年到2019年，我们得到很多国内医院的临床认可，目前已有200多个临床案例。2019年就启动了第二轮融资，今年第一季度可以全部完成。我们希望引进更多具有资源的战略投资者，以指导公司未来发展和上市的进程。

2019年，我们组建了一支非常专业的肿瘤线营销核心团队，构建了专家引领型的裂变营销策略。2019年10月，我们正式启动产品上市。截至2019年年底，已覆盖国内主要省份及重点城市。未来三年，是我们进入高速成长的黄金时期，计划到2022年实现5亿元销售额，净利润约1.5亿元。

《样本》：关于"创新"，您赋予的含义是什么？

蔡惠明：创新不是无中生有，我认为必须具备三个要素：前瞻性、需求性和转移转化能力。诺源的诞生，很大因素在于我们看到了荧光技术在医疗器械应用的可能，也看到了国际国内市场的空白。同时，我们也看到了我国健康产业发展的巨大潜能。而且在临床上，肿瘤疾病成为了危害中国人的严重疾病。老百姓人人谈癌色变。由此，我们怀着强烈的使命感，凭借自身在医学体系20多年的从业经验，组建团队、整合各方资源，进行科技研发以及于医学上的产品转化。一心一意，潜心钻研了六年多，终有所成。

《样本》：您如何看待长三角一体化的建设与推进？这对诺源医疗的战略发展带来怎样的影响？

蔡惠明：我国经济保持中高速增长为维护人民健康奠定坚实基础，消费结构升级将为发展健康服务创造广阔空间，科技创新将为提高健康水平提供有力支撑，各方面制度更加成熟更加定型将为健康领域可持续发展构建强大保障。尤其是长三角，作为中国经济最发达的地区之一，正在努力成为经济发展的新标杆。因此，在这里聚集了高新生产要素。于医疗体系而言，长三角一体化除了加速各区域的融合打通，促进企业的成长外，还能以更积极的状态对标国际先进技术，参与国际市场竞争。

《样本》：未来，您对诺源医疗的发展如何规划？

蔡惠明：未来三年，是诺源高速发展的关键三年。我们要尽早且按节点推进可覆盖全中国市场的高效营销网络；也要按节点推进创新科研产品的转移转化及量产上市，丰富产品结构，形成一套组合拳，和全方位的市场竞争核心优势；还要按节点深化国际合作，加快欧美市场的开拓；更要持续推动"医疗器械"板块的IPO进程。应该说，我们迎来了新征程，我们将在研发上多一份创新，让人类生活多一份精彩；让荧光影像技术点亮肿瘤医疗，让精准医疗造福人类健康。

> 专家点评

善建者成

对诺源医疗来说，从十年前的起步探索，到用六年时间完成多家医院科研临床、获得国家医疗器械注册证，其苦心研发的"手术荧光影像系统"，实现了核心技术完全自主知识产权，其关键技术、核心器件、光路设计、图像融合已获得全节点专利产权保护，实属不易。

大健康产业是中国的支柱产业，其中的医疗器械业正成为发展最为迅猛的主要行业之一。从数据看，过去五六年总体保持每年20%以上的增速。高速增长的形势，政策的大力支持，极大加速了医疗设备的国产化进程，形成了行业科研投入较为巨大、创新探索环境和氛围非常良好的态势。可以说，这些都是直接推动国产医疗器械尤其是高端器械市场份额快速提升的主要原因。当然，也推动诺源医疗进入了一个极为有利的黄金岁月。尽管如此，中国在这个领域的市场地位依然不高，尤其是高端市场。但市场空间的巨大，对在这个领域里深耕的奋斗者是巨大的福音。况且，近几年来，我们国家在多项技术上突破壁垒，实现了进口替代，高端器械的研发、生产在资本、资源、政策等多方面因素的综合推动下，行业水平提升极快，集中度也大大提高。

可以说，时代完全没有辜负诺源医疗这家民营科技企业十年艰辛的付出。

高端医疗器械是融合医学技术创新和高端制造两方面的行业，既是技术密集型，专业强度也要求高，关键就在于精准诊断和医疗。在诺源医疗创始人蔡惠明的价值理念里，这不是器械设备层面的思考和投入，而是对生命的思考与关爱。在他看来，任何一个设备的精确与否，都会给医生带来极高的价值抑或压力，更会给患者带来巨大的成本和痛苦，抑或可以帮助家庭大大降低支出的压力。

所有的精准，都是基于对生命的关爱。由此，所有的器械设备，都是帮助人类实现对世界的价值意义，这是诺源医疗和蔡惠明先生给我最大的感受。我认为，正是企业始终坚持协同创新以推动自主创新的研发能力以及紧紧贴合市场需求进行产品研发的源动力，激活了原创力量，掌握了核心技术，从而实现了精准技术"质"的突破。

近几年，诺源医疗的发展理念、创新的路径和技术的成功，带来了资本市场的认同，的确可喜可贺。企业主要还是依托于研发模式和转化理念的创新，创造了自身的产业价值。其一，协同创新实验室的组建，对以专家引领机制为先导的一体化运作模式，带来极大的推动力，从而加大促进了对研发成果的及时推进与跟进，让CRO形式带来的专业化和高效率，得以很好的体现。其二，企业创始人虽然是科学家，但得益于二十多年市场上的专业积累，具有丰富的企业管理经验，对医疗器械产品的合规生产销售有着深刻认识。这种扎实的功底，结合他作为科学家的使命感和对医学与产业真知灼见所坚持的坚忍不拔精神，真正领悟把科技成果充分应用到医疗事业中去是创新科技的最终目的，促进创新链和产业链的精准对接，加快科研成果从样品到产品再到商品的转化。所以，才能够拆除产业篱笆，实现快速融合转换。

相信不远的将来，诺源医疗会实现精准手术技术领航者的理想目标。

潘宪生　江苏省商业联合会会长

后　记

　　我们尝试探索中国经济变革之道的商业创新样本，在"十三五"开局的2016年立项，在收官的2020年第三次出版，正契合了天时和地利。

　　这五年，是创新贯穿首尾并成为主题词的岁月演化。不仅新经济全面发展并成为主流市场经济，以数字经济为重心的科创热潮也成为引领创新发展的重要趋势。这波热潮，既得国家之复兴富强和创新战略的天运，更得长三角区域的地理大利；不仅享有一体化战略的国家福利，又得益于走进新时代的文明进化。

　　"别裁伪体亲风雅，转益多师是汝师"。创新样本，便具有别样的意义和使命感，由此进一步推动了我们团队的认真、专注和努力，也带来我们对企业价值观、创始人的格局和远见、发展模式与经营智慧等多视角指标的关注和考量，更提醒我们对企业及其创始企业家的文化精神和社会责任的由衷重视与尊敬。

　　本届创新样本企业的走访量达到46家，远超2018年的34家，更是首年的近一倍。而且取样区域更为广泛，首次吸纳了安徽的企业，真正囊括长三角区域三省一市的范围；城市分布从原来浙江的杭州、宁波和金华，上海的青浦、浦东和江苏的南京等地，扩增至浙江的杭州、衢州、义乌，上海的青浦、杨浦和浦东，江苏的南京、无锡、苏州和南通，以及安徽的合肥和芜湖。在原有计划设定的样本走访基本完成后，经部分专家提点分析，样本执委会便决定调整样本的行业方向，倾向以数字科技为重心的科创领先企业。由此，整体工作量大大增加了。

　　但我们却倍感欢欣。这项工作不仅让我们从深具智慧的专家顾问身上汲取思想营养，更因此能够挖掘真正代表未来的创新企业样本，并从这些企业和他们的创始人身上发现经营企业与人生的智慧：独立自主的拼搏精神、坚强的意志、产业报国的志向和奉献精神、极好的洞察力与商业智慧等。我们也因为能够吸收这来之不易且极为宝贵的生命营养，并且通过多种方法进行发布和传播，让更多的群体、经营者和商业公司受益，而感到庆幸、感到真正的快乐与意义所在。

　　长三角，一个造梦生奇迹的地方。五千年来，古老的文明不断在此重生蝶变。而今，一体化战略又推动长三角走向世界的舞台中央，并通过更多英杰的携手共进、奋力拼搏，创造并迎接它的高光时刻。经济学家熊彼特说，创新是经济发展的源泉。我们认为，创新，本来就是人类自身突围进化所具有必然的思想变革与实践探索。而商业创新样本，正是服务于人类自身也是尝试去理解世界万物并与之和谐相处的一个具体应用范式。

2019年，是新中国成立七十周年。筚路蓝缕的东方古国，七十年的家国奋斗梦，正是以自强为核心精神，走出一条独立自主的中国道路，开启了中国历史上最为广泛而深刻的社会变革，进行着人类历史上最为宏大而独特的创新实践。其中四十年的改革创新路，扎扎实实地印证着邓小平在1988年提出"科技是第一生产力"的价值理念。今天，长三角一体化战略、科技战略、创新战略和全球化道路，都印证了中国发展之路的必然性、独特性与正确性。

随着经济全球化和互联网化程度的日益加深，全球新科技革命和产业革命全面启动，世界百年未有之变局已然形成。加快全球化与深化改革双轮驱动的中国，正进入攻坚区，政治、经济、文化和社会治理等全领域改革的联动与集成，考验与洗礼中国。数字科技，正是新时代赋予我们充满巨大想象的重器，必将成为人类新文明的重要内容与关键动力。而无论是科创板、试验区还是我们努力发现并推动的创新样本，都是为一个个宏大目标而搭建的创新发展的引擎。

我们相信并期待所评选的创新样本企业和其他中国优秀公司，在创造自身商业经济价值的同时，能够创造引领产业进步和社会进步的真正价值。

上海长三角商业创新研究院
《2019长三角商业创新样本》执委会

项目组织单位

主办单位：上海长三角商业创新研究院
支持单位：复旦大学管理学院、北京大学博雅教育科技研究院、阿里研究院、华东理工大学社会科学高等研究院、汉歌文化发展机构
承办单位：浙江汉歌文化创意有限公司

特邀专顾委、编委会及主要团队成员

总 顾 问：陆雄文　上海长三角商业创新研究院院长、复旦大学管理学院院长

专家顾问委员会：
委　　员：吴柏钧　上海长三角商业创新研究院理事、华东理工大学副校长
　　　　　裴　亮　中国连锁经营协会会长
　　　　　高红冰　阿里研究院院长
　　　　　王向阳　北京大学博雅教育科技研究院院长
　　　　　吴德隆　浙江省商贸业联合会资深会长
　　　　　潘宪生　江苏省商业联合会会长
　　　　　齐晓斋　上海市商业经济学会长
　　　　　沈桂龙　上海长三角商业创新研究院特聘研究员、上海社会科学院世界中国学研究所所长

采编委员会：
主　　任：蒋　斌　上海长三角商业创新研究院秘书长
委　　员：唐小愉　上海长三角商业创新研究院传播中心主任、《新经报》主编
　　　　　吴文平　浙江汉歌文创有限公司首席顾问、杭州市记者协会副主席
　　　　　孟祖平　浙江汉歌文创有限公司出版事业部副主编

规 划 统 筹：林　环　上海长三角商业创新研究院理事、研究员
出品人兼总编：蒋　斌　上海长三角商业创新研究院秘书长

主要团队成员：
执 行 主 编：唐小愉
出 版 总 监：苏文婷
执 行 团 队：苏文婷、原竞格、潘红燕、黄月倩、桂竹寒
发布会组委会秘书处：唐小愉、鲍蓓蕾、潘红燕

调研及采编指标说明

1. 本书所涉及样本企业相关内容及数据由调研团队通过企业方提供、主流媒体报道、第三方咨询报告及与企业创始人、高管访谈所得，后经采编团队整合提炼而成。

2. 主要采编指标包括：企业基本概况、战略定位和发展状况、商业或经营模式和主营业务结构及特征、政府扶持状况、公司治理描述、企业文化创新和责任、资本和金融发展及创新状况、创新点及实施成果描述与新的创新计划、企业可持续发展战略九大项超过20多个细项指标。

3. 整个调研过程围绕创新样本企业和上海长三角商业创新研究院自身所积累数据结合开展。重点关注反映样本企业近3—5年来的重大变革和创新所产生的经营智慧、文化建设、社会责任和创新模式的探索成果，以及对产业链和区域经济所创造的政治、经济、文化与社会环境的价值。

4. 整个调研采编过程共历时近13个月，分五个阶段：前期筹备（2个月）、调研和访谈执行（3~4个月）、采编创作（3~4个月）、成稿审核（2个月）、出版和发布（3个月），访谈采访局部交叉进行。

5. 样本企业所需提供的材料指标主要采用2015—2019年的数据，并对企业做历史性的对照，以及企业成立以来的基本材料。

6. 样本企业选择参照的历史依据主要包括：区域领先者地位或快速成长型的企业；业界的品牌知名度或美誉度较高的企业；有独特创新模式和重大创新能力的企业；营收、净资产、利润或净利润等主要增长指标稳健或优良的企业；依托科创能力或者技术壁垒的行业隐形冠军和依托数据技术领先的准独角兽公司；以及产业贡献优良、文化或品牌建设有标杆性和典型案例等辅助指标。

主要参考材料及文献

[1]《〈增强制造业核心竞争力三年行动计划(2018—2020年)〉重点领域关键技术产业化实施方案的通知》,国家发改委,2017年。

[2]《医疗器械优先审批程序》,国家食品药品监督管理总局,2016年。

[3]《中国500最具价值品牌》,世界品牌实验室,2019年。

[4]《中国人工智能的未来之路》,麦肯锡,2017年。

[5]《机遇与挑战并存 席卷而来的人工智能产业应用浪潮》,《华东科技》,2019年1月。

[6]《新征程:迈向现代化的中国城镇化》,中国经济时报,2019年10月。

[7]《全球快递发展报告》,国家邮政局,2019年9月。

[8]《中国快递产业发展报告(2018-2019)》,国家邮政局,2019年7月。

[9]《交通强国建设纲要》,国务院,2019年。

[10]《政府工作报告》,国务院,2018年。

[11]《互联网趋势》,玛丽·米克尔,2018年。

[12]《关于促进大数据发展的行动纲要》,国务院,2015年8月。

[13]《大数据产业发展规划(2016—2020年)》,国家工信部,2017年1月。

[14]《浙江省"城市大脑"建设应用行动方案》,2019年6月。

[15]《政府数据供应链白皮书》,国家信息中心数字中国研究院发起,联合重庆市大数据应用发展管理局、重庆两江新区管委会、数梦工场、清华大学、北京大学、北京师范大学、中央财经大学等单位共同组建"政府数据供应链"联合课题组编制,2019年8月27日。

[16]《2018年私有云市场各品牌竞争力分析》,"计世资讯",2018年11月。

[17]《2017—2018年度中国私有云市场现状与发展趋势研究报告》,计世资讯,2018年11月。

[18]《2019年"新国牌时代"中国品牌发展专题研究报告》,艾媒咨询,6月13日。

[19]《2018中国新消费专题研究报告》,艾媒咨询,2018年。

[20]《重塑增长—2019中国零售数字化力量》,中国连锁经营协会,2019年12月。

[21]《日本经济增长论》,下村治,1962年。

[22]《2018年中国时尚消费趋势红皮书》,人类学时尚实验室与知萌咨询机构联合研究完成,2018年。

［23］《"健康中国2030"规划纲要》,国务院,2019年7月。
［24］《"十三五"医疗器械科技创新专项规划》,科技部,2017年。
［25］《首台(套)重大技术装备推广应用指导目录》,国家工信部,2017年。

  样本企业所属产业的相关年度报告及同业相关年度报告,不一一列举。
  样本企业年度报告、年度总结报告、所属产业的相关年度报告及同业相关年度报告,不一一列举。